国家出版基金项目
NATIONAL PUBLICATION FOUNDATION

U0889222

清宮林則徐檔案匯編

19

中國第一歷史檔案館
福建省林則徐研究會
編

海峽出版發行集團
海峽文藝出版社

第一九册 目録

上諭　藍正樽存亡未確著訥爾經額飭屬嚴審推求林則徐會核審辦具奏

道光十七年六月二十七日内閣奉
上諭訥爾經額奏拏獲從逆各犯究出首逆藍正樽
被鄉勇毆斃情形等語首逆藍正樽糾衆滋事罪
大惡極自應窮搜遍索以正刑誅茲據該撫督飭
委員拏獲從逆人犯鍾順二等七名又史組發等
八名訊據鍾順二供稱上年二月初七日藍正樽
改換衣服逃至城步縣漆家灣地方被鄉勇漆國
良等毆斃質之隨同該逆行走之夥犯史組發易
方德亦供稱親見藍正樽被人截住毆打復據漆
國良等供明該逆衣服年貌並用石塊木棍將該
逆毆斃其剥存未毁屍衣並火鐮等物業據逆屬
辨認明確案關首逆存亡屍骨既難識認逆屬供

亦難憑仍著該撫嚴飭藩臬兩司提到現獲各犯
及鄉勇人等詳細推求根追確實不准稍留罅漏
致滋疎縱審明後詳解督臣林則徐再行會覈審
辦據實具奏倘敢意存消弭僅以疑似之詞遷就
了事將來或由鄰省拏獲或別經發覺朕惟該撫
是問恐不能當此重咎也欽此

上諭　林則徐奏蘄州知州孫承恩等著分別革降改休

道光十七年六月二十七日内閣奉
上諭林則徐等奏請將才不稱職之州縣及有疾之
同知分別降革改休一摺湖北蘄州知州孫承恩
聲明名平常不能約束丁役著即革職麻城縣知縣
王汝霖氣質粗浮不勝民社著降為府經歷縣丞
歸部銓選用建始縣知縣增德心地欠明優柔寡斷
試用知縣彭運衡聽斷粗率不諳吏治惟增德係
副榜出身曾經司鐸彭運衡係舉人出身均著以
教職改補試用同知吳兆檼兩耳重聽難資辦公
著即勒令休致該部知道欽此

湖廣總督林則徐等奏摺　請以文煒調補晃州直隸廳通判
道光十七年六月二十七日

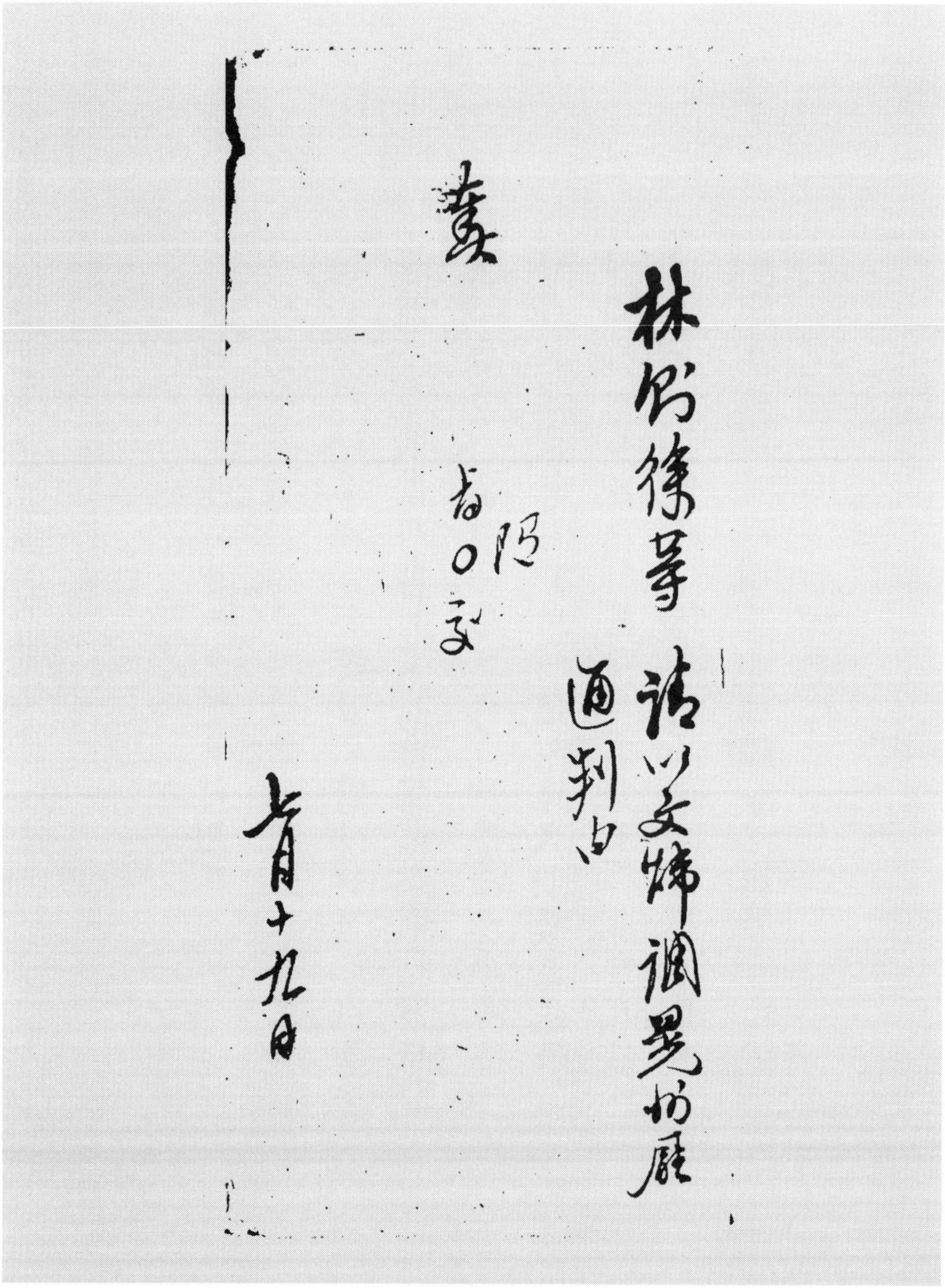

林則徐等　請以文煒調晃州廳
通判由

奏

照
旨〇交

七月十九日

湖廣總督林則徐等奏摺　請以文煒調補晃州直隸廳通判

道光十七年六月二十七日

湖廣總督臣林則徐
湖南巡撫臣訥爾經額跪
奏為要缺通判需員懇
恩俯准揀員調補以裨地方仰祈
聖鑒事竊照晃州直隸廳通判胡鑑因患病詳請具
題開缺所遺員缺係衝繁難兼三要缺例應在外
揀選題補該廳地處楚邊接馭巡防在均關緊
要且為黔省入境首站差務絡繹時有會辦事件
必得勤明幹練之員方足以資治理臣等與藩
臬兩司於通省應升人員內詳加遴選非現居要
缺即人地未宜求其合例堪升之員惟查有岳
州府通判文煒年五十一歲由內務府正黃旗
漢軍生員由

御膳房拜唐阿，於嘉慶十五年考中筆帖式，二十一年
補筆帖式，錢充補
武英殿收掌官，緣事告案，別出一等議叙，以應升
之缺選用。選授河南開封府儀封撫民通判，
二十四年十月到任。二十五年儀工興作要缺，
奉調河南工隨壓之坡後
奏奉
旨賞加同知銜，欽遵。道光二年三汛安瀾，保
奏請以本班應升之缺儘先升用，奉
旨允准。道光四年調補懷慶府通判，同知丁憂服
滿，選授湖南常德府通判，十二年七月到任，十一
月奉檄飭赴省候補，手摺案因派籌筆

需於銷完後僅
奏奉
旨交部從優議敘旋於十四年補授岳州府通判是
年十月到任該員年壯才明安詳精練需任
歷俸已滿二年以上調補晃州直隸廳通判
詢堪勝任恆題缺請調與例相符且是本省但人地
實在相需例得專摺奏請據藩臬兩司會詳請
奏前來臣等往返札商意見相同合無仰懇
皇上天恩俯念該員堪膺要缺准以岳州府通判文焯
調補晃州直隸廳通判實於要缺地方大有
裨益如蒙
俞允該員由通判調補通判銜缺相當毋庸送部引見

見其任內一切因公處分遵例毋庸議計罰俸銀
兩飭令按照定例造冊詳咨所遺岳州府通判
員缺湖南現有應補人員容另行照例請補
謹合詞恭摺具
奏伏乞
皇上聖鑒訓示謹
奏
道光十七年七月十九日奉
硃批　欽此
六月二十七日

上諭 荊州各營改造擡礮所需銀兩著林則徐於藩庫閒款內籌備開銷

道光十七年七月初三日內閣奉
上諭德克金布等奏請改造擡礮一摺荊州各營額設擡礮四十位茲據
該將軍等奏請改造並添造十六位所需爐火工
料銀兩著林則徐於該省藩庫閒款內籌備開銷
該將軍等毋庸捐廉餘著照所議辦理欽此

上諭　劉登培周美清所告案著交林則徐嚴審定擬具奏

道光十七年七月十二日奉
旨此案著交林則徐親提人證卷宗秉公嚴審按律
定擬具奏原告劉登培周美清俱著該部照例解
往備質欽此

上諭　著准林則徐奏以英俊調補督標中軍副將以佛保住補授黃州協副將

道光十七年七月十二日内閣奉
上諭林則徐奏副將入地未宜請揀員對調一摺湖
北督標中軍副將准其以英俊調補所遺黃州協
副將員缺即以佛保住補授嗣後該省督標中軍
副將著改為題調之缺該部知道欽此

湖廣總督林則徐等奏摺　**遵旨查明湖南省城標營尚無廢馳**

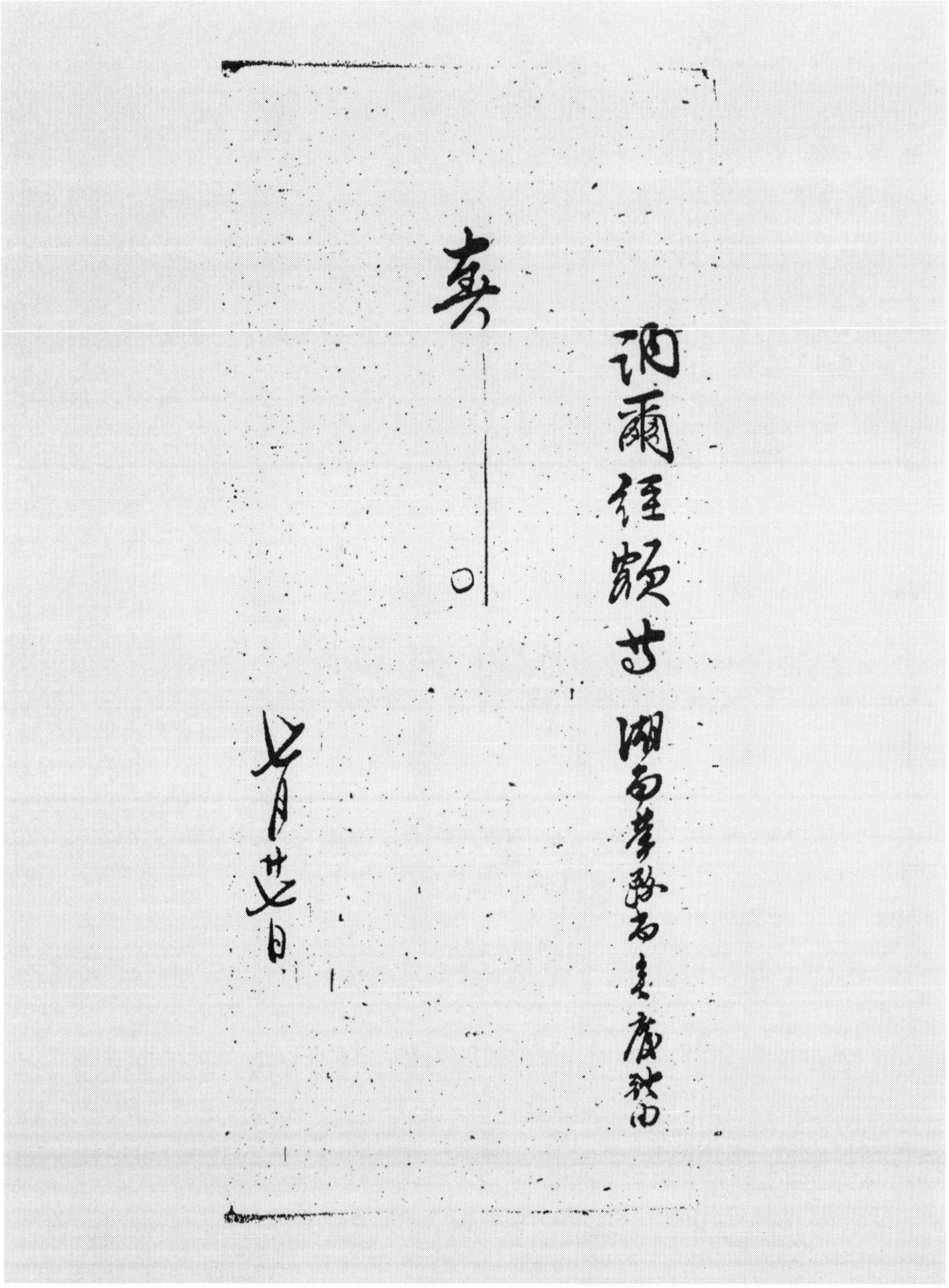

訥爾經額等　湖南營務尚未廢弛

奏

七月廿七日

湖廣總督林則徐等奏摺　遵旨查明湖南省城標營尚無廢馳
道光十七年七月十三日

湖南巡撫臣訥爾經額
湖廣總督臣林則徐　跪
湖南提督臣薛陞
奏為遵
旨查明湖南省城標營尚無廢弛現飭益加整頓以重操防
恭摺覆
奏仰祈
聖鑒事竊臣等接准軍機大臣字寄道光十七年六月二十六
日奉
上諭本日據給事中鄭世任奏湖南營伍廢弛請飭整頓一摺
據稱該省撫標左右兩營及長沙協左右兩營馬步守兵
平時雖按期操演而技藝未能優嫻且澆薄成風不耐
勞苦往往酗酒滋事吸食鴉片並不恪守營規其中
老弱殘廢之兵遇有差操僱倩人頂替其額缺者隨

未能招募如數之補，而各將領衙署隨從兵丁服役恬
不為怪。至各鄉村塘汛碉堡傾圮、煙墩坍塌，平時並
無守汛之兵，即有在汛者，俱係羸弱無能之輩，見有匪
徒並不盤詰，難望其擒拿盜賊、保護行旅。並請湖
南省城兵額不少，如果該管文武大員勤加整頓，何至
營規廢弛、兵額虛懸者。林則徐詢悉往歲積弊隨出
嚴飭各將弁刷除泥習，真操實演，汰除疲弱之輩，除頂冒之
風，補缺額之兵，嚴服役之禁，其塘汛地方擇兵丁技
勇精強者駐守，並擇如何前赴操演，即將該將弁據
實舉參。庶我兵成勁旅，斷不虛糜，而一兵收一兵
之用。參將此各諭令知之。欽此。仰見我
皇上整飭戎行，務歸實用至意。臣等即欽遵飭飭

確查有無前項情弊並將如何整頓之處責成各
營將領切實辦理由藩臬兩司會議詳辦去後
茲據湖南布政使賀長齡按察使楊書琛督糧道
署撫標中軍參將兼右營游擊馬辰長沙協副
將王鎔委稱查得撫標左右兩營並長沙協均係
駐劄省城撫標係護劄省制並無分防汛地設
設兵八百七十名長沙協係城守營制分防十二州縣汛
地設兵九百三十名內分防各汛兵丁六百九十名在城兵
丁三百二十一名歷由將備督令千把總按期操練並
輪派護衛巡緝看守門禁監獄倉庫以及運票
全遞而因公差遣均係差遣例以補缺所有各衙
門值宿兵丁向有定額係備派救火查街巡邏

其已革兵丁發役各兵中有酗酒滋事不守營規者節
經責革至於武弁食鴉片而貌必形青瘦筋
力亦必疲軟每逢操練之時逐名考驗有似此者
即行革糧不致稍為姑息現在兵俱足額委矣
羸弱誠以吸食鴉片之人惟向有年而四五
十以上而精力未衰技藝較好堪充各兵教習以及

其已革兵丁發役各兵中有酗酒滋事不守營規者節
經責革至於武弁食鴉片而貌必形青瘦筋
力亦必疲軟每逢操練之時逐名考驗有似此者
即行革糧不致稍為姑息現在兵俱足額委矣
羸弱誠以吸食鴉片之人惟向有年而四五
十以上而精力未衰技藝較好堪充各兵教習以及

湖廣總督林則徐等奏摺　遵旨查明湖南省城標營尚無廢馳

道光十七年七月十三日

收標軍裝習造火藥年久熟練老成可靠者不
得不酌留數名以資辦公此外曾經出征効力現已
年老者即行革退名糧照例詳請暫補至塘汛
墩台雖經隨時修整惟南省地多卑濕一經風雨
薄蝕間有傾圮現飭令司該管地方設法籌
修其器械帳房早兩月查明詳覆前來臣等伏查湖
南省城標營兵丁通省各營領袖武備尤關緊要
自應倍加整頓以資表率臣訥爾經額駐劄切近
固不敢稍任廢弛臣林則徐蒞任之始即移會以
將弁甚多通飭各營確查兵額並行令各日輪操
每一旬間以弓箭鳥槍籐牌各演三日其兼習
長矛雜技之兵亦於輪操之日一同練習至第十日

湖廣總督林則徐等奏摺　遵旨查明湖南省城標營尚無廢馳
道光十七年七月十三日

合操陣式共計每月輪操九次合操三次於胡
臨仍督飭作此合度即省城防汛各項差使兵
不許藉詞曠誤至防塘汛之兵每操一月調換看
守城垣監獄倉庫之兵每操五日更替此外除
兼護餉差解流徙人犯及班回營一律隨操不
准私役頂冒如有技藝生疏即行汰除另補其
塘汛把守務揀兵丁技勇精強者常川駐守也
備不得缺額疏懈以嚴整飭而肅營規且令各
修整戎軍政等事臣林則徐等已
奏明即須周歷各營逐加巡閱長沙省城尤所必到
之處倘營兵竟有缺額或老弱充數一任掛名
糧臣等難立見究明該營將備嚴行參辦示儆

不許姑容至其兵丁吸食鴉片例禁本屬森嚴
惟沾染惡習日久成風於營伍大有妨害查千把外
委與兵丁最為親近如有吸食鴉片之人該弁皆斷
無不知徇隱若兵有犯除該兵丁革退重辦外將該
管千把一併斥革要總如千把外委有犯均該管
將備嚴參重處如此層層考成上下知所畏
懼營伍益加整頓其外塘汛樓臺南省例無歲修
之費遇有坍塌不敢久行請項自應設法捐修
始不稍任因循遵旨所有臣等查明撫標左右兩
營並長沙協尚無廢弛緣由理合恭摺
奏伏乞
皇上聖鑒謹

奏
道光十七年七月二十七日奉
硃筆隨時整飭有廢必懲勿致積習難返是
爲至要勉之欽此
八月十二日

湖廣總督林則徐等奏片

請核定章程辦理各屬捐修塘房墩鋪事宜

片

臣林則徐
臣訥爾經額跪

奏再臣訥爾經額前在總督任內附片具

奏查勘塘房墩鋪多有坍塌分別粘補請修緣由

欽奉

硃批不得已者方可與修不准濫行估辦欽此當即轉

飭各屬一體欽遵凡有詳請修理之處或酌令

粘補或設法捐修不得已者始行

奏咨辦理臣林則徐蒞任以後接據各屬請修之

案亦復不少核其前修年月則固限多已久逾

驗其坍損情形則汛兵實難棲止正在躊躇

間復奉

諭旨據給事中鄭世任奏硐堡傾圮烟墩坍塌等因

臣等復查通衢衝要地方塘汛兵房疊經修辦
似不至即有坍塌損而地勢稍偏之處既不敢
濫行請項又未能概責捐修則其傾圮坍塌
誠有如原奏所云者臣等正以籌畫無方時深
焦悚焉敢稍為隱飾致誤巡防竊思屯堠之設
原以保衛地方守土各員理應捐廉籌辦惟以
幅員既廣經費孔繁第就一二處計之所估塘
房墩鋪工程每座亦只數百兩而闔境統計則
需項不啻倍蓰州縣中急公者雖不乏人而因籌
款甚難即不免遷延觀望又未便抑勒從事以
致藉口虧挪伏查地方官捐廉辦公歷荷
聖恩准予獎勵原以為急公者勸此項工程因非捐辦賑

務修建城垣之比不敢以加銜外獎濫請
恩施然州縣果皆照估捐修則既有裨地方仍復不糜
帑項似予以議敘加級尚不為濫臣等公同商酌應
將塘房墩鋪坍塌處所由司委員確勘撙節估
計其有勢不容緩者應照例請修者如該州縣
情願捐貲認辦工竣驗收果屬如式核其實用銀
數若較尋常捐級之項多至一倍者可否仰懇
聖恩准予咨部議加一級遇有公過准其抵銷其有修
辦數處用銀較多者亦只按捐級加倍之數通
議加級不准併計請外以示限制其所捐辦之工擬
定以十年保固如在限內坍損仍即責令賠修
倘或推諉挨延不但將前項加級咨部註銷並

湖廣總督林則徐等奏片　請核定章程辦理各屬捐修塘房墩鋪事宜
道光十七年七月十三日

即特參示儆似此勸懲互用庶足以昭核實而
勵急公如蒙
敕部核定章程豫行飭遵辦理則州縣知所觀感可
免遷延臣等即飭各屬概行捐辦隨估隨修均
不敢請動
帑項此外如有紳商士庶情願捐修者仍查照
部行捐輸章程分別給獎議敘所有捐修工
料細數請照歷屆成案悉免造冊報銷是否
有當謹合詞附片具
奏伏乞
皇上聖鑒敕部核議施行謹
奏

一九

湖廣總督林則徐等奏片　請核定章程辦理各屬捐修塘房墩鋪事宜

道光十七年七月十三日

道光十七年七月二十七日奉

硃批：該部議奏。欽此。

湖廣總督林則徐奏摺　**閱視襄河新舊隄工督飭籌防搶險情形**

湖廣總督臣林則徐跪
奏爲閱視襄河新舊隄工分別督飭籌防搶險並
現在水勢情形恭摺奏祈
聖鑒事竊臣前因大汛將屆各處隄防險工林立即於
六月間附片
奏明先赴漢防在案茲由漢陽溯流而上經歷漢
川沔陽天門潛江京山荊門鍾祥襄陽各州縣
將南北兩岸隄工量明丈尺分爲最險次險平
穩三項以便稽查防護其河灘寬遠隄塍高
厚者列爲平穩一項若灘窄溜近而河形尚順
隄雖單薄而土性尚堅者列爲次險至迎溜頂
沖或對面沙嘴挺生隄前嫩灘塌盡以及土性沙

點為等處情之處皆為最險要之區年必須
加培大汛尤資守護上查襄河河底昔年深皆
數丈自陝省兩山一帶夾持而北之鄖陽上游深山
老林盡行開墾栽種包谷山土日掘日鬆遇有
發水沙泥隨下以致節年淤墊自漢陽至襄
陽愈上而河愈淺又漢水性最喜曲一里之近竟有紆
迴數折者此岸生灘則彼岸受敵正溜既
猛即迴溜亦狂是以道光元年至今襄河竟無
一年不報漫潰惟所潰之處受患輕重各有不
同潰在下游者輕上游則重潰在支隄者輕正
隄則重以漢川以下為漫潰尾閭本不設隄謂
之簸箕自此而上得路高於漢川潛江天門高於

沔陽京山鍾祥又高於天門潛江設使上游
失事此項灘堤即成異突故防守之道尤須於
上游加意本年五月中旬洪水甚驟幾於漫
堤幸上游均經保全其報潰之白魚垸長湖垸二
處一係下游一係支隄情形較輕現在長湖垸業
已補築完竣白魚垸亦已釘樁當飭該縣催
業民集費於築六月下旬所又加長七八尺不等現
在甫經消落仍恐秋汛復漲亦飭在地守護
不可稍疎而尤莫要於鍾祥京山二縣查此前
鍾京交界之王家營隄工潰決頻仍仰蒙
特命尚書陳若霖等臨工勘估前任湖廣[illegible]
發工督修經費[illegible]通判周存義建[illegible]石垻三道

桃澗護隄至今十年捍禦極爲得力其年納水
堤頭並總壩保固此一處回溜客心或有衝刷
仍甚可慮將該石堤三道加培高寬現在並盈
瑤華回帽魚山第五段之吃壁口與鍾祥第三工
之萬佛寺兩處隄塍目下俱被大溜沖刷隄
身壁立極爲險要臣親勘之後即飭該府估辦
護堤並相勢築做盤頭又於迎溜各段拋填堅
大塊石斜長入水逐層到底以資禦護業已設
法籌辦不致游動
第項至上年納水經類奏請修復鍾祥第十二三
到呂董仙家壇兩處潰隄共七百二十八丈並砌辦
石堤各工此次經臣親往驗收不但如式完固且較

原估更加寬厚似此隄要切段須得有此結實
工程所有賠修之署鍾祥縣知縣謝葉遠先因
該工漫潰奏革
諭旨革職留任今賠修工竣可否仰懇
天恩准予開復恭候
命下祗遵再襄陽府城之老龍石隄日前親到查
視甚屬堅固足資保障隄仍督屬加意守護
外所有閱視襄河隄工籌防搶險緣由理合恭
摺具
奏伏乞
皇上聖鑒謹
奏

道光十七年八月二十七日奉

硃批　欽此

七月十三日

湖廣總督林則徐奏片　考校襄陽附近協營各員弓馬請旨分別降職休致

旨
隨
○
交

林則徐片

再，臣此次行至襄陽，當即會同提臣羅思舉將附近已到之提標中營、襄陽城守營、均光營、鄖陽鎮標四營、鄖陽城守營、竹山協、施南協、宜昌營查送出營應入軍政各員弁逐加考校，除弓馬合式者歸入軍政核辦外，其弓馬生疏及年力就衰之員弁，若俟十月間辦理軍政始行

題參，未免尚需時日，恐若輩無所儆懼，不足以示振作。

查襄陽城守營遊擊戴奎，年逾五十，弓馬生疏，係旗員，應照例回旗，由部帶領引

見。恭候

湖廣總督林則徐奏片　考校襄陽附近協營各員弓馬請旨分別降職休致

道光十七年七月十三日

該管衛昌營遊擊陳墉弓馬平生惟營務尚熟
應請降為都司歸部銓選鄖陽中營千總朱光秀
竹山右營千總洪暐渭年力就衰均勒令休致其
鄖陽鎮標中營守備羅玉斌右營守備王先年遊
安營守備鄧高陞鎮標左營千總吳開敘竹山左
營千總余化龍鄖南右營千總宋代富趙凌霄
此外弓箭俱欠準頭惟平日差操尚無曠誤年
力亦多精壯應請將守備羅玉斌王先年鄧高陞
均降為千總其千總吳開敘余化龍宋代富趙凌
霄均降為把總以觀後效謹會同撫臣羅思舉附
片具
奏伏乞

湖廣總督林則徐奏片 考校襄陽附近協營各員弓馬請旨分別降職休致
道光十七年七月十三日

聖鑒謹

奏

道光十七年七月二十七日奉

硃批 欽此

一九

湖廣總督林則徐奏片 道光十七年七月十三日 荊江水勢異漲即赴荊川督防

湖廣總督林則徐奏片 **荊江水勢異漲即赴荊川督防**

林則徐片

再，臣據荊州府知府來呈稱，荊江水勢因上游川水盛發，每日之間驟長一丈三尺有零。七月初六日，該道楊林石磯上長八尺四寸，各堤要防險等情。臣查近年以來，盛漲之時，至大該道楊林磯五尺一寸，今更過之，實為異漲。除先飭沿江嚴防外，臣擬擇日即赴荊州一帶督飭防守，務保無虞。合併附片陳明，伏祈

聖鑒。謹

奏。

道光十七年七月二十七日奉

硃批：務須設法妥為守護，欽此。

湖廣總督林則徐奏摺　拏獲豫省會緝人犯情形

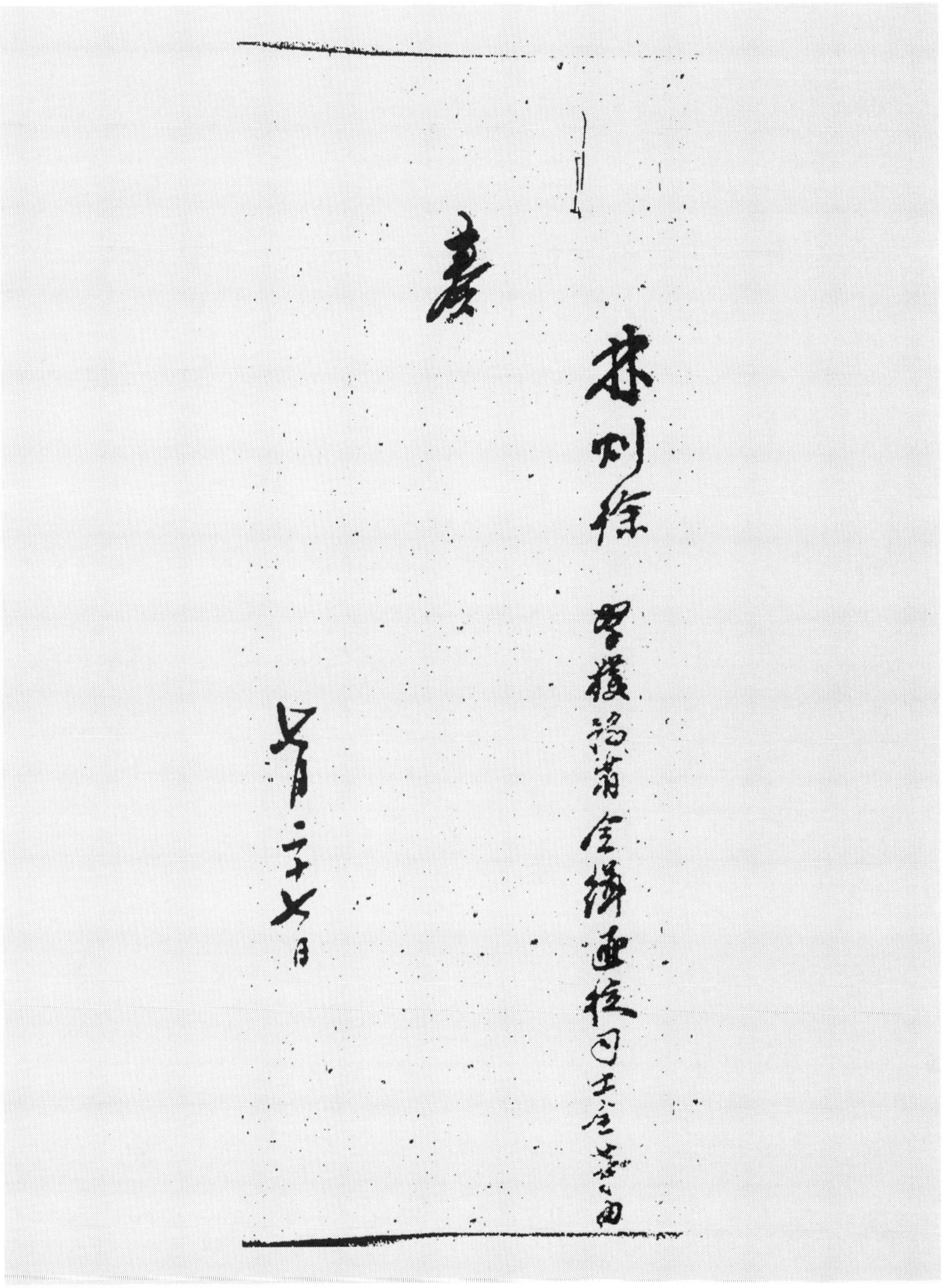
林則徐
拏獲豫省會緝匪棍司士元等由
奏
旨　二十七日

湖廣總督林則徐奏摺　拏獲豫省會緝人犯情形
道光十七年七月十三日

湖廣總督臣林則徐跪
奏為據准豫撫咨會緝拏匪徒謹將先後獲犯緣
由恭摺奏祈
聖鑒事竊照湖北襄陽地方與河南之南陽府屬交
界毗連附近匪類出沒靡常臣與撫臣周之琦
訪查飭拏匪徒隨由臣出赴襄陽一帶閱視
營伍風聞豫省有文武委員往來襄陽境內訪緝
匪犯當又劄飭安襄鄖荊道楊以增襄陽府金石聲
襄陽縣紀昌明等查明會拏即據該道府等稱自
本年以來該縣紀昌明疊獲多項匪徒共四十
一名前經臣等奏批審辦案冀豫省既有委員來
襄會拏緝凡彼省之案內委員情准精

查詢各犯姓名住址，皆係紀昌魁嚴密訪獲
等情。臣于七月初九日行至襄陽，適准河南撫
臣桂良來咨單錄
諭旨，將李發揚、冀移舍飭拏前來。伏查原奏
所開應拏逸匪共二十六名，內有司士全、司生鳳、
呂小瞎子、呂興富子、呂法寬五名，即是該紀
昌魁前次所獲四犯一名、同時次期係令拏。又
經紀昌魁續獲王鳳斗、杜老二、郭田、郭鳳年四
名，計該紀先後獲到拏
旨飭拏之犯已有九名，現查李發揚該逆遠颺，嚴密確緝
通詳獲外，又查河南省亦已先後獲到共解臣
王自林、朱元榜、陳國鈞、喬芝士、連振恒、瞿興富

除袁士宋四個等九名並另案已獲充軍之宋
炘和高及在押病故之馬老四兩名合行開除
外統計全案匪犯五十二名僅餘六名未獲現
仍責令任昌頭目嚴密務使剋日全行獲案
擬以罪思舉現因與以商水軍破至襄陽
嚴飭文武將弁分投兜捕毋使一名漏網以仰副
聖主除暴安良之至意所有先後獲犯緣由臣謹會
同湖北撫臣周之琦恭摺具
奏伏乞
皇上聖鑒謹
奏
道光十七年七月二十七日奉

湖廣總督林則徐奏摺　拏獲豫省會緝人犯情形

道光十七年七月十三日

硃批知道了欽此

七月十三日

湖廣總督林則徐奏片　**襄陽一帶緝捕情形**

林則徐片

再楚豫交界地方犬牙相錯，即村店名目亦彷
彿相類，小民之無恒業者遷徙靡常，往往由彼
村遷至此村。即咸陽有此，河南亦有，所聞之
黃岡似即襄陽縣之黃家岡，其餘如老王家集、
大范家岡、朱家集、郭家樓、汲河上、陳家上下連家
莊等處，襄陽所轄者皆有地名，然距襄陽縣城自九
十里至百餘里不等，而距河南之新野縣無處
轉為切近，是以兩省緝捕，總宜不分畛域，有犯
即拏，始免竄逸潛藏。即如本年以來襄陽縣經
昌朔府獲各匪，除籍隸本境並現在本
省訪拏有名者概除不計外，其另獲豫省人犯數目

之內已有李名好張文炳河南唐縣人訊係行
劫唐縣事主李文鼎家並先後劫事主李義興
店鋪之犯又李愛年燦文高發金楊雪年吳蓋
俱河南宜陽縣人劉居貴有年俱河南洛陽縣
人訊係聽從張文炳行劫李文鼎李義興案內之
犯又楊志四河南新野縣人訊係夥劫事主黃兆
梅陳廣聚案內之犯又梁德沅河南新野縣人楊
志四即楊登順河南鄧州人訊係夥竊事主劉
永發家計贓逾貫之犯又康四找子河南鄧
州人訊係行劫謀殺事主唐清春染坊之犯又魏
文起趙明張幅納俱河南新野縣人訊係販
買私鹽之犯又宋蕭里河南唐縣人訊係行

一九

湖廣總督林則徐奏片　襄陽一帶緝捕情形
道光十七年七月十三日

竊事主張如愷牛驢之犯又李程德即李狗大
之河南郟縣人訊係行竊事主吳得有家
衣物之犯現據開具犯事原案分別懲辦仍
嚴飭該道府等隨時督認真查緝擬期逐漸
盡行斂戢地方全就肅清不得苟徇指名飭拏
始行上緊致再附轄有疎縱所有襄陽一帶近
日緝捕情形合併附片奏
聞伏祈
聖鑒謹
奏
道光十七年七月二十七日奉
硃批所見是認真督飭辦理欽此

林則徐　襄陽一帶緝私事宜摺

覽　單下交柳[illegible]

奏　旨　奏○緞匹

旨[illegible]

湖廣總督臣林則徐跪

奏爲欽遵襄陽一帶緝私事宜仰祈

聖鑒事。竊照湖廣界連數省，水陸交衝，故行銷淮鹽必須

諸緝辦私乃第一要務。如襄陽府屬交與河南

連界，河南例銷之潞鹽，產自山西，向係商運商銷，

官爲稽察。商人願惜身家，尚知畏法，即有越

販，亦必查緝。自嘉慶二十五年由晉省

奏准改爲商運民銷，該商人將潞鹽運至豫省

陝州府屬之會興鎮，分廠存貯，聽民人隨時購買，不

拘引數，均許領運行銷，而潞鹽課款甚輕，價值亦

賤。若僅在豫省售賣，獲利無多，一經灑入楚境，與

重課之淮鹽相衡，則人莫不舍貴而食賤，故襄

一九

湖廣總督林則徐奏摺　襄陽一帶緝私事宜

道光十七年七月十三日

陽一帶為淮鹽引地而民間率食潞私湖查道
光元年以來該府屬無有銷引不銷之年即
從前暢銷亦僅不及定額十分之一此皆
奏明豫運鹽二十萬包減價敵私並經飭商本受虧
于鄰私仍不能敵推原其故地勢大半相沿以陸
兵不可通鹽經總呈卡僅酌派巡而侵越如故
自至到任擬至六月底嚴計襄陽各卡哨獲私鹽
雖亦拿有二十餘起然只零星小販未能獲列積
窩囤户及大夥臣已集兵次至親駐襄陽後嚴
飭營縣分赴各卡晝夜偵拿兩日之內據襄陽
縣知縣紀昌烜拿獲陸續搜鹽三千餘斤又
襄陽營千總馬鵬程拿獲陸路車等犯並鹽三

千三百餘斤現俱委審嚴辦一時私販聞風
稍為斂戢然病源未除也一淮襄陽即難保不
又先行查河南新野縣之白河與唐縣之唐河皆為
淮私順流而下之路是以向于襄陽之兩河口地方設
立卡在以堵唐白兩河來船乃梟販日久計生早
於未抵兩河口之先即捨舟改陸凡附近邊境之村
鎮皆有鋪戶囤積晝則當賣別項貨物夜則
轉運私鹽來襄逕紛歧不能扼其吭領欲攔之
於囤聚之所則又礙係隔省地界員弁兵役不受
轄且查考兩淮鹽法志載毘連淮界之鹽店係
應撤退三十里外誠以淮課最重幾至什倍於鄰
者一被鄰省私越界售賣在鄰省課輕之地並無

所加而陳南課重之鹽盡為所據是以連界撤店
之例不得不嚴疊經前任各督臣務潞據者務防
撤退至後節次潞淮經河南撫臣桂良奏請查勘
惟是襄陽連界之店距河南省城皆屬遙遠團
戶每有所恃不肯依限遷移若必須候洛咨河南
撫臣檄飭撤退即各販之侵越已不可以數計應請
飭令將連界三十里內照例應撤之鹽店即由襄陽
營縣添會南陽府屬文武一體協撤退如再有
抗不遵撤即將鹽包起到襄陽充公並將團戶
嚴拿究辦庶有所儆畏不敢任意挨延至唐河係
南陽縣賒旗鎮下船白河係新野縣城外下船該處
民間附近食鹽原只計日零買並不必裝載成船

大裝載而下者全乃侵灘楚境此固顯而易見之
奏相應請
旨勅下河南撫臣嚴令南陽府屬州縣各員不得縱令
裝鹽下船如有鹽船途中被獲查明由何處下船
即于審辦時隨案聲明將該管縣文武議處
此外與德安黃州等處連界之信陽羅山光山商
城等縣越界買私亦請一體飭屬以免侵灘是
否有當謹繕摺具
奏並另繕楚豫交界三十里內地名清單恭呈
御覽伏乞
皇上聖鑒訓示謹
奏

一九

湖廣總督林則徐奏摺 襄陽一帶緝私事宜

道光十七年七月十三日

道光十七年七月二十六日奉

硃批 欽此

七月十三日

上谕　著照林则徐所请以文煒调補湖南晃州直隸廳通判

道光十七年七月十九日内閣奉
上諭林則徐等奏揀員調補要缺通判一摺著照所
請湖南晃州直隸廳通判員缺准其以文煒調補
該部知道欽此

湖廣總督林則徐題本

報銷綏靖永綏二鎮協營道光十一年份兵米用過穀價水脚銀數

該部察核具奏

題

一九

湖廣總督林則徐題本 報銷綏靖永綏二鎮協營道光十一年份兵米用過穀價水脚銀數

道光十七年七月二十二日

兵部尚書兼都察院右都御史總督湖廣等處地方軍務兼理糧餉臣林則徐謹
題爲謹陳等事該臣看得湖南布政使龔綬兼理
糧儲道李裕堂會詳稱查得綏靖永綏廳鎮協
并由永綏協撥抽撥保靖營屬之水蔭場及保靖
營限兵道光拾壹年係無閏之年計叁百伍拾
肆日實需米壹萬叁千肆百陸拾玖石柒斗內
除准支永綏廳道光拾壹年徵收秋糧米柒拾
陸石捌斗肆升又除道光拾年截存支剩米壹
百壹拾伍石叁斗肆升又永綏協道光拾壹年
截存殘廢兵丁及外委空缺口糧米玖石壹斗
實應動支倉穀碾米壹萬叁千貳百柒拾貳石
肆斗貳升內永綏廳碾米壹千壹百玖拾玖石

肆斗黔陽溆浦永順保靖龍山伍廳碾米壹萬
貳千柒拾叁石貳升覈賣永綏廳詳報已動支
倉穀碾米壹千叁百貳拾叁石捌斗肆升黔陽
等伍廳碾供米壹萬貳千柒拾叁石貳升以資
銷米酌算尚應存米壹百貳拾肆石肆斗肆升
應請存留廳倉歸入次年各兵應食米內減除
支銷所有本年用過價脚銀兩自應仍照原支
倉穀動碾米數請銷以符原動數目所有黔陽
溆浦永順保靖龍山伍廳買補道光拾壹年動
支倉穀貳萬伍千陸百捌拾柒石貳斗柒升陸
合叁勺捌抄又沅陵瀘溪貳廳代買解運永綏
廳道光拾壹年補倉穀貳千捌百壹拾陸石陸

一九　湖廣總督林則徐題本　報銷綏靖永綏二鎮協營道光十一年份兵米用過穀價水脚銀數　道光十七年七月二十二日

斗捌升捌勺伍抄共用過買穀價脚銀壹萬捌
千伍百貳拾柒兩伍錢柒分共用過水脚神福
食米折價等項銀叁千伍百柒拾壹兩柒錢貳
分陸釐內黔陽溆浦貳縣運米至沅陵脚費銀
兩均係遵照例載該貳縣運穀脚費銀數折算
支給通共用過銀貳萬貳千零玖拾玖兩貳錢
玖分陸釐內動支糧道移解扣回該年兵丁米
折銀壹萬貳千伍百柒拾肆兩貳錢陸分捌釐
又動支道光拾年耗羨銀陸百肆拾貳兩伍錢
陸釐又動支道光拾壹年耗羨銀陸千柒百陸
拾兩肆錢柒分貳釐又動支道光拾貳年耗羨
銀壹千叁百貳拾貳兩叁錢叁分玖釐又動支

道光拾叁年秏羨銀玖拾伍兩捌分肆釐尚應
找給銀柒百肆兩陸錢陸分柒釐在於隨年秏
羨銀內動支發給相應據冊聲造同送到各結
具文詳請查覈
題銷等情前來臣覆覈無異除冊結送部外謹會
同湖南巡撫臣訥爾經額合詞恭疏具
題伏乞
皇上聖鑒勅部覈銷施行再臣帶印前往襄河一帶
查勘隄工并定湖南閱兵營伍旋署尚需時日
奏明飭委湖北藩司張岳崧代印具
題合併陳明臣謹具
題請

一九 湖廣總督林則徐題本 報銷綏靖永綏二鎮協營道光十一年份兵米用過穀價水脚銀數

道光十七年七月二十二日

旨

道光拾柒年柒月 貳拾貳日 兵部尚書兼都察院右都御史總督湖廣等處地方軍務兼理糧餉臣林則徐

湖廣總督林則徐題本　報銷綏靖永綏二鎮協營道光十一年份兵米用過穀價水脚銀數

道光十七年七月二十二日

兵部尚書兼都察院右都御史總督湖廣等處地方軍務兼理糧餉臣林則徐謹

題爲臚陳等事。該臣看得湖南布政使璽綏兼理糧儲道李裕堂會詳稱：查得綏靖永綏二鎮協并由永綏協抽撥保靖營屬之水蔭場及保靖營陳兵，道光拾壹年係無閏之年，計叁百伍拾肆日，實需米壹萬叁千肆百陸拾玖石柒斗。內除坐支永綏廳道光拾壹年徵收秋糧米柒拾貳石捌斗肆升，又除道光拾年截存支剩米壹百壹拾伍石叁斗肆升，又永綏協道光拾壹年截存殘廢兵丁及外委空缺口糧米玖石壹斗，實應動支倉穀碾米壹萬叁千貳百柒拾柒石肆斗貳升，內永綏廳碾米壹千壹百玖拾玖石肆斗，黔陽溆浦永順保靖龍山伍縣碾米壹萬貳千柒拾叁石貳升。覆查永綏廳詳報已動支倉穀碾米壹千叁百貳拾叁石捌斗肆升，黔陽等伍縣碾供米壹萬貳千柒拾叁石貳升。所有黔陽溆浦永順保靖龍山伍縣買補道光拾壹年動支倉穀貳萬伍千陸百捌拾柒石貳斗柒升陸合叁勺捌抄，又沅陵瀘溪貳縣代買解運永綏廳道光拾壹年補倉穀貳千捌百壹拾陸石陸斗捌升捌勺伍抄，共用過穀價水脚銀貳萬貳千零玖拾玖兩貳錢玖分陸釐，相應據冊轉造，同送到各結，具文詳請查覈

題銷等情前來。臣覆覈無異，除冊結送部外，謹會

題請

旨

湖廣總督林則徐題本　**盤查湖北各屬常平倉穀存貯數**

該部察核具奏
題

湖廣總督林則徐題本　盤查湖北各屬常平倉穀存貯數
道光十七年七月二十二日

兵部尚書兼都察院右副都御史總督湖廣等處地方軍務兼理糧餉臣林則徐謹
題為請嚴倉穀之虧空等事據湖北布政使張岳
詳稱竊照雍正元年玖月叁拾日奉准戶部
咨議覆刑部尚書勵廷儀奏稱各屬常平倉存
貯米穀雖有該府司道經查管理不能保其一
無徇隱當責之督撫嚴責嚴查造冊具奏督撫
陞轉離任將冊籍交代新任督撫限叁個月查
覈奏
聞等因奉
旨依議欽此欽遵在案茲湖廣總督於道光拾柒年叁
月初伍日蒞任前經詳明移行本管道府州將
所屬倉存米穀粟麥等項逐一認真盤查在案

湖廣總督林則徐題本　盤查湖北各屬常平倉穀存貯數
道光十七年七月二十二日

並准暨法武昌道于克襄督率武昌府知府崇
善督漢黃德道事候補道夏廷培督率漢陽府
知府楊炳堃黃州府知府楊庚署德安府事候
補同知鹿大奎安襄鄖荊道楊以增督率安陸
府知府周鳴鑾襄陽府知府金石聲鄖陽府知
府李嘉祥荊門直隸州知州呂愉荊宜施道梁
寶常督率荊州府知府王若閎宜昌府知府程
家頤兼署施南府事施南府同知馬安時盤明
結報所屬倉存米穀麥粟包穀皆貯在倉並無
虧空短少情弊到司覆查湖北各州縣衛
并荊門直隸州及長樂縣縣丞常平倉實存穀
麥粟包穀并小麥折穀伍拾萬肆千肆百伍拾

陸石壹斗捌升伍合肆勺米壹萬壹千肆百陸
拾貳石貳斗伍升伍合壹勺據各本管道府州
盤明結報實貯在倉並無虧空黴爛短少情弊
理合造具四柱清冊出具印結詳齎查覈具
題再此案應以道光拾柒年叁月初伍日總督蒞
任計限起扣至陸月初伍日屆滿叁個月正限
內有距省最遠之施南府來鳳縣計程壹千捌
百陸拾里應扣程限叁拾柒日統於道光拾柒
年柒月拾壹日屆滿正程各限合併聲明等情
呈詳到臣該臣看得各省常平倉存貯米數定
例新任督撫限叁個月查奏如有虧空即行題
參等因遵照在案今臣於道光拾柒年叁月初

任日接印任事所有各屬倉穀行據藩司詳明
移行本管道府州盤查去後茲據湖北布政使
張岳崧詳稱湖北各州縣衛并荆門直隸州及
長樂縣縣丞常平倉實存穀麥粟包穀并小麥
折穀伍拾萬肆千肆百伍拾陸石壹斗捌升伍
合肆勺米壹萬壹千肆百陸拾壹石貳斗伍升
伍合壹勺據各本管道府州盤明結報實貯在
倉並無虧空徵糶短少情弊由司造具四柱清
冊出具印結詳請查覈具
題等情此案應以道光拾柒年叁月初伍日臣到
任計限起扣至陸月初伍日扣滿叁個月正限
內有距省最遠之施南府來鳳縣計程壹千捌

百陸拾里應扣程限叁拾柒日統於道光拾柒
年柒月拾壹日届滿正程各限等情前來臣覆
覈無異除將結送部外謹恭疏具
題伏乞
皇上聖鑒勅部查覈施行再臣帶印前往襄河一帶
查勘隄工并赴湖南閱視營伍旋署尚需時日
奏明飭委湖北藩司張岳崧代印具
題合併陳明臣謹具
題
聞

一九

湖廣總督林則徐題本　盤查湖北各屬常平倉穀存貯數

道光十七年七月二十二日

道光拾柒年柒月　日　兵部尚書兼都察院右都御史總督湖廣等處地方軍務兼理糧餉臣林則徐

兵部尚書兼都察院右都御史總督湖廣等處地方軍務兼理糧餉臣林則徐謹

題為請嚴倉穀之虧空等事。該臣看得各省常平倉存貯米穀，定例新任督撫限叁個月查奏，如有虧空，即行題參等因，遵照在案。今臣於道光拾柒年叁月初伍日接印任事，所有各屬倉穀，行據藩司詳明移行本管道府州盤查去後。茲據湖北布政使張岳崧詳稱：湖北各州縣衛常平倉實存穀麥暨包穀并小麥折穀伍拾萬肆千肆百伍拾陸石壹斗捌升伍合肆勺，米壹萬壹千肆百陸拾壹石玖斗伍升伍合壹勺，據各本管道府州盤明結報，實貯在倉，並無虧空缺額短少情弊，由司造具四柱清冊，出具印結，詳齎查覈具

題等情前來，臣覆覈無異，除冊結送部外，謹具

題

聞

湖廣總督林則徐題本

督標候補守備洪明臺弓馬生疎請革職離營仍留世職

一九

湖廣總督林則徐題本 督標候補守備洪明臺弓馬生疎請革職離營仍留世職

道光十七年七月二十二日

兵部尚書兼都察院右副都御史總督湖廣等處地方軍務兼理糧餉臣林則徐謹

題爲世職弓馬生疎不堪造就革去候補守備仍

留世職以肅營伍事該臣看得定例內開期滿

發回雲騎尉以守備用以到營學習之日爲始

統限伍年後輪缺補用倘承襲各員有不用心

學習行走懶惰該管大臣奏明令其回籍等語

茲查有臣標右營世襲雲騎尉候補守備洪明

臺經臣考驗馬步六矢全未中靶似此弓馬生

疎不堪造就之員未便姑容相應請

旨將湖廣督標世襲雲騎尉洪明臺革去候補守備

不准隨營仍留世職支食半俸以肅營伍除轉

飭遵照外理合恭疏具

湖廣總督林則徐題本　督標候補守備洪明臺弓馬生疎請革職離營仍留世職
道光十七年七月二十二日

題伏乞
皇上聖鑒勅部議覆施行再臣帶印前往襄河一帶
查勘隄工并赴湖南閱視營伍旋署尚需時日
奏明飭委湖北藩司張岳崧代印具
題合併陳明臣謹具
題請
旨

湖廣總督林則徐題本 督標候補守備洪明臺弓馬生疎請革職離營仍留世職

道光十七年七月二十二日

道光拾柒年柒月 貳拾貳 日兵部尚書兼都察院右副都御史總督湖廣等處地方軍務兼理糧餉臣林則徐

兵部尚書兼都察院右副都御史總督湖廣等處地方軍務兼理糧餉臣林則徐謹

題爲世職弓馬生疎不堪造就革去候補守備仍
留世職以肅營伍事竊臣看得臣標右營世襲
雲騎尉候補守備洪明臺經臣考驗馬步六矢
全未中靶似此弓馬生疎不堪造就之員未便
姑容相應請
旨將湖廣督標世襲雲騎尉洪明臺革去候補守備
不准隨營仍留世職支食半俸以肅營伍除轉
飭遵照外臣謹具
題請
旨

湖廣總督林則徐題本

乾州協副將伊齡阿年力就衰弓馬生疎請以原品休致

伊齡阿著議處具奏該部知
道

題

一九

湖廣總督林則徐題本 乾州協副將伊齡阿年力就衰弓馬生疎請以原品休致

道光十七年七月二十二日

兵部尚書兼都察院右都御史總督湖廣等處地方軍務兼理糧餉臣林則徐謹
題爲副將年力就衰弓馬生疎請
旨休致以肅營伍事竊臣查得例載各省副將以下
守備以上等官年届陸拾叁歲者令該管督撫
提鎮等嚴加甄別將年力就衰者勒令休致如
有精神尚健堪以留任者該督撫提鎮出具切
實考語保題留任叁年後再行甄別壹次年力
已衰題請勒休等語茲查有湖南乾州協副將
伊齡阿現年陸拾陸歲例應甄別當經調驗去
後茲准湖南提督臣薛陞移送請考前來臣隨
考驗得該將伊齡阿年已陸拾陸歲精力就衰
拉弓手顫箭無準頭若使任其戀棧致滋貽誤

相應請
旨將湖南乾州協副將伊齡阿以原品休致除飭取
原領劄付另咨繳部外臣謹會同湖南提督臣
蘇陞合詞恭疏具
題伏乞
皇上聖鑒勅部查照休致施行再照湖南乾州協副
將員缺係題補之缺湖南省現無揀發豫保人
員輪用應陞應補人員容臣另行揀員請補又
臣帶印前往襄河一帶查勘隄工并赴湖南閱
視營伍旋署尚需時日
奏明飭委湖北藩司張岳崧代印具
題合併陳明臣謹具

一九

湖廣總督林則徐題本　乾州協副將伊齡阿年力就衰弓馬生疏請以原品休致

道光十七年七月二十二日

題請

旨

湖廣總督林則徐題本　乾州協副將伊齡阿年力就衰弓馬生疏請以原品休致

道光十七年七月二十二日

兵部尚書兼都察院右都御史總督湖廣等處地方軍務兼理糧餉臣林則徐謹
題爲副將年力就衰弓馬生疏請
旨休致以肅營伍事該臣看得例載各省副將以下
守備以上等官年屆陸拾叁歲保題留任叁年
後再行甄別壹次年力已衰題請勒休等語茲
查有湖南乾州協副將伊齡阿現年陸拾陸歲
例應甄別當經調驗去後茲准湖南提督臣薛
陞移送請考前來臣隨考驗得該將伊齡阿年
已陸拾陸歲精力就衰拉弓手顫箭無準頭未
便任其戀棧致滋貽誤相應請
旨將湖南乾州協副將伊齡阿以原品休致除飭取
原領劄付另咨繳部外臣謹會
題請
旨

湖廣總督林則徐等奏摺　請以郭覲辰調補漢陽縣知縣
道光十七年七月二十六日

林則徐等　請以郭覲辰調鍾祥漢陽
會由
奏
旨　隨交
八月十五日

湖廣總督林則徐等奏摺　請以郭覲辰調補漢陽縣知縣
道光十七年七月二十六日

湖廣總督臣林則徐
湖北巡撫臣周之琦跪
奏爲要缺知縣揀員調補仰祈
聖鑒事竊照湖北漢陽縣知縣周向青患病業經臣
等恭疏具
題開缺聲明所遺漢陽縣係衝繁疲難最要之缺
例應在外揀調查該縣爲漢郡附郭首邑濱
臨江漢水陸交衝事繁甲於通省非明幹之
員不克勝任臣等與藩臬兩司在於通省中簡
知縣內逐加遴選非歷俸未滿即人地不甚相
宜惟查有安陸府屬之鍾祥縣知縣郭覲
辰現年四十九歲江西進士奉
旨以知縣即用籤掣湖北七年二月到省歷署黃

陂孝感等縣並代辦蒲圻縣各事務
題補應山縣知縣十二年四月初一日到任十五年
調補鍾祥縣要缺知縣因署黄陂縣印務
致未到任該員老成諳練明幹安詳歷署
繁缺及現署漢陽縣知縣辦理均能裕如
且在楚年久熟悉地方風土民情以之調補
漢陽縣知縣實堪勝任惟係以繁調繁並
調補鍾祥尚未到任與例稍有未符但查漢
陽縣係衝繁疲難四項相兼最要之缺較
之鍾祥兼三要缺尤為繁劇人地實在相
需例得專摺奏請合無仰懇
皇上天恩俯念員缺緊要准以鍾祥縣知縣郭

觀辰調補漢陽縣知縣實于地方有裨並
遵例請
旨勅部查核如蒙
俞允該員係現任知縣請調知縣銜缺相當毋庸
送部引
見至該員任内一切因公處分遵例毋庸核計飭
繳罰俸限内咨部銷案所遺鍾祥縣係
繁疲難要缺例應在外揀調容另遴員
調補理合恭摺具
奏伏乞
皇上聖鑒訓謹
奏

道光十七年八月十五日奉

硃批 欽此

七月二十六日

湖廣總督林則徐等奏片 天門等州縣被水潰淹情形

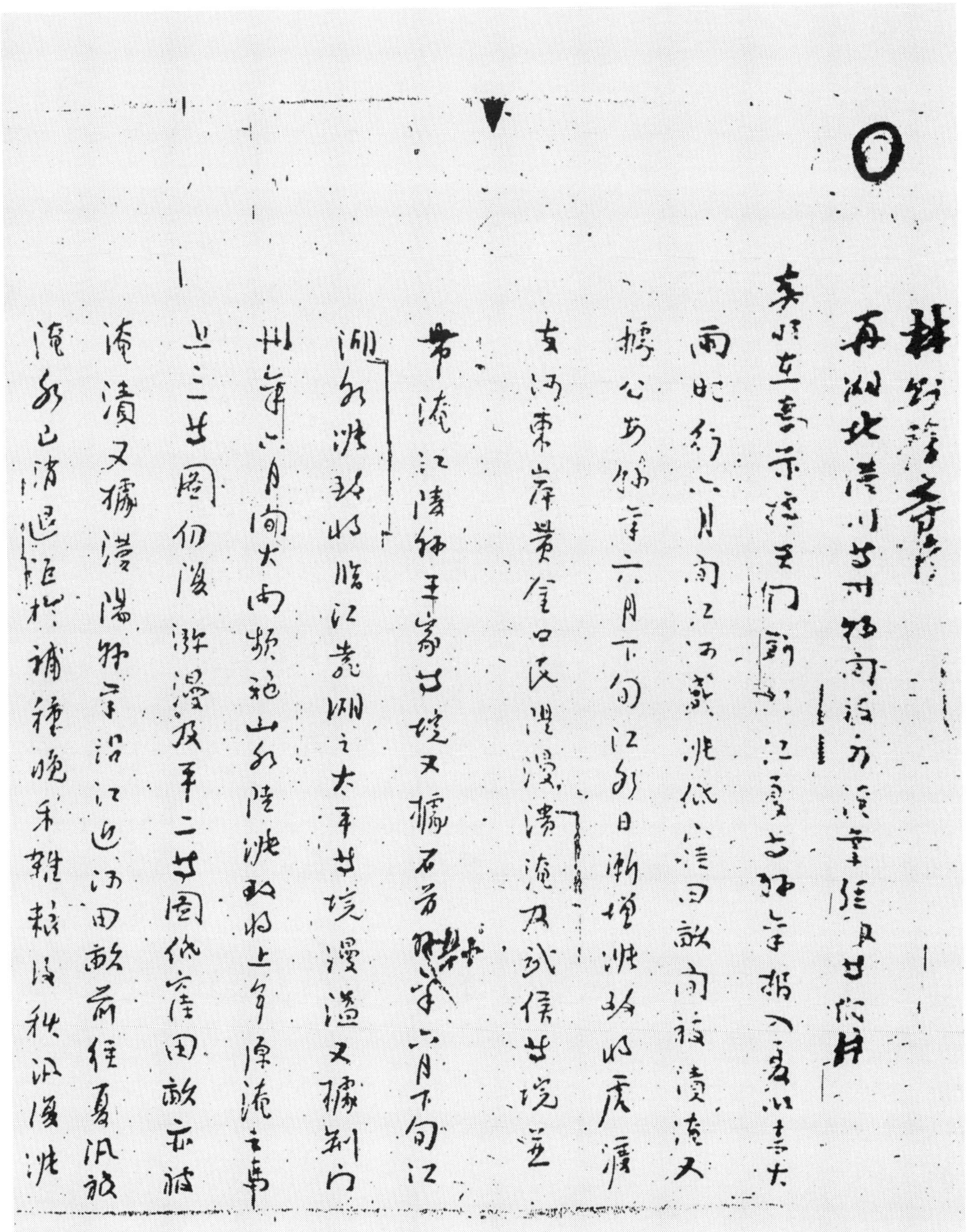

林則徐等片

再湖北漢川等州縣前因被水淹浸，業經臣等附片

奏明在案。茲據天門、鍾祥、江夏、武昌等縣稟稱：入夏以來大

雨時行，六月間江河盛漲，低窪田畝間被潰淹。又

據公安縣稟：六月下旬江水日漸增漲，將虎渡

支河東岸黃金口民堤漫潰，淹及該縣境並

帶淹。江陵縣亦稟報該境。又據石首縣稟：六月下旬江

湖水漲，致將臨江毗湖之太平等垸漫溢。又據荊門

州稟：六月間大雨頻施，山水陡漲，致將上年原淹之尚

三十垸圍仍復浸漫，及王二等垸圍低窪田畝亦被

淹漬。又據潛江縣稟：沿江近河田畝前經夏汛被

淹，水已消退，趕緊補種晚禾雜糧，後秋汛復漲

一九

湖廣總督林則徐等奏片 天門等州縣被水潰淹情形

道光十七年七月二十六日

又被漫淹又據枝江縣本年七月初旬江水泛漲致
將最低之青夷甘洲境淹浸均經並無損傷人口
倒塌房屋各情當即批飭行該管道府並委
員馳往會勘如該州縣實有被災輕重情形
據實分辨並責令趕緊堵築潰口疏消積水
以冀開涸補種除俟查覆到日再行據實
奏明辦理外理合附片奏
聞謹
奏
道光十七年八月十五日奉
硃批查明具奏欽此

上諭 林則徐奏湖北襄陽城守營遊擊盛奎等著分別降調

道光十七年七月二十七日内閣奉

上諭林則徐奏請甄别應入軍政各營員等語湖北襄陽城守營遊擊盛奎年逾五十弓馬生疎著來京交部帶領引見衛昌營遊擊陳增壯弓馬亦生惟營務尚熟著降為都司歸部銓選鄖陽鎮標中營守備羅玉斌右營守備王允年遠安營守備鄧高陞均著降為千總以觀後效餘著照所議辦理該部知道欽此

上諭 林則徐奏署鍾祥縣知縣謝慶遠賠修工竣著准開復

道光十七年七月二十七日内閣奉

上諭林則徐奏閱視襄河隄工情形請將賠修之知縣開復一摺湖北署鍾祥縣知縣謝慶遠前因該處隄工漫潰當降旨革職留任責令賠修兹據該督查驗賠修工竣工程結實謝慶遠著加恩准予開復該部知道欽此

上諭　著照林則徐所請河南毗連楚省三十里內鹽店一體催撤

道光十七年七月二十七日內閣奉
上諭林則徐奏襄陽一帶緝私事宜一摺湖廣界連
數省水陸交衝行銷引鹽必以堵緝鄰私為第一
要務據該督查明河南與楚境附近村鎮皆有鋪
戶囤積私鹽越界售賣侵佔淮綱請將毗連淮界
三十里內之鹽店照例撤退著照所請所有河南
毗連楚省三十里以內之鹽店即著襄陽營縣咨
會南陽府屬文武一體差催撤退如抗不遵撤即
將鹽包起到襄陽充公並將囤戶差拏究辦其河
南唐河白河裝載鹽船順流而下係屬侵灌楚境
私鹽尤為顯而易見著河南巡撫飭令南陽府屬
縣汛各員毋得縱令裝鹽下船其在中途被獲查

明由何處下水即於審辦事時隨案聲明將該處營
縣交部議處此外與德安黄州等屬連界之信陽
羅山光山商城等縣越界票私著即一體撤店至
单開河南各地名開設鹽店囤積販私處所著照
例撤退以免侵灌單併發欽此

上諭

林則徐奏借項興挑鹽城縣皮大河趕辦完竣著准展限起徵

道光十七年七月二十八日内閣奉

上諭陶澍等奏借項挑辦河道完竣並請展限起徵一摺江蘇鹽城縣皮大河最為洩水要道前據林則徐奏請飭辦借項興挑兹據該督等查明挑辦工程現據印委各員等照估如式趕辦完竣由府驗收並無草率偷減共實用銀四萬四千一百一十七兩零惟河道甫經開復兩岸田畝尚難全行種蒔著照所請准其展限至道光十八年下忙起徵以紓民力該部知道欽此

上諭　著照林則徐所請以郭覲辰調補湖北漢陽縣知縣

道光十七年八月十五日內閣奉
上諭林則徐等奏揀員調補要缺知縣一摺著照所
請湖北漢陽縣知縣員缺准其以郭覲辰調補該
部知道欽此

上諭　鄭允元所告案著交林則徐嚴審定擬具奏

道光十七年八月十九日奉
旨此案著交林則徐親提人證卷宗秉公嚴審按律
定擬具奏原告鄭允元該部照例解往備質欽此

湖廣總督林則徐奏摺　**督防荊江兩岸隄工已臻平穩並水勢消落情形**

林則徐
荊江兩岸隄工平穩等由
奏
旨
九月十八日

一九

湖廣總督林則徐奏摺　督防荊江兩岸隄工已臻平穩並水勢消落情形

道光十七年八月十九日

湖廣總督臣林則徐跪

奏為督防荊江兩岸隄工已臻平穩並水勢消落情形

恭摺奏祈

聖鑒事竊臣前由襄河一帶查驗隄防據荊州道府

探報荊江水勢盛發即經札飭妥為守護一面馳往

督辦業經附片

奏明在案查此次荊江異常盛漲七月初八日以前隄

長一丈三尺有零水高隄頂只尺四尺為歷年

所未有經荊宜施道果勒崇阿督同荊州府高為主

茲閱隨飭汛員晝夜駐隄防守初十前後稍有

見消落旋于十六七八等日又復驟長及行至荊

湖適當水勢再長之際當即親赴城外之萬

城隄平日該道府等逐加履勘隄身之受比工
是皆其最要者李家埠在乾隆五十三
年漢口之府隄內湧出黑水源源不絕與防抽底
該府王若岡先於隄外用江柴捆護築撤外
幫家府情形復揚排釘雙層大樁寬長加
倍中間築土填柴高與正隄相平形成一片其
隄裏滲漏之處用蔴袋裝蔴袋貯土填壓裏
外於護岸保全廉又上漁埠一段據該道府等稱
隄底先有裂縫雇手攀通經底覓飭摸多人入
水探明所裂之處用棉被包裹石灰擣塞堵塞復
用大鍋扣住築外戧高二丈寬八丈餘尺亦
已平務又郝穴一帶對岸沙嘴挺出大溜沖激

石堤最爲吃重，臣與龍江關上新閘等處分別
加抛碎石，悉資捍護。其江陵縣沙市岸江虎渡口支
河隄塍，經該知縣黃肇炎率同汛員巡守穩固。
又公安縣之杜楊家蔡田、江西郝廠等處江隄逼臨
頂沖，水與隄平，情形均極危險，該知縣蘇其中駐工
搶築，亦獲保全。惟縣境南有虎渡河支隄東西兩
岸百數十里，係業民自行修築之工，該縣因在江
隄防守不及，黃廠七月初六日在汛水漫溢黃金
口支河民隄潰二十餘丈，旋又塌寬二十餘丈，該段
淹該縣之武陵等境並江陵縣之王家等境，就
該兩縣通境而計，祇係一隅中之一隅。又監利
縣江隄長三百七十餘里，並刻江下游要之南

一九

湖廣總督林則徐奏摺 督防荊江兩岸隄工已臻平穩並水勢消落情形

道光十七年八月十九日

省洞庭湖以思居對岸一邑有幸二分並非隄工

衮衮芳隣首尾氣不能相顧該隄尤修工程係

並案首了派一修式員分段領修外先於連次接換該

署知縣光泰宗孫詳宗淵審析衡程公隄錄半

寺上下六十里隄工條偏十三八丈該首要並不設

備又尺八口查王月隄僅存隄面三尺其內面新

挖之工尺條隊沙所成經該知縣設法協力防守

等語 飭查其他逐一勘驗所守均屬實情是

該首委承修隄段既多華率畢竟終累誤又不籌

防艱保無侵蝕情弊已錄剝真總首還查明詳

請經辦以示儆戒該署知縣光泰宗經接任遠

值識誤即自備守紅料物常川駐工率同署

湖廣總督林則徐奏摺　督防荊江兩岸隄工已臻平穩並水勢消落情形
道光十七年八月十九日

巡檢戴鴻慈將漫漏危險各隄星夜搶築如
時得保為平七月下旬水勢漸落截至八月初六日核
報楊林磯出水已退二寸比次荊江異漲甚于往年
而兩岸江隄均經守護安全並無失事隄內稻
田未被淹及棉豆雜糧正在成熟之時連村
稱慶
聖主鴻福憲臺小欣幸之餘倍深保護競至公安
縣內河黃金口支隄因係鄉民自修自衛之工與江
隄輕重迥殊但因其該縣境內既有漫潰則防
範未周例應咨請
旨將公安縣知縣蘇生中暫摘頂戴責令督催業
民集夫修築勒限九月內報竣俟工竣後再請
聞

復署監利縣知縣戴鴻慈于上年朱三工
潰口案內經前督臣訥爾經額參
奏，奉硃批：著革職，留任，於朱三工月隄早
經如式修竣。茲署監利縣戴鴻慈隨同防護，尚屬得
力，所有原參革職留任之案，應否邀
天恩俯准開復。現在節逾白露，江漢水勢均已就平，
仍飭該道府等督率各屬查照本年盛漲水
痕，將隄工逐一勘估，加高培厚，不使單薄殘缺。
其大汛搶險之處，派係搶築一時，尤須于水落後
加培內外月隄，務令及早修完，速臻鞏固，俾
來年汛漲，抵禦有資，以副仰
聖主保衛民生之至意。所有隄工平穩緣由，謹會同湖

湖廣總督林則徐奏摺 督防荊江兩岸隄工已臻平穩並水勢消落情形 道光十七年八月十九日

此摺係周之琦恭摺具
奏伏乞
皇上聖鑒謹
奏
道光十七年八月十九日
硃批 欽此
八月十九日

湖廣總督林則徐奏片 兩湖現獲私鹽多起官引漸見疎消

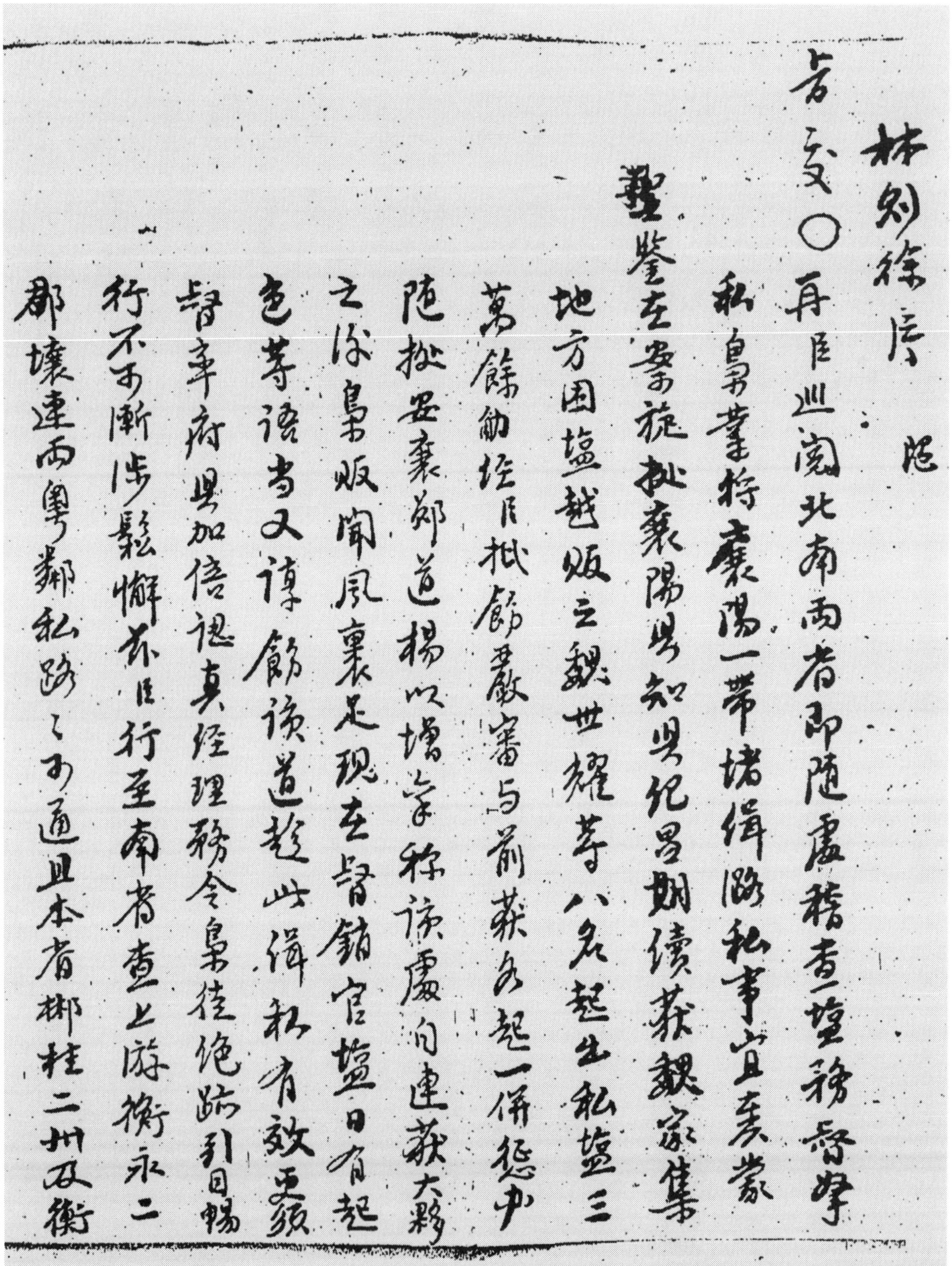

林則徐片

旨交○再臣巡閱北南兩省即隨處稽查鹽務覺

私梟業將襄陽一帶堵緝鄰私事宜奏蒙

聖鑒在案旋據襄陽縣知縣紀昌期續獲魏家集

地方囤鹽越販之魏世耀等八名起出私鹽三

萬餘觔經臣批飭嚴審與前獲各起一併懲辦

隨據安襄鄖道楊以增稟稱該處自連獲大夥

之後梟販聞風裹足現在督銷官鹽日有起

色等語當又諭飭該道趁此緝私有效更須

督率府縣加倍認真經理務令梟徒絕跡引目暢

行不可斷步鬆懈茲臣行至南省查上游衡永二

郡壤連兩粵鄰私路路可通且本省郴桂二州及衡

湖廣總督林則徐奏片　兩湖現獲私鹽多起官引漸見疏消
道光十七年八月十九日

處之鄰縣例食粵鹽，復有永興縣之熬鍋改道
影射，大爲淮綱之害。若非極力嚴拏，不特上游
充斥，並即侵灌長沙。先經撫臣訥爾經額派委
辰州府通判唐鳳德、撫標游擊馬辰暨佐貳
武弁等分路查緝，已據陸續報獲，隨案審辦。
臣因即日按臨該處，復先期飭營縣以此番經
過地方，何處查有私鹽，即將該處文武一併參撤，
並派委候補通判賈亨晉馳往會拏，務得大
夥巨梟，不許僅以零星小販搪塞了事。節據
署衡陽縣楊尚鼎、清泉縣汪仁堂、衡山縣汪霦、
原湘潭縣董友筠、衡州協副將文興暨委員唐
鳳德、賈亨晉等先後拏獲私販王萬餘、宋

誠義祝鉛蓮宗謀順祝啟貴鄧願佐黃洪富
及船户廖信成敖細苟吳麻苟黃固苟於永
才等犯起出私鹽共三萬七千餘斤均飭分
别確訊按擬詳辦查衡州以上向來銷鹽情
形除該府通判應領漢岸官鹽減價敵私
之外並未聞有水販自行載鹽逆流換運者
其為粵私充斥亦本不待言喻因旬日之間拏
獲多起風聲所樹私販潛蹤即據該地方官禀
稱急需官鹽接濟且就近劄提湘潭一帶口岸
商鹽飭速運往發售以濟民食隨據湘潭縣
董友筠禀報八月十二三四等日該處水販黃
義章余樂菴等運鹽一萬四千包又鄭受

康運鹽三千包先後赴衡山衡陽售賣復有
衡屬醬園鋪戶與附近各縣客販來至湘潭
買回者一時尚未核數是該處疏消官引目前
已有轉机若果從此暢行不獨下游長沙一帶
不受侵灌即上至永寶一帶久不銷引之地亦
可漸冀挽回惟是境逼粵疆既有稍縱即逝
之處而臣勢難久駐仍多鞭長莫及之虞查
衡永郴桂道駐劄衡州該道特晉熙明幹有
為此次各屬獲私多由該道設法督率應
請嗣後責成該道就近督飭力堵粵私務
使淮引永可暢行方為有效不得以空言塞
責如或日久疎懈致民間仍食鄰私除州縣

旨飭分別撤委外並將該道從嚴參處再
衡永各處向有水陸卡座佈置非不周密
然設卡之處有定而私販繞越無常且上
游跬步皆山路徑尤為叢雜梟徒成群結
隊闖道抄行似非有定之卡所能盡堵現擬
文武各員會商若將卡巡改為游巡隨處搜
比截擊較易得力並須多派兵役聯絡聲
勢始免逞兇拒捕已飭該道將晉興督飭
委員唐鳳德賈亨晉暨各該州縣勘明近
日私販來路何處最為扼要何處最係紛
歧游巡之員弁兵役應如何分合策應詳細
籌議章程會請核定試辦仍察看果否得

力有无成效再行馊嘶奏
聞所有現获私塩多起官引漸見疏消緣由謹
先附片具
奏伏祈
聖鑒謹
奏

道光十七年九月十八日奉

硃批

欽此

湖廣總督林則徐等奏摺　核審首逆藍正樽被城步縣鄉勇毆斃情形

道光十七年八月十九日

湖廣總督林則徐等奏摺　**核審首逆藍正樽被城步縣鄉勇毆斃情形**

奏

林則徐等覆審藍正樽已被毆斃情形由

覽奏悉

旨發〇

九月十八日

湖廣總督臣林則徐
湖南巡撫臣訥爾經額跪
為查明鄉勇毆斃首逆藍正樽情形核實覆
奏為遵
奏仰祈
聖鑒事竊臣訥爾經額具奏擒獲從逆多犯供出藍正
樽已被鄉勇陳國良等毆斃仍飭藩臬兩司確
訊詳辦與臣林則徐會銜密陳緣由於本年
上諭首逆藍正樽屍骸既已焚毀無從檢驗自應嚴密搜遍
未便遽正刑誅著該撫督飭委員嚴拏從逆人犯
鍾順二等七名又史但發等八名訊據鍾順二供稱
上年十月初七日藍正樽因被官兵追逃至城步縣
陳家灣地方被鄉勇陳國良等毆斃隨同

湖廣總督林則徐等奏摺　核審首逆藍正樽被城步縣鄉勇毆斃情形

道光十七年八月十九日

該逆行走之路犯史但發易潼亦供稱親見藍
正樽被人截住毆打復據唐因卜等供明該逆被
殺身死並用石塊木棍將該逆頭顱其剁破未毀
處衣並火鐮等物業據逆屬辨認明確案內
首逆存亡屍骨既難識認逆屬供亦難憑然仍另着該撫
嚴飭屬員各司提到現獲各犯及鄉勇人等詳細推
鞫根追確實不准稍有諱漏致滋疑竇以昭詳
慎其別條再行分案審辦核實具奏倘該處存
留頭領伍們之詞意逆就了局將來或由鄰省擒獲
或別經發覺朕惟該撫是問不能當此重咎也欽
此作見
奉主指示精詳務成信讞之至意昌勝欽佩等林則

湖廣總督林則徐等奏摺 核審首逆藍正樽被城步縣鄉勇毆斃情形

道光十七年八月十九日

係在荊江一帶防堵工竣撤順赴本省考校

軍政遂准臣則徐劄飭該令迅即馳至長沙會

同審辦亦即飭湖南布政使裕泰按察使楊慶琛

鹽法長寶道李德督詳核委員長沙府知府何

其真長沙縣知縣陳秀真署善化縣知縣孫宗

漢審明由該司道等會同提訊詳細推求解請

會覆前來除支組發一家在逃病故鍾順二等於

臣等親提會訊分別定擬罪名另摺具

奏外其致斃首逆藍正樽一犯最關緊要必須研

究確實不可稍有牽漏臣等欽遵

諭旨會提通案人證兩別研鞫再三推究據鍾順二供

伊因販賣湖鴨與藍正樽素相認識道光十六年

二月初七日隨同藍正樽等圖撲武岡州城之上
貢吳同放標砲衆人驚散藍正樽與陳和尚
陳文拔陳仲湘陳老二鍾四儒及不知姓名人
等俱逃至蘇家塘共屋歇宿伊亦隨往旋因
砲聲藍正樽及貢吳追及將頭戴絨紅帽脫
下換戴瓜皮小帽並脫去綢緞新衣將平素穿
舊之布衣換穿而逃伊潛隨在後初九日早至
城步縣陳家灣地方有一小河淺可涉伊看見
藍正樽在前與不知姓名二人同涉過河有鄉勇
多人攔住盤詰藍正樽拔刀向戳被各鄉勇用
扁担木棍石塊亂毆與不知姓名二人先後落
落河內剝去衣服伊因常在陳家灣賣鴨人不

擬其係賊黨乃乘間脫逃其下手之鄉勇謂有
漆國良並自稱不及識等語訊之鄉勇漆國良
據供上年二月初八日聞有賊眾在武岡深子
與耆本村各户團集壯丁堵禦賊初七日早
伊為壯敵前往追捕再往前新沅陳會書漆國英王
正相陳添茂漆亮獻等在漆家灣河坳柳樹下
藏伏見有三人慌忙過河經伊等人口音相隹與
向在前一人詢問伊係何人係賊黨笑駁回伊語
以何無賴物否其人即拔身帶尖刀砍
傷伊右手腕眾人料是賊匪欲敵不即用木扁
担毆傷其右臂膊蒲再往用木棍毆傷其左臂
那賊向前逃奔伊從後趕其衣服　賊

硃

近於蠢戇

將身披馬褂棹下跑走伊拾石塊追趕賊將四的

一望伊用石擲傷其左太陽倒地滾跌河內回行

西賊上前幫護亦被該鄉勇扎毆跌河身死維時

觀看人多那股賊身上衣物已被衆人扯毀伊與

怏戴黃等亦將先斃一賊剝取大衫小帽並翻其身上

所掛鐵火鐮銅紙煤袋各一件將三屍一併浮

埋河邊因未查看姓名不敢具狀迨後奉懸賞格

始知武岡滋事係藍正樽由前並見繪影圖形

藍正樽面紫無鬚嘴唇上翻腦有肉包一塊恰

及在前殺斃一賊年貌相符並因各處傳說藍

正樽已被人打死亦因懼罪未明惟因浮埋之屍

已被野獸殘食且遇水漲屍首被沖不全仍不

一九　湖廣總督林則徐等奏摺　核審首逆藍正樽被城步縣鄉勇毆斃情形　道光十七年八月十九日

不敢拿去李年三月寺武岡州城步及各處
傳訊並查起衣物伊家止存緞小帽一頂火鐮煤
發交存快敵尚家山存藍布大衫一件均係從
屍身上剝取業已繳案並經收二弟到漆家灣
葉鴨素錦相詳並不去尋從逆首伊與賊横門
之時未曾看見經收二造隊州女質對如也經收
二根混左賊黨之內未經逃回等語後據鄉勇
快敵尚及城步縣續獲之鄉勇藍再往等傳
到研訊供俱相符又據從犯第方說供伊被
逆殺刑在六營會挑担上年二月初八日隨藍
正樽竹至本陰景怕院逃回七日內藍家塘往
陸家灣見藍西三人同行在藍正樽左內伊即

湖廣總督林則徐等奏摺 核審首逆藍正樽被城步縣鄉勇毆斃情形
道光十七年八月十九日

另因齊詣上處欲往寨主廟躲避，至高家町見
藍正樽已經被人截打受傷殞斃，與鍾順二現供
及成材、成庸、煥之、史組等原供均相脗合。查該犯
何先以等獲前行毆斃藍正樽一節，同為目擊之人
董椿、匯犯楊真元、羅懷鳳、劉有志、易大順、陳孝彩、慶
景
陸續查閱交審等僉供上年二月初間藍正樽被
人打死，伊等因犯事走逃，不敢赴縣投案
供明等情。此又黃霸、寄逆犯鄉勇均稱藍正
樽被毆身死，眾供如一之情形也。至起獲衣物並
給逆妻小藍雷氏及逆子藍幅玉認係藍正樽
生前所常穿用，而且細加驗較，前奏稱未敢遽
信者，一經逆屬指同，混認誤妨，悉得曉之心一經示

湖廣總督林則徐等奏摺 核審首逆藍正樽被城步縣鄉勇毆斃情形
道光十七年八月十九日

物張錢被等物係逆身剝取即如上年以來官
吏仲民陸續拿獲該逆家用之繡花鞋紬褂各
帽緞夾馬褂以及腰帶眼鏡竹筒紙捲等件不一
而足但拿獲之時物已離身惟係該逆之物亦不足
以定該逆之死故並不敢頂屬其爰此次所起雜
只藍布長衫狐皮小帽與火鐮煤袋等件均極
粗微且布衫有補釘三處更形破損然查鄉勇
扯剝之際衣物均未離身如果逐件皆真則致
覺自亦知假以等書憑認逆之屍妻小藍雷氏
屍子藍瑞玉再行隔別提訊均稱此之藍布
衫狐皮帽火鐮煤袋等物無非各置辦件諒
全真認以藍其有無混提該逆為是能逐一分

指出剥取衣件均肯認為真物並據小藍蕭氏供
稱藍正樽衫經伊親手縫補內有襟袖兩處係將一塊
藍布剪作兩塊分補等情因復飭其將布色及針
痕線縫處係一律又將未經認過之八衣逐件與藍

硃 欲蓋彌彰

明白十二衣逐一與藍蕭氏撲認試混襍以他物亦據
認明無誤是鄉勇剥取之衣物乃藍正樽生前
時常穿用之衣屬確有可徵查該鄉勇毆斃之
時彼不知其為藍正樽故不必收取衣物亦不存留
穿用並不計及呈交直至擒獲鍾順二等供出

硃 不近情理

毆斃情形無論查核始據呈出若係有意
裝點猶未必以此等錢破衣帽委呈以物為
憑復提鍾順二反覆推求逐加質究據稱伊

一九 湖廣總督林則徐等奏摺 核審首逆藍正樽被城步縣鄉勇毆斃情形 道光十七年八月十九日

己身犯重罪，何肯代人捏供。如藍正樽未被漆園
鄉勇等毆死，日後別經緝獲，伊恐全家受戮等語，矢
口不移，供情甚為確實。查藍正樽罪大惡極，屬漏
網，仍本無苟延殘喘之理，而自罔刑。懸賞購緝，
並飭文武各員相望於道，深山邃谷，靡不窮搜，
誠使該逆尚存，亦斷無人敢為容匿。惟毆斃之
後屍身既為獸食，殘骨亦被水沖，若欲援供
覓蹤，更無定讞之法。查核其情節，較逆犯李文成、
江華逆犯趙金隴殲斃以後，亦援供情贓物
印信反書，況幺麼小醜如藍正樽，比之李文成、
趙金隴更屬毫無伎倆，既無衆供，難鑿豈
將贓物證明，似已不留罅漏，但究未能生擒該

逆明正刑誅以等案不勝憤恨懈悱之至該逆親
屬已於上年事發時即在伊家圍獲逆母老藍雷
氏逆妻小藍雷氏逆子藍嵋玉藍明玉藍恩玉逆
女藍秀英藍秀蓮一併解省查照緣坐之例將
及笄未及笄各犯分別辦理惟上年訊據小藍
雷氏等供稱尚有逆子藍璐玉一名年十六歲於
前於七月在家潛逃無蹤
奏明協營立復存亡未卜臣等惟責成督各屬選
幹搜拏務使其絕根株斷不致以首逆已
斃即為了事而於緣坐之犯稍涉疎縱致負
生成之念所有辦理緣由謹合詞繕摺具
奏伏乞

皇上聖鑒謹

奏

道光十七年九月十八日奉

硃批　該

旨十九日

湖廣總督林則徐等奏摺　續獲藍正樽逆案餘黨審明分別定擬

道光十七年八月十九日

湖廣總督林則徐等奏摺　**續獲藍正樽逆案餘黨審明分別定擬**

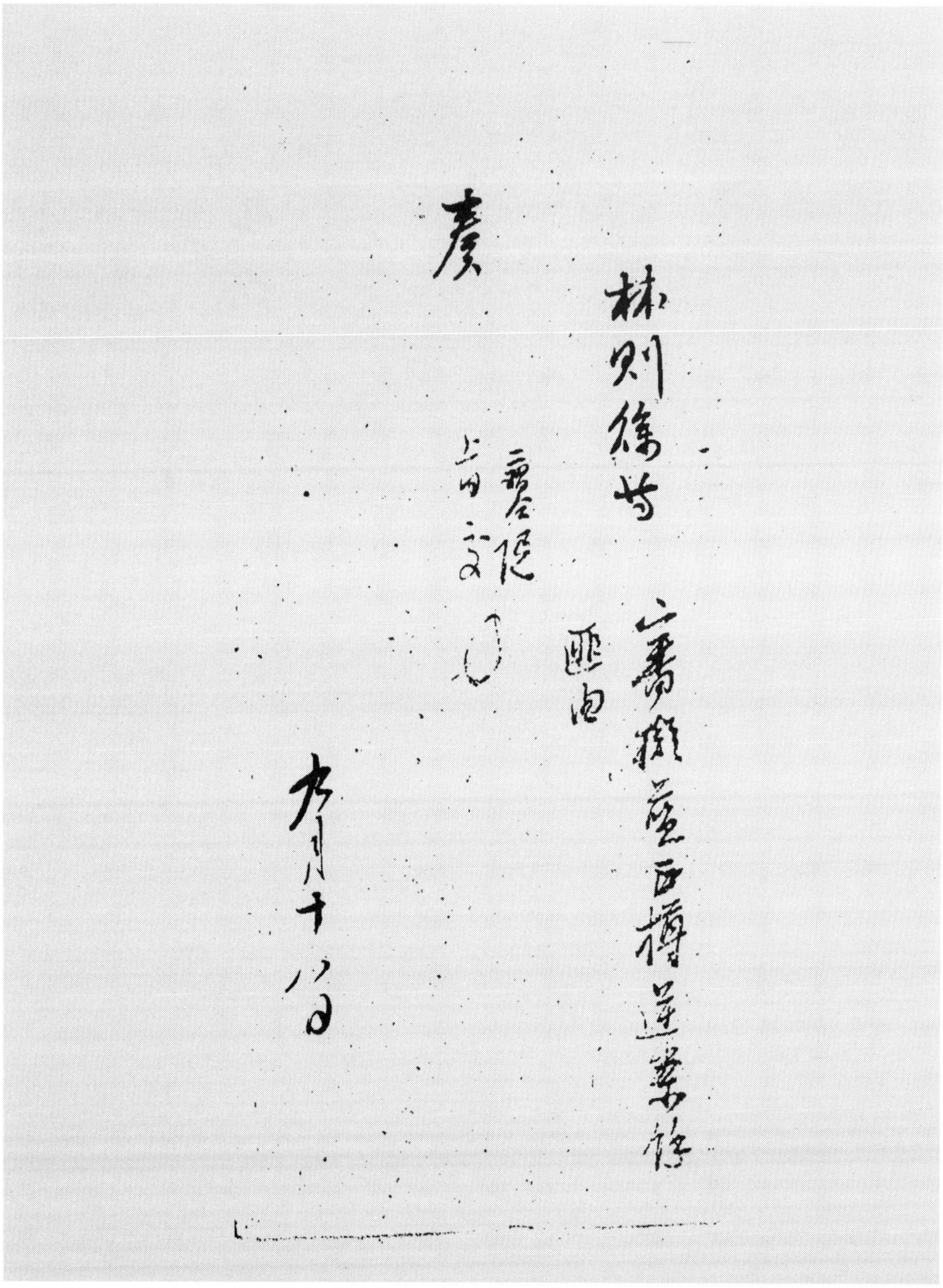

湖廣總督林則徐等奏摺　續獲藍正樽逆案餘黨審明分別定擬

道光十七年八月十九日

湖廣總督臣林則徐
湖南巡撫臣訥爾經額跪
奏為續獲逆案餘匪審明分別定擬恭摺奏祈
聖鑒事。竊照湖南新寧縣首逆藍正樽即藍沅曠，自
久稽誅，節經嚴密緝拏未獲。本年二月內臣訥爾
經額訪聞衡永郴桂道任估恩新寧武岡一帶
匪訪該首逆蹤跡，當即督飭委員湖北荊州府同
知崔家麟、鄖陽府同知福貞全阿、湖南試用通
判賈亨晉、善化縣知縣方炳文等會同各該地
方文武員弁陸續拏獲從逆人犯鍾順二等七
名、史組叢等八名，經臣訥爾經額先後附片具
奏在案。又據城步縣會營員役續獲蕭再成等五名
解省。適臣林則徐行次荊州，準臣訥爾經額咨

念當即馳至長沙會同審辦並據湖南布政
使龔綬按察使楊慶琛鹽法長寶道李裕堂
詳據委員長沙府知府何其興長沙縣知縣陳
晉恩署善化縣知縣錢宗暎審明由該司道
覆審招解前來臣等隨會提研鞫緣鍾順二籍隸
武岡州楊再文匡沅欽李正松李大乾史組蕃李
幗祿均籍隸新寧縣陳吉倡劉尚志易大順易
方佐羅起鳳陳遠崖蕭再咸陳慶彩陳景堂何
組林均籍隸城步縣張丹桂籍隸邵陽縣周應
富籍隸衡陽縣寄居武岡州康幗忠籍隸溆浦
縣寄居城步縣俱各耕種傭工度日道光十五
年六月間新寧縣首逆藍正樽即藍沅曠等已

獲正法之時和尚等謀逆黨夥糾夥黨十六年
正月二十二日鍾順二被已獲正法之楊再洗
未獲之陳洨拔邀允助逆二月初六日鍾順
已手執竹鎗隨同並正樽及楊再洗等圍撲武
岡州城被官兵擊散楊再交匡沅飯李正梁
大乾陳吉倡劉尚志易大順蕭再成陳慶彩
陳景臺張再桂被楊再洗及已獲正法之鍾四佬
張富當傑未獲之李惆基劉尚寬陳細五李月三
蕭秀月逼令執持竹桿竹鎗隨眾同行史組
蔡易方徐羅起鳳何組林康惆忠被時和尚
陳洨汶拔鍾四佬及未獲之楊同相劉光六逼令
挑擡隨行楊再交等十六於場中途逃轉同俱未

隨往攻城李幗祿被楊再浣逼令同往九嶷菴
內旋於藍正樽起事豎旗時乘間逃跑將遠遇周
庄富被將和尚鍾四儀將富傑邀令助逆不
允均未首告經臣訪知往緝就赴新寧武岡
一帶訪查首逆蹤跡督飭委員暨該地方官先
後將該犯等拏獲解省審辦前經臣會同提
犯研審據各供認前情不諱並據逼脅勉從
之將丹桂供係聞拏投首劉尚志係被族人劉
士方等捆送楊再交匡沅銀李正松李大乾陳去
倡易大順蕭再成陳康彩陳景壹易万德羅
起鳳何組林康幗忠等堅供伊等聽聞差拏
正欲投首即被拏獲等情矢口不移案無

逆餘查律載謀叛但共謀者不分首從皆
斬又例載謀叛案內被脅入夥並無隨同焚
汛戕官抗拒官兵情事一聞查拏臨時投首
者改發極邊足四千里充軍又律載謀反大
逆知情不首杖一百流三千里各等語此案
鍾順二甘心助逆隨同攻城戕官實屬不畏法
自應照律問擬鍾順二應照謀叛不分首從
皆斬律擬斬立決查此案屢次解獲各逆黨
均於審明後恭請
王命立即斬梟示惟現獲鍾順二供稱目擊

不得誘犯即行正法無非杜滅口之責巧則巧矣誠實二字安在訥爾經額自無足論林則徐則不當若是所外任之惡習沾染日深不自知其為非耶朕為汝惜之禍福榮辱所關惟人所自召看汝遇事何以辦

藍正樽被塗家鄉勇塗國良等毆斃業
經另摺具

硃

奏，該犯係最要人犯，應候奉到
諭旨再行正法。楊再受、匡洸銀、李正松、李大乾、陳吉
倡、劉尚志、易大順、蕭再成、陳慶彩、陳學臺、陀
丹桂、史但發、易方德、羅超鳳、何組林、康炯患等十
六犯俱係被脅入夥，並無攻城抗拒官兵情事。嗣
因聞拏嚴緊，將丹桂赴官投首，劉尚志被族
人緝送，楊再受等訊係均欲投首，即被拏獲，
尚知畏法。陳史但發已在監病故，應與訊無凌
虐之禁卒均無庸議外，楊再受等十五犯均合依
謀叛案內並無隨同焚汛搶官情事，一聞查拏
畏罪投首者，改發極邊足四千里充軍例，改
發極邊足四千里充軍。李炯標被逼同往九

獄菴內於藍正樽起事之時即行逃走並未
隨行周元富張遠富被誘和尚甘邀令助
逆不允均未首告李幗祿周元富張遠富
三犯均應照謀反大逆知情不首者杖一百
流三千里律杖一百流三千里俱解配折責安
置除全案供招咨部外所有審明定擬緣
由理合恭摺具
奏伏乞
皇上聖鑒敕部覆核施行謹
奏
道光十七年八月十九日
硃批
欽此

一九 湖廣總督林則徐等奏摺 續獲藍正樽逆案餘黨審明分別定擬

道光十七年八月十九日

八月十九日

上諭　著林則徐等飭屬催追各幫完繳蕪湖關稅嚴禁丁舵包攬客貨

軍機大臣　字寄
湖廣總督林　湖南巡撫訥　道光十七年八
月二十日奉
上諭據色卜星額奏湖南頭二三幫漕船上年欠完
蕪湖關木稅銀二萬三千一百十八兩零並本年
欠找木稅銀五千七百七十五兩零延不交納請
飭催追完繳又另片奏江廣重運漕船任意包攬
客木沿路耽延行走遲滯此幇江西湖北間或有
之惟湖南幫為甚請飭該省嚴禁各船丁舵毋許
包攬客木例外多帶各等語江廣重運漕船向准
跨帶竹木原以禦風浪而資貼補近來幫丁惟利
是圖每有逾額多帶或包攬客貨以致運行遲誤

一九

上諭 著林則徐等飭屬催追各幫完繳蕪湖關稅嚴禁丁舵包攬客貨

道光十七年八月二十日

且於過關時並不照例納稅經前次明定章程之後此風尚未盡革若不嚴行查禁何以肅關務而利漕行著林則徐訥爾經額即嚴飭該管糧道查明各該幫應交蕪湖關稅課銀兩照數催追完繳迅速解交該關以便隨同下屆錢糧補行解部以清年款毋再遲逾並嚴禁各船丁舵不得任意包攬客貨致誤運行如有例外多帶即著各關查照道光八年諭旨將客木解部漕船放行令木商自行報稅總期漕運關務兩有裨益將此各諭令知之

欽此遵

旨寄信前來

大學士管理兵部事務阮元等題本　林則徐奏請拏獲要犯千總駱光廌擬補蘇州城守營中軍守備以示鼓勵

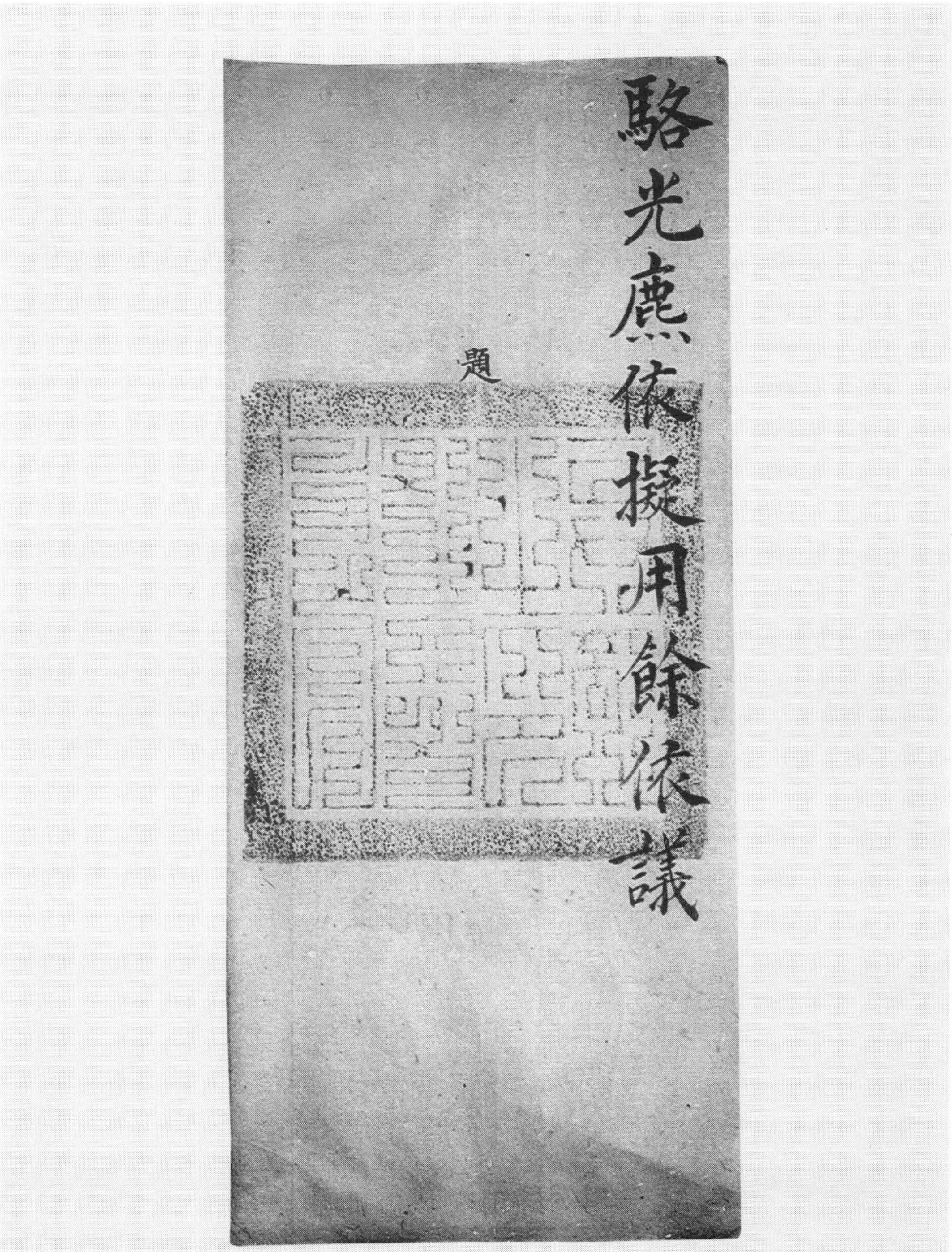
駱光廌依擬用餘依議
題

大學士管理兵部事務阮元等題本　林則徐奏請拏獲要犯千總駱光熊擬補蘇州城守營中軍守備以示鼓勵

道光十七年八月二十一日

經筵講官太子少保　體仁閣大學士管理兵部事務　臣阮元等謹

題爲請

旨事先經內閣抄出道光拾陸年拾壹月貳拾陸日

奉

上諭林則徐奏請將拏獲要犯各員弁鼓勵等語江

蘇邳州地方有匪徒吳當運等貳拾餘名擾害閭

閻經該署督遵旨飭屬查拏將首犯立正刑誅其

餘各犯分別問擬辦理尚爲迅速所有訪拏出力

各員弁自應量予恩施海州營已拔千總駱光熊

著儘先陞拔以示鼓勵等因欽此臣部查駱光熊

拔補海州營千總應俟彙題後再以應陞之缺

儘先陞用嗣於道光拾柒年伍月拾叁日附入

一九

大學士管理兵部事務阮元等題本 林則徐奏請拏獲要犯千總駱光麃擬補蘇州城守營中軍守備以示鼓勵 道光十七年八月二十一日

彙題奉
旨依議欽此遵即行令該督遇有該省陸路題推守
備缺出該督即行題補如部中出有該省陸路
題推守備缺出亦即擬補等因各在案 今
出有江南蘇州城守營中軍守備係陸路題補
之缺臣部謹將欽奉
諭旨儘先陞拔之江南海州營千總駱光麃擬補該
員係例應引
見之員應令該督給咨赴部臣部帶領引
見後再行給與劄付令其赴任再此本江南蘇州城
守營中軍守備員缺於道光拾柒年陸月貳拾
貳日擬補捌月貳拾壹日具

大學士管理兵部事務阮元等題本　林則徐奏請拏獲要犯千總駱光熙擬補蘇州城守營中軍守備以示鼓勵

道光十七年八月二十一日

題臣等未敢擅便謹

題請

旨

道光拾柒年捌月　貳拾壹　日

經筵講官太子少保體仁閣大學士管理兵部事務　臣阮　元

經筵講官太子太保尚書領侍衛內大臣總管內務府大臣正黃旗滿洲都統不入八分輔國公　臣宗室禧恩

尚書　臣朱士彥未到任

大學士管理兵部事務阮元等題本 林則徐奏請拏獲要犯千總駱光庶擬補蘇州城守營中軍守備以示鼓勵
道光十七年八月二十一日

經筵講官署尚書禮部尚書臣吴椿
左侍郎正紅旗蒙古副都統臣溥治
左侍郎臣吴其濬未到任
署左侍郎工部右侍郎管理錢法堂事務臣廖鴻荃
右侍郎乾清門侍衛散秩大臣署鑲藍旗漢軍副都統正紅旗護軍統領管理上虞備用處圓明園八旗內務府三旗官兵事務[illegible]臣倭什訥差
右侍郎臣潘錫恩學差
武選清吏司掌印員外郎臣鼐滿達
郎中臣慶綱
郎中臣張福厚
員外郎臣珠熉
主事臣松安
主事臣王熊

上諭 賈楨出闈後著林則徐傳旨令其迅速回京供職

軍機大臣 字寄
湖廣總督林 道光十七年八月二十三日奉
上諭湖北正考官翰林院侍講賈楨係上書房行走
之員著林則徐於該員出闈後即傳旨令該員迅
速回京供職將此諭令知之欽此遵
旨寄信前來

湖廣總督林則徐等奏摺　夏祥培劉肇紳試用期滿堪勝繁缺道員請留本省俟補

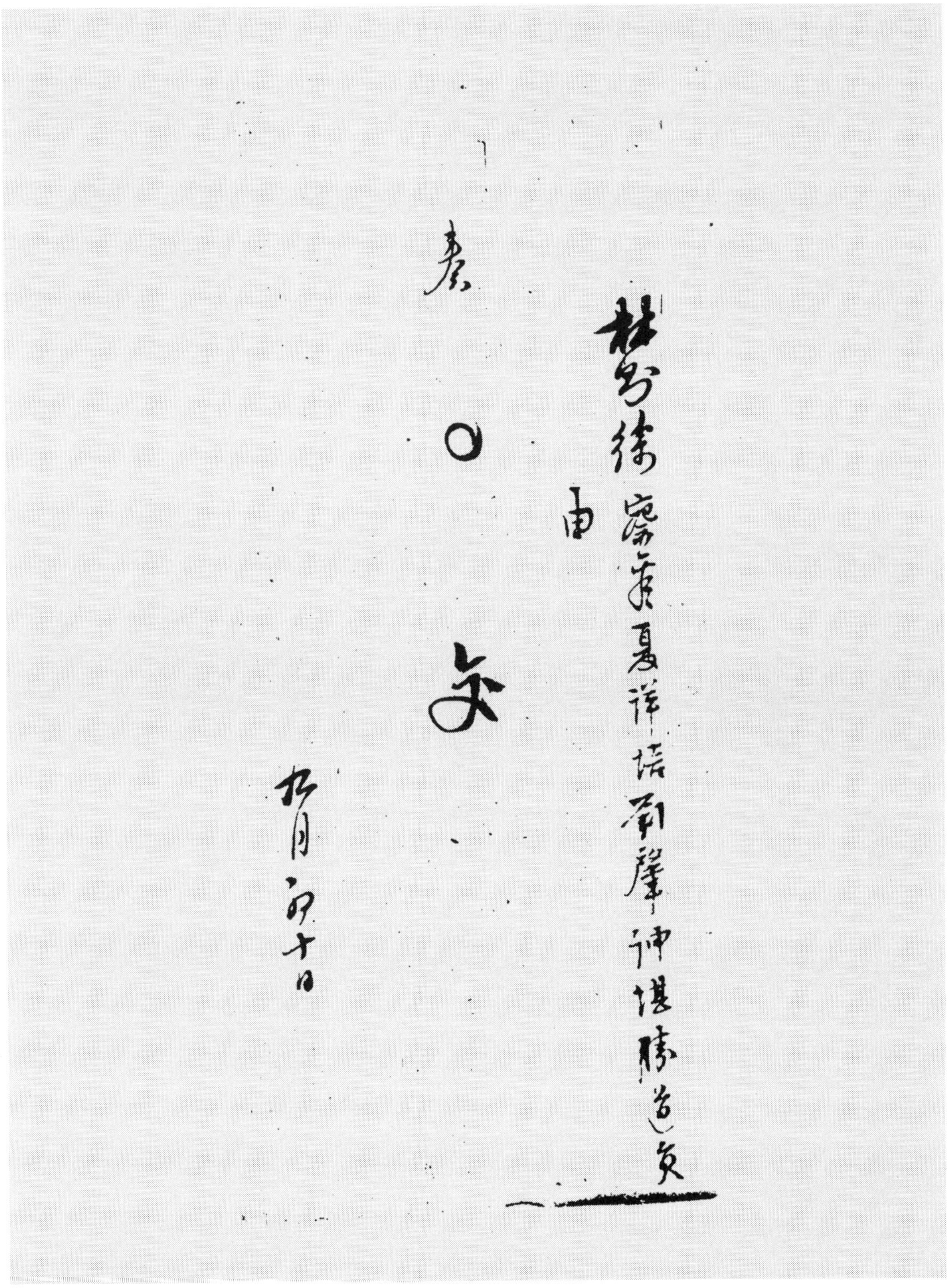

一九

湖廣總督林則徐等奏摺　夏祥培劉肇紳試用期滿堪勝繁缺道員請留本省侯補

道光十七年八月二十四日

湖廣總督臣林則徐
湖北巡撫臣周之琦跪

奏為循例甄別試用期滿之道員恭摺

奏

聖鑒事。竊照定例，捐納道員初任者試用一年期滿，由該督撫

甄別，如果明白，即照加捐者照捐納道員之例，准

以繁簡各缺一體選用。加捐分發者照例試用一

年期滿，如果才具堪勝繁缺之任，據實奏明留

於該省遇有相當缺出，酌量題補等因，歷經遵辦在案。茲查

湖北儘先道之試用道夏祥培，現年四十八歲，

江蘇邵州人，由增貢生遵例報捐道員，於道光十四

年八月到省，調補圓原州，委署綿化同知，道光六年

因辦理採辦出力案

一九

湖廣總督林則徐等奏摺 夏祥培劉肇紳試用期滿堪勝繁缺道員請留本省侯補

道光十七年八月二十四日

旨賞戴花翎九年因修築海塘

旨夏祥培著照例以道遇缺即行補用欽此丁憂服闋

仍赴甘肅候補歷署蘭州涼州各府印務嗣

例捐升道員分發湖北道光十六年六月二十五日

到省扣至十七年七月十六日試用一年期滿又試用

道劉肇紳現年六十二歲順天宛平人原籍

山西洪洞由監生遵例捐鹽大使選授浙江杜

瀆場大使升補清泰知縣調任平湖縣海鹽任

滿題升衛留任道光元年四月

上諭朕聞劉肇紳潔己愛民心氣和平辦事尚屬中肯

該員著以道員用遇缺即行升補欽此奏補

杭州府西塘海防同知歷署杭嘉各州寧波各府

湖廣總督林則徐等奏摺 夏祥培劉肇紳試用期滿堪勝繁缺道員請留本省侯補

道光十七年八月二十四日

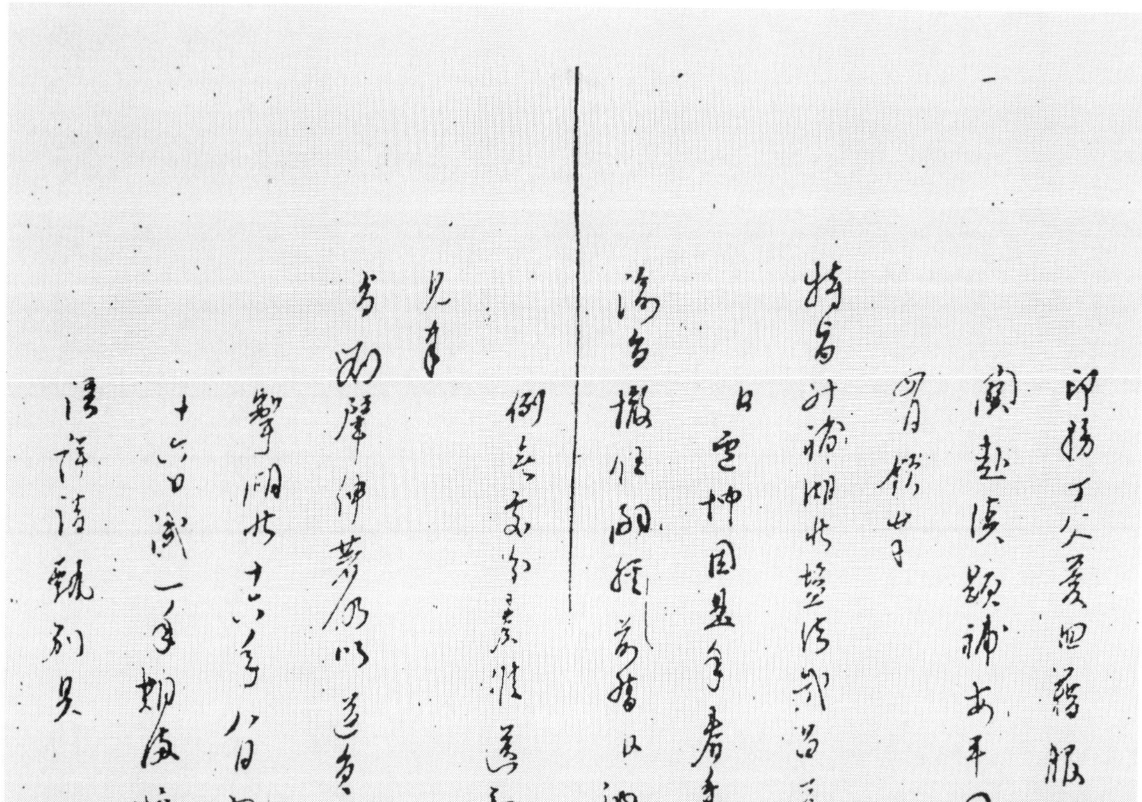

奏前來。臣等詳加察看，夏祥培歷練有為，熟悉
地方利弊；劉肇紳樸誠勤幹，才具優長。該二員均
堪任其缺。臣等自到楚以來，委辦一切事件
妥協。謹將堪勝繁缺之員奏請留於本
省候有應補缺出，照例序補。理合恭摺具
奏，伏乞
皇上聖鑒。
奏。
道光十七年九月初十日奉
硃批：吏部知道。欽此。
八月廿四日

湖廣總督林則徐等奏摺　**江夏縣知縣曠成春承辦江岸工程請展限赴部引見**

林則徐　請將曠成春展限給咨　由

九月初十日

一九

湖廣總督林則徐等奏摺 江夏縣知縣曠成春承辦江岸工程請展限赴部引見

道光十七年八月二十四日

湖廣總督臣林則徐
湖北巡撫臣周之琦跪
奏為知縣承辦要工循例請展限俟估竣赴部恭
摺奏祈
聖鑒事竊照江夏縣知縣曠成春前在蘄州知州任
內於道光十七年
大計卓異在外候咨赴部引
見因承修江夏縣江岸工程咨部展限在案嗣江
工已竣者即請咨赴部惟湖北武昌省會城垣
因連年被水衝坍各處又值霖雨連旬續坍愈
多先經該縣倡捐勸捐現已奏明紳士勸捐修城
垣保衛似宜該縣曠成春廣濟橫隄要工
始自為之盡心經理俾終其事未便更易生手

一九 湖廣總督林則徐等奏摺 江夏縣知縣曠成春承辦江岸工程請展限赴部引見

道光十七年八月二十四日

致有延誤，由司詳請

奏展前來。臣等查要工人員，如有承辦要件未完，

以工方可完竣者，例准

奏明加展。今江夏縣知縣曠成春承辦修理省會

城垣要工，現甫半年，已經完竣，相應仰懇

天恩，准其加展，一俟事竣，即行給咨赴部。理合循

例恭摺具

奏，伏乞

皇上聖鑒。謹

奏。

道光十七年九月初十日奉

硃批：吏部議奏。欽此。

八月廿四日

該部察核具奏

題

湖廣總督林則徐題本　報銷綏靖永綏二鎮協營道光十二年份兵米用過穀價水脚銀數

道光十七年八月二十六日

一九

湖廣總督林則徐題本　報銷綏靖永綏二鎮協營道光十二年份兵米用過穀價水脚銀數

道光十七年八月二十六日

兵部尚書兼都察院右都御史總督湖廣等處地方軍務兼理糧餉臣林則徐謹
題爲謹陳等事。該臣看得湖南布政使賀綬兼理
糧儲道李裕堂會詳稱：查得綏靖、永綏二鎮協
并由永綏協抽撥保靖營屬之水蔭場及保靖
營陳兵，道光拾貳年係有閏之年，計叁百捌拾
肆日，實需米壹萬肆千伍百玖拾玖石陸斗捌
升。内除坐支永綏廳道光拾貳年徵收秋糧米
柒拾貳石捌斗肆升，又除道光拾壹年截存支
剩米壹百貳拾肆石肆斗肆升，又永綏協保靖
營殘廢病故兵丁及外委空缺口糧米壹拾石
叁斗貳升，實應動支倉穀碾米壹萬肆千叁百
玖拾貳石零捌升。内永綏廳該碾米壹千伍百

陸拾陸石捌斗伍升黔陽溆浦永順保靖龍山
伍縣碾米壹萬貳千捌百貳拾伍石貳斗叁升
覆查永綏廳詳報已動支倉穀碾米壹千陸百
玖拾壹石零叁升黔陽等伍縣碾供米壹萬貳
千捌百貳拾柒石柒斗陸升以實銷米計算永
綏廳尚應存米壹百貳拾肆石壹斗捌升保靖
縣應存米貳石伍斗叁升應請存倉歸入次年
各兵應食米內減除支銷所有本年用過價脚
銀兩自應仍照原支倉穀動碾米數請銷以符
原動數目所有黔陽溆浦永順保靖龍山伍縣
買補道光拾貳年動支倉穀貳萬柒千貳百玖
拾叁石壹斗陸合貳勺壹抄又沅陵瀘溪貳縣

湖廣總督林則徐題本　報銷綏靖永綏二鎮協營道光十二年份兵米用過穀價水脚銀數
道光十七年八月二十六日

代買解運永綏廳道光拾貳年補倉穀叁千伍
百玖拾柒石玖斗叁升陸合壹勺柒抄共用過
買穀價脚銀貳萬零柒拾玖兩壹錢柒分伍釐
共用過水脚神福食米折價等項銀叁千捌百
陸拾柒兩陸錢叁分內黔陽漵浦貳縣運米至
沅陵脚費銀兩均係遵照例載該貳縣運穀脚
費銀數折算支給通共用過銀貳萬叁千玖百
肆拾陸兩捌錢伍釐內動支糧道移解扣回該
年兵丁米折銀壹萬叁千陸百叁拾肆兩伍錢
玖分肆釐又動支道光拾壹年耗羨銀陸百伍
拾玖兩叁錢陸釐又動支道光拾貳年耗羨銀
柒千玖百叁拾叁兩貳錢壹分柒釐又動支道

光拾叁年秏羨銀陸百柒拾肆兩貳錢伍分肆
釐又動支道光拾肆年秏羨銀貳百捌拾叁兩
肆錢肆分玖釐尚應找給銀柒百陸拾壹兩玖
錢捌分伍釐在於隨年秏羨銀內動支發給相
應據冊轉造同送到各結具文詳請查覈
題銷等情前來臣覆覈無異除冊結送部外謹會
同湖南廵撫臣訥爾經額合詞恭疏具
題伏乞
皇上聖鑒勅部覈銷施行再臣帶印前往襄河一帶
查勘隄工并赴湖南閱視營伍旋署尚需時日
奏明飭委湖北藩司張岳崧代印具
題合併陳明臣謹具

湖廣總督林則徐題本　報銷綏靖永綏二鎮協營道光十二年份兵米用過穀價水脚銀數
道光十七年八月二十六日

題請

旨

道光拾柒年捌月　　日

兵部尚書兼都察院右副都御史總督湖廣等處地方軍務兼理糧餉臣林則徐

湖廣總督林則徐題本　報銷綏靖永綏二鎮協營道光十二年份兵米用過穀價水脚銀數

道光十七年八月二十六日

兵部尚書兼都察院右都御史總督湖廣等處地方軍務兼理糧餉臣林則徐謹
題
為謹陳等事該臣看得湖南布政使龔綬兼理
糧儲道李裕堂會詳稱查得綏靖永綏貳鎮協
并由永綏協抽撥保靖營屬之水蔭塲及保靖
營陳兵道光拾貳年係有閏之年計叁百捌拾
肆日實需米壹萬肆千伍百玖拾玖石陸斗捌
升內除坐支永綏廳道光拾貳年徵收秋糧米
柒拾貳石捌斗肆升又除道光拾壹年截存支
剩米壹百貳拾肆石肆斗肆升又永綏協保靖
營殘廢病故兵丁及外委空缺口糧米壹拾石
叁斗貳升實應動支倉穀碾米壹萬肆千叁百
玖拾貳石零捌升內永綏廳該碾米壹千伍百
陸拾陸石捌斗伍升黔陽漵浦永順保靖龍山
伍縣碾米壹萬貳千捌百貳拾伍石貳斗叁升
覆查永綏廳詳報已動支倉穀碾米壹千陸百
玖拾壹石零叁升黔陽等伍縣碾供米壹萬貳
千捌百貳拾柒石柒斗陸升所有黔陽漵浦永
順保靖龍山伍縣買補道光拾貳年動支倉穀
貳萬柒千貳百玖拾叁石壹斗陸合貳勺壹抄
又沅陵瀘溪貳縣代買解運永綏廳道光拾貳
年補倉穀叁千伍百玖拾柒石玖斗叁升陸合
壹勺柒抄共用過穀價水脚銀貳萬叁千玖百
肆拾陸兩捌錢伍釐相應據冊轉造同送到各
結具文詳請查覈
題銷等情前來臣覆覈無異除冊結送部外謹會
題請
旨

湖廣總督林則徐題本　報銷綏靖永綏二鎮協營道光十三年份兵米用過穀價水脚銀數

該部察核具奏
題

一九 湖廣總督林則徐題本 報銷綏靖永綏二鎮協營道光十三年份兵米用過穀價水脚銀數

道光十七年八月二十六日

兵部尚書兼都察院右都御史總督湖廣等處地方軍務兼理糧餉臣林則徐謹
題爲謹陳等事該臣看得湖南布政使龔綬兼理
糧儲道李裕堂會詳稱查得綏靖永綏貳鎮協
并由永綏協抽撥保靖營廳之水蔭場及保靖
營陳兵道光拾叁年係無閏之年計叁百伍拾
肆日實需米壹萬叁千肆百伍拾貳石內除坐
支永綏廳道光拾叁年徵收秋糧米柒拾貳石
捌斗肆升又除道光拾貳年截存支剩米壹百
貳拾陸石柒斗壹升又永綏協綏靖鎮道光拾
叁年截存殘廢兵丁及外委空缺口糧米貳石
柒斗肆升實應動支倉穀碾米壹萬叁千貳百
肆拾玖石柒斗壹升內永綏廳碾米壹千壹百

湖廣總督林則徐題本　報銷綏靖永綏二鎮協營道光十三年份兵米用過穀價水脚銀數
道光十七年八月二十六日

柒拾玖石貳斗貳升黔陽溆浦永順保靖龍山
伍縣碾米壹萬貳千零柒拾石肆斗玖升覆查
永綏廳詳報已動支倉穀碾米壹千叁百零玖
石陸斗捌升黔陽等伍縣碾供米壹萬貳千柒
拾叁石貳升以資銷米計算永綏廳應存米壹
百叁拾石肆斗陸升保靖縣應存米貳石伍斗
叁升二共應存米壹百叁拾貳石玖斗玖升應
請存留廳縣倉內歸入次年各兵應食米內減
除支銷所有本年用過價脚銀兩自應仍照原
支倉穀動碾米數請銷以符原動數目所有黔
陽溆浦永順保靖龍山伍縣買補道光拾叁年
動支倉穀貳萬伍千陸百捌拾柒石貳斗柒升

陸合叁勺捌抄又沅陵瀘溪貳縣代買解運永
綏廳道光拾叁年補倉穀貳千柒百捌拾陸石，
伍斗伍升叁合壹勺玖抄共用過買穀價脚銀
壹萬捌千伍百柒兩玖錢捌分陸釐共用過水
脚神福食米折價等銀叁千伍百陸拾柒兩捌
錢貳分玖釐內黔陽漵浦貳縣運米至沅陵脚
費銀兩均係遵照例載該貳縣運穀脚費銀數
折算支給通共用過銀貳萬貳千柒拾伍兩捌
錢壹分伍釐內動支糧道移解扣回該年兵丁
米折銀壹萬貳千伍百陸拾貳兩玖錢貳分捌
釐又動支道光拾貳年耗羨銀陸百肆拾貳兩
伍錢陸釐又動支道光拾叁年耗羨銀陸千柒

一九　湖廣總督林則徐題本　報銷綏靖永綏二鎮協營道光十三年份兵米用過穀價水脚銀數

道光十七年八月二十六日

百伍拾伍兩肆分捌釐叉動支道光拾肆年秏
羨銀壹千壹百柒拾捌兩捌錢捌分叁釐叉動
支道光拾伍年秏羨銀貳百叁拾貳兩柒錢柒
分壹釐尚應找給銀柒百零叁兩陸錢柒分玖
釐在於隨年秏羨銀內動支發給相應據冊轉
造同送到各結具文詳請查覈
題銷等情前來臣覆覈無異除冊結送部外謹會
同湖南巡撫臣訥爾經額合詞恭疏具
題伏乞
皇上聖鑒勅部覈銷施行再臣帶印前往襄河一帶
查勘隄工并赴湖南閱視營伍旋署尚需時日
奏明飭委湖北藩司張岳崧代印具

一九

湖廣總督林則徐題本　報銷綏靖永綏二鎮協營道光十三年份兵米用過穀價水脚銀數

道光十七年八月二十六日

題合併陳明臣謹具

題請

旨

道光拾柒年捌月貳拾陸日

兵部尚書兼都察院右都御史總督湖廣等處地方軍務兼理糧餉臣林則徐

一九　湖廣總督林則徐題本　報銷綏靖永綏二鎮協營道光十三年份兵米用過穀價水脚銀數

道光十七年八月二十六日

兵部尚書兼都察院右都御史總督湖廣等處地方軍務兼理糧餉臣林則徐謹
題
爲謹陳等事該臣看得湖南布政使龔綬兼理
糧儲道李裕堂會詳稱查得綏靖永綏貳鎮協
并由永綏協抽撥保靖營屬之水蔭場及保靖
營陳兵道光拾叁年係無閏之年計叁百伍拾
肆日實需米壹萬叁千肆百伍拾貳石內除坐
支永綏廳道光拾叁年徵收秋糧米柒拾貳石
捌斗肆升又除道光拾貳年截存支剩米壹百
貳拾陸石柒斗壹升又永綏協綏靖鎮道光拾
叁年截存殘廢兵丁及外委空缺口糧米貳石
柒斗肆升實應動支倉穀碾米壹萬叁千貳百
肆拾玖石柒斗壹升內永綏廳碾米壹千壹百
柒拾玖石貳斗貳升黔陽溆浦永順保靖龍山
伍縣碾米壹萬貳千零柒拾石肆斗玖升覆查
永綏廳詳報已動支倉穀碾米壹千叁百零玖
石陸斗捌升黔陽等伍縣碾供米壹萬貳千柒
拾叁石貳升所有黔陽溆浦永順保靖龍山伍
縣買補道光拾叁年動支倉穀貳萬伍千陸百
捌拾柒石貳斗柒升陸合叁勺捌抄又沅陵瀘
溪貳縣代買解運永綏廳道光拾叁年補倉穀
貳千柒百捌拾陸石伍斗伍升叁合壹勺玖抄
共用過穀價水脚銀貳萬貳千柒拾伍兩捌錢
壹分伍釐相應援照轉造冊送到各結具文詳
請查覈
題銷等情前來臣覆覈無異除冊結送部外謹會
題
題請
旨

湖廣總督林則徐題本

題參均光營右哨把總劉長春等疏防搶案屆滿贓犯未獲

劉長春等著議處具奏該部知道

湖廣總督林則徐題本　題參均光營右哨把總劉長春等疏防搶案屆滿贓犯未獲

道光十七年八月二十六日

一九

湖廣總督林則徐題本　題參均光營右哨把總劉長春等疎防搶案屆滿贓犯未獲
道光十七年八月二十六日

兵部尚書兼都察院右都御史總督湖廣等處地方軍務兼理糧餉臣林則徐謹
題
為報明事據湖北按察使程銓詳稱案據署光
化縣知縣趙德轍詳稱道光拾柒年正月叁拾
日據保正秦廣秀報據生員李逢春投稱正月
貳拾捌日夜伊姪李寬家被賊撞門入室搶去
衣物并將伊姪拒傷等語往查屬實報乞勘驗
緝兇等情并據李逢春開單報同前由據此隨
會同營弁詣勘情形驗明傷痕訊供通詳奉批
飭緝詳參去後兹據襄陽府知府金石聲轉據
光化縣知縣魯天成詳稱此案例限屆滿贓盜
未獲開列疎防職名由府詳參到司并准均光
營咨送武職職名請參前來該湖北按察使程

銓查得光化縣過詳生員李逢春具報伊姪李
寬家於道光拾柒年正月貳拾捌日夜被賊撞
門入室搶去衣物拒傷事主一家先經該署縣
會營勘驗訊供通詳批飭緝究詳參茲扣限屆
滿贓盜未獲移行開報疎防職名請參前來除
仍移飭勒緝贓盜務獲解報并文職疎防職名
另詳呈請巡撫
題參外所有疎防武職專汛係均光營右哨前司
把總劉長春兼轄係均光營參將五格相應據
文開報伏候查覈
題參再失事地方離縣城肆拾里並未安設兵丁
墩鋪亦無貼防外委專汛與兼轄不同城在百

呈以外此案應以道光拾柒年正月貳拾捌日
失事計限起扣至伍月貳拾捌日滿肆個月疎
防例限合併聲明等情呈詳到臣該臣看得光
化縣通詳生員李逢春具報伊姪李寬家於道
光拾柒年正月貳拾捌日夜被賊撞門入室搶
去衣物拒傷事主一案先經該署縣會營勘驗
通詳批司飭緝詳參去後茲據湖北按察使程
銓以例限屆滿贓盜未獲移行開列疎防職名
請參前來除仍飭勒緝贓盜務獲解報并文職
疎防職名聽撫臣
題參外所有疎防武職專汎係均光營右哨前司
把總劉長春兼轄係均光營參將五格相應據

一九　湖廣總督林則徐題本　題參均光營右哨把總劉長春等疎防搶案屆滿贓犯未獲　道光十七年八月二十六日

詳指參再失事地方離縣城肆拾里竝未安設
兵丁塘鋪亦無貼防外委專汛與兼轄不同城
在百里以外此案應以道光拾柒年正月貳拾
捌日失事計限起扣至伍月貳拾捌日滿肆個
月疎防限臣謹會同湖北巡撫臣周之琦湖
北提督臣羅思舉合詞恭疏具
題伏乞
皇上聖鑒勅部議覆施行再臣帶印前往襄河一帶
查勘隄工并赴湖南閲視營伍旋署尚需時日
奏明飭委湖北藩司張岳崧代印具
題合併陳明臣謹具
題請

一九

湖廣總督林則徐題本　題參均光營右哨把總劉長春等疎防搶案屆滿贓犯未獲

道光十七年八月二十六日

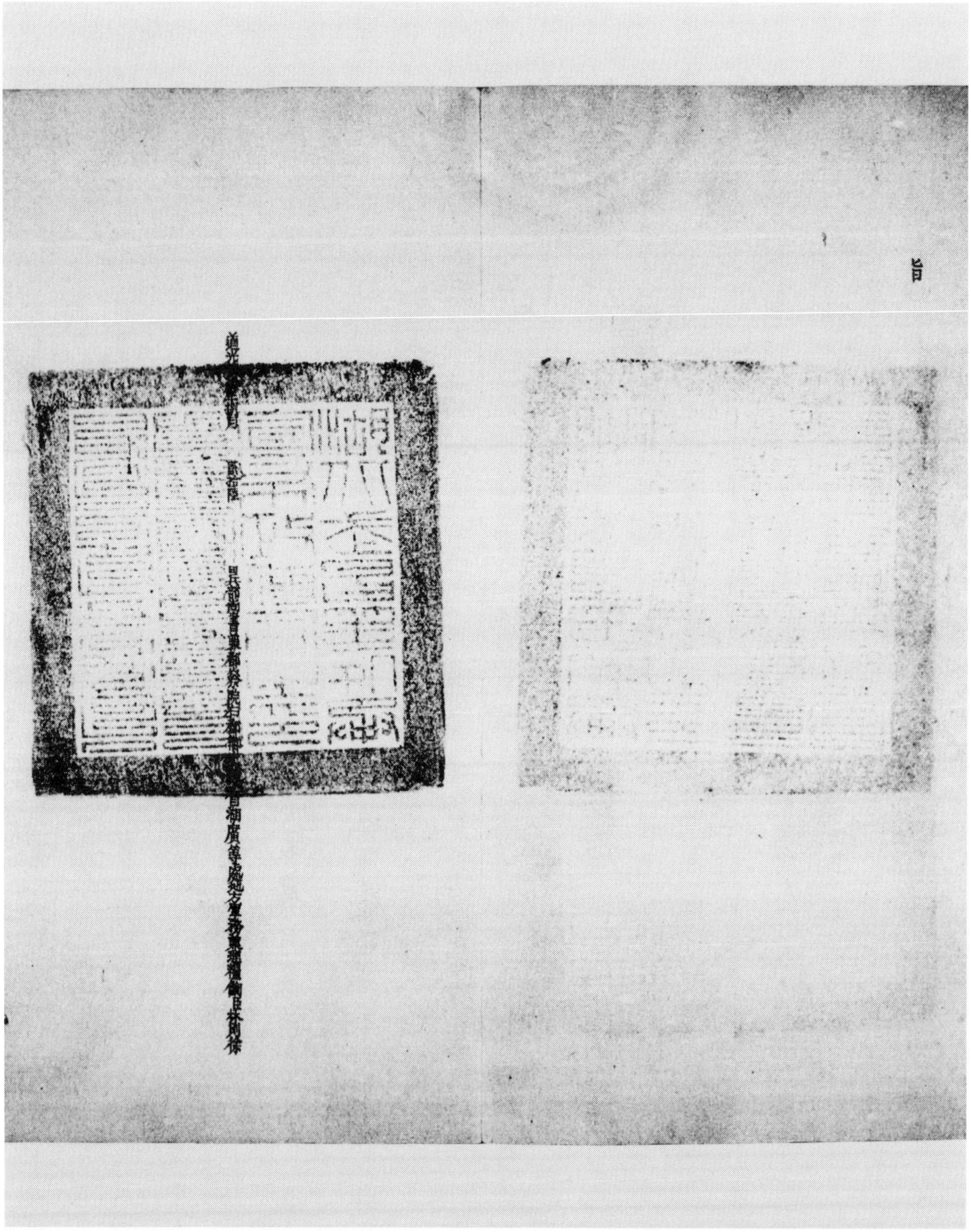

湖廣總督林則徐題本　題參均光營右哨把總劉長春等疎防搶案屆滿贓犯未獲

道光十七年八月二十六日

兵部尚書兼都察院右都御史總督湖廣等處地方軍務兼理糧餉臣林則徐謹

題爲報明事該臣看得光化縣通詳生員李達春
具報伊姪李寬家於道光拾柒年正月貳拾捌
日夜被賊撞門入室搶去衣物拒傷事主一案
先經該署縣會營勘驗通詳批司飭緝詳參去
後茲據湖北按察使程銓以例限屆滿贓盜未
獲移行開列疎防職名請參前來所有疎防武
職專汛係均光營右哨前司把總劉長春兼轄
係均光營參將五格相應指參臣謹會

題請

旨

湖廣總督林則徐題本　**補參武昌城守營左哨把總盛廷一等疏防竊案犯系二參限内鄰境拏獲**

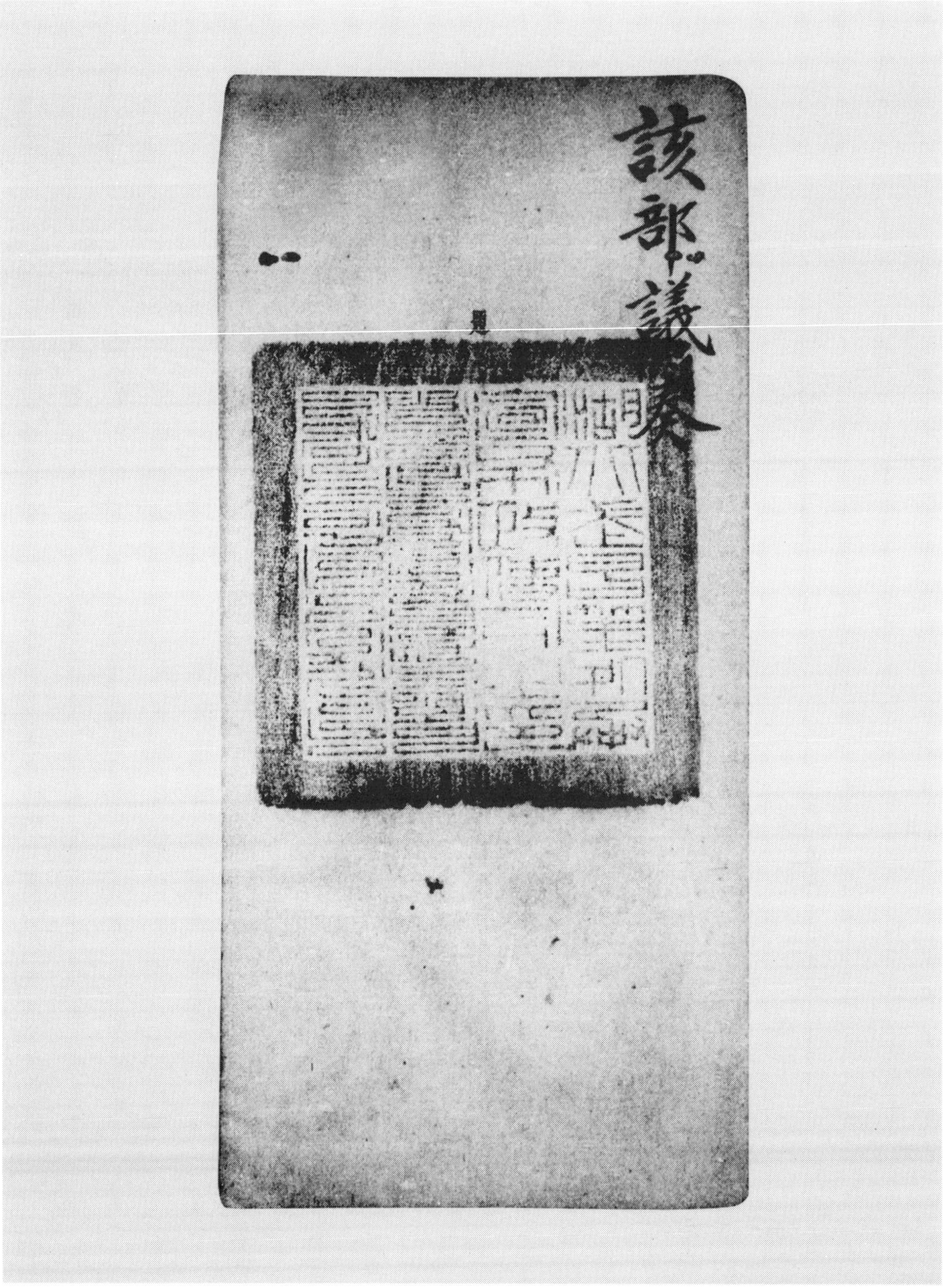

湖廣總督林則徐題本　補參武昌城守營左哨把總盛廷一等疎防竊案犯系二參限內鄰境拏獲

道光十七年八月二十六日

兵部尚書兼都察院右都御史總督湖廣等處地方軍務兼理糧餉臣林則徐謹

題爲詳請補參事。據湖北按察使程銓詳稱：案照

嘉魚縣通詳民人石加謀家於道光拾伍年陸

月貳拾捌日夜被賊挖洞進內，流門行竊，驚醒

起捕，追至院內，被賊拒傷一案。先經該縣會營

勘驗訊供，通詳批飭緝究，詳參嗣據該縣詳報：

道光拾陸年玖月初叁日准江夏縣移解准武

昌城守營千總鄧長青拏獲賊犯張八孖壹名，

又據差役拏獲賊犯魏洸明到案，訊據供認：道

光拾伍年陸月貳拾捌日，該犯等在嘉魚縣地

方會遇在逃素識之朱大保、敘及貧難，張八孖

起意邀允行竊，即於是夜共夥叁人同至石加

湖廣總督林則徐題本　補參武昌城守營左哨把總盛廷一等疏防竊案犯系二參限內鄰境拏獲

道光十七年八月二十六日

謀屋後魏洸明朱大保在外等候張八孖用帶
去鐵鑿乞開牆洞進內復撬開房門正欲進內
行竊事主石加謀驚醒起捕張八孖轉身跑走
甫至院內石加謀跟隨追出喊拏張八孖情急
順拾石加謀家鐵頭尖擔拒戳傷及石加謀偏
右倒地張八孖即棄擔由原路逃出魏洸明等
已先聞聲跑走張八孖追及告知拒捕情由各
散等情不諱旋經該縣議擬由府司覆訊詳咨
聲明此案拒捕賊犯係於疏參限內經鄰境拏
獲所有疏防及疏參各職名查明另詳補參在
案茲據該縣開列職名由府詳參到司并准武
昌城守營咨送武職請參前來除仍移飭勒緝

湖廣總督林則徐題本　補參武昌城守營左哨把總盛廷一等疏防竊案犯系二參限內鄰境拏獲

道光十七年八月二十六日

逸賊朱大保務獲解報并文職疏防職名另行
呈請巡撫
題參外所有疏防武職專汛係武昌城守營左哨
二司把總盛廷一兼轄係武昌城守營參將金
萬全相應據文開報伏候查覈
題參再失事地方離縣城陸拾里並未安設兵丁
墩鋪亦無貼防外委專汛與兼轄不同城在百
里以外此案應以道光拾伍年陸月貳拾捌日
失事計限起連閏扣至玖月貳拾捌日滿肆個
月疏防例限又自疏防限滿起扣至道光拾陸
年玖月貳拾捌日滿貳參年限所有承緝貳參
限滿無獲武職專汛係武昌城守營左哨二司

湖廣總督林則徐題本　補參武昌城守營左哨把總盛廷一等疎防竊案犯系二參限內鄰境拏獲

道光十七年八月二十六日

把總盛廷一兼轄係武昌城守營參將金簡全
合併聲報附參又此案係因獲犯審明於道光
拾陸年拾貳月拾捌日由司覆訊轉詳於拾柒
年正月叁拾日奉批允咨茲於陸月貳拾捌日
准營移開彙參並非無故遲延合併聲明等情
呈詳到臣該臣看得嘉魚縣通詳民人石加謀
家於道光拾伍年陸月貳拾捌日夜被賊穵洞
進內撬門行竊驚醒起捕追至院內被賊拒傷
一案先經該縣會營勘驗訊供通詳批司飭緝
詳參嗣據該縣詳報道光拾陸年玖月初叁日
准江夏縣移解拏獲賊犯張八伢又據差役拏
獲賊犯魏洸明到案訊據供認會遇在逃之朱

大保敘及貧難張八孖起意行竊共夥叁人同
至石加謀屋後魏洸明朱大保在外等候張八
孖挖開牆洞進内行竊事主石加謀驚醒起捕
張八孖情急拒捕等情不諱經該縣議擬由府
司覆訊詳咨聲明此案拒捕賊犯係於貳參限
内經鄰境拏獲所有疎防及貳參各職名查明
另行請參在案茲據湖北按察使程銓移行開
列疎防武職職名請參前來除仍飭勒緝逸賊
朱大保務獲解報并文職疎防職名聽撫臣
題參外所有疎防武職專汎係武昌城守營左哨
二司把總盛廷一兼轄係武昌城守營參將金
萬全相應據詳指參再失事地方離縣城陸拾

一九

湖廣總督林則徐題本 補參武昌城守營左哨把總盛廷一等疎防竊案犯系二參限內鄰境拏獲

道光十七年八月二十六日

里並未安設兵丁墩鋪亦無貼防外委專汛與
兼轄不同城在百里以外此案應以道光拾伍
年陸月貳拾捌日失事計限起連閏扣至玖月
貳拾捌日滿肆個月疎防例限又自疎防限滿
起扣至道光拾陸年玖月貳拾捌日滿貳參年
限所有承緝貳參限滿無獲武職專汛係武昌
城守營左哨二司把總盛廷一兼轄係武昌城
守營參將金萬全合併開報附參又此案係因
獲犯審明於道光拾陸年拾貳月拾捌日由司
覆訊轉詳於拾柒年正月叁拾日批示咨部茲
於陸月貳拾捌日准營移開疊參並非無故遲
延臣謹會同湖北巡撫臣周之琦湖北提督臣

一九

湖廣總督林則徐題本　補參武昌城守營左哨把總盛廷一等疏防竊案犯系二參限内鄰境拏獲

道光十七年八月二十六日

羅思舉合詞恭疏具
題伏乞
皇上聖鑒勅部議覆施行再臣帶印前往襄河一帶
查勘隄工并赴湖南閱視營伍旋署尚需時日
奏明飭委湖北藩司張岳崧代印具
題合併陳明臣謹具
題請
旨

一九

湖廣總督林則徐題本　補參武昌城守營左哨把總盛廷一等疎防竊案犯系二參限内鄰境拏獲

道光十七年八月二十六日

道光十柒年捌月[illegible]日 臣兵部尚書兼都察院右都御史總督湖廣等處地方軍務兼理糧餉臣林則徐

兵部尚書兼都察院右都御史總督湖廣等處地方軍務兼理糧餉臣林則徐謹

題爲詳請補參事該臣看得嘉魚縣通詳民人石加謀家於道光拾伍年陸月貳拾捌日夜被賊乞洞進内撬門行竊驚醒起捕追至院内被賊拒傷一案先經該縣會營勘驗訊供通詳批司飭緝詳參嗣據該縣詳報道光拾陸年玖月初叁日准江夏縣移解拏獲賊犯張八籽又據差役拏獲賊犯魏洸明到案訊據供認會遇在逃之朱大保敘及貧難張八籽起意行竊共夥叁人同至石加謀屋後魏洸明朱大保在外等候

一九

湖廣總督林則徐題本　補參武昌城守營左哨把總盛廷一等疎防竊案犯系二參限內鄰境拏獲

道光十七年八月二十六日

張八孖乞開艙洞進內行竊事主石加謀驚醒

起捕張八孖情急拒捕等情不諱經該縣議擬

由府司覆訊詳咨聲明此案拒捕賊犯係於貳

參限內經鄰境拏獲所有疎防及貳參各職名

查明另行請參在案茲據湖北按察使程銓移

行開列疎防武職職名請參前來所有疎防武

職專汎係武昌城守營左哨二司把總盛廷一

兼轄係武昌城守營參將金萬全相應指參臣

謹會

題請

旨

上諭　李湘茝款目牽混著即革職林則徐陶澍密考不實著交部議處

道光十七年九月初七日內閣奉
上諭國家設官分職大小相維督撫職在封疆責任
綦重凡屬員之賢否自當隨時查察無稍徇隱至
各省藩臬道府人數無多考覈尤易從前乾隆年間
特頒諭旨令各督撫年終密封具奏一次原以嚴考察
而備簡用該督撫等宜何如破除情面於密註考語
時字字覈實不稍假借以副國家旌別淑慝之望
乃近年各督撫視為具文僅以一奏塞責經朕留
心察看往往與所註密考大不相符即如江南河
庫道李湘茝在任多年庫款出入是其專責現經
欽派尚書朱士彥馳往查辦據稱款目牽混轇轕
不清是該員才難勝任已可概見（不待言）檢查道光十五

硃

上諭　李湘茝款目牽混著即革職林則徐陶澍密考不實著交部議處
道光十七年九月初七日

硃

年林則徐密封内稱該員明練樸誠辦事細緻十六年陶澍密封内稱該員心地明白謹飭安詳似此支銷出入種種錯誤尚得謂之細緻明白乎可見該督等平日非隱受欺蒙即意存瞻徇于興賢去不肖之義漠不關心是上以誠求下不以實應殊失朕望除將李湘茝革職示懲外陶澍林則徐均著交部議處嗣後各省督撫惟當仰體朕用人之意事事求一實字其考察屬吏尤應就其所辦公事認真稽覈一秉至公倘再狃於積習虛應故事不肯據實註考則是有心欺罔將來别經發覺定將該督撫等嚴行懲處不貸毋謂誥誡之不豫也將此通諭知之欽此

吏部尚書奕經等奏摺　**陶澍林則徐密考江南河庫道李湘茞不實應降二級調用**

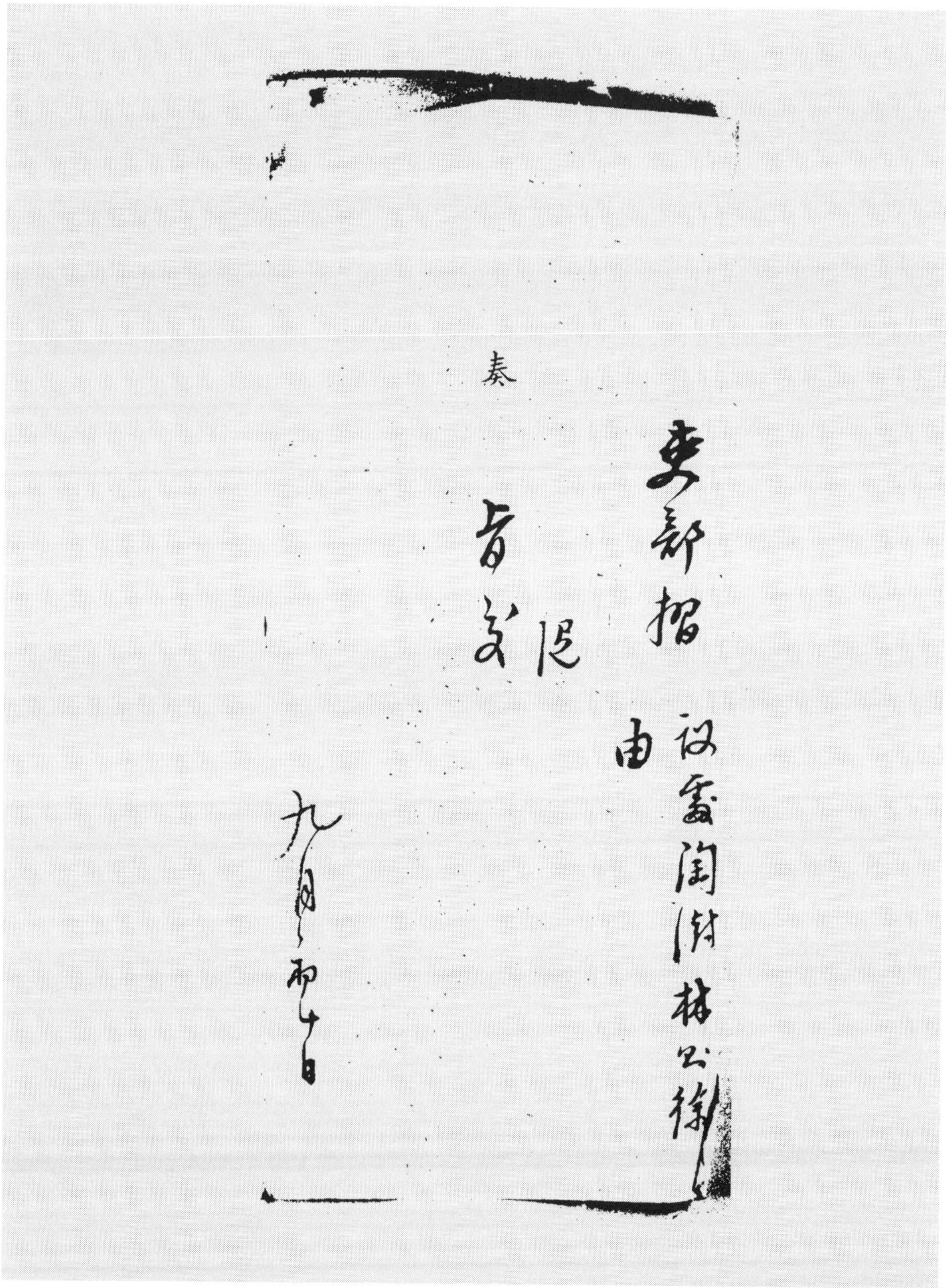
吏部摺　議處陶澍林則徐由
奏
旨
九月初十日

吏部尚書臣宗室奕經等謹

奏爲遵

旨議處具奏事。道光十七年九月初七日内閣奉

上諭：國家設官分職，大小相維，督撫職任封疆，責任綦重，凡屬員之賢否，自當隨時查察，無稍徇隱。至各省藩臬道府人數無多，考核尤易，從前乾隆年間特頒諭旨，令各督撫年終密封具奏一次，原以嚴考察而備簡用。該督撫等宜如何破除情面，於密註考語時字字核實，不稍假借，以副國家旌别淑慝之至意。乃近年各省督撫視爲具文，僅以一奏塞責，經朕留心察看，往往與所註密考大不相符。即如江南河庫道李湘茝，在任多年，庫款出入是其專責

一九 吏部尚書奕經等奏摺 陶澍林則徐密考江南河庫道李湘茝不實應降二級調用

道光十七年九月初十日

現經欽派尚書朱士彥馳往查辦據稱款目牽混
轇轕不清是該員才難勝任已不待言檢查道光
十五年林則徐密封內稱該員明練樸誠辦事細
緻十六年陶澍密封內又稱該員心地明白謹飭
安詳似此支銷出入種種錯誤尚得謂之細緻明
白乎可見該督等平日非隱受欺朦即意存瞻
徇于興賢去不肖之義漠不關心是上以誠求下
不以實應殊失朕望除將李湘茝革職示懲外陶
澍林則徐均著交部議處嗣後各省督撫惟當仰
體朕用人之苦心事事求一實字其考察屬吏尤
當就其所辦公事認真稽核一秉至公倘再狃於
積習虛應故事不肯據實註考則是有心欺罔將

吏部尚書奕經等奏摺　陶澍林則徐密考江南河庫道李湘茝不實應降二級調用　道光十七年九月初十日

來別經發覺定將該督撫等嚴行懲處不貸毋謂
誥誡之不豫也將此通諭知之欽此欽遵於初八
日抄出到部　　查定例督撫密保不實照濫
舉匪人例降二級調用等語除恭錄
諭旨通行各直省遵照並河庫道李湘茝奉
旨革職之處臣部另行辦理外此案江南河庫道李
湘茝在任多年庫款出入是其專責款目牽混
轇轕不清前經該督陶澍等密封考語不實欽
奉
諭旨均著交部議處應將兩江總督陶澍前署兩江
總督今陞湖廣總督林則徐均照密保不實例
降二級調用係私罪毋庸查級紀議抵所有臣

一九

吏部尚書奕經等奏摺 陶澍林則徐密考江南河庫道李湘茝不實
應降二級調用 道光十七年九月初十日

等遵
旨議處緣由理合恭摺具
奏伏乞
皇上聖鑒
訓示遵行謹
奏

道光十七年九月初十日吏部尚書臣宗室奕經
吏部尚書臣湯金釗 留署
吏部左侍郎臣桂輪 捜檢

吏部尚書奕經等奏摺　陶澍林則徐密考江南河庫道李湘茝不實
應降二級調用　道光十七年九月初十日

吏部左侍郎臣卓秉恬 學差

吏部右侍郎臣隆文 入闈

署吏部右侍郎臣劉彬士

上諭

陶澍林則徐注考不實著加恩降四級留任不准抵銷

道光十七年九月初十日内閣奉

上諭昨因陶澍林則徐於河庫道李湘茝註考不實

降旨交部議處茲據吏部照例議以降二級調用

實屬咎所應得朕不難即予降調並非簡用之人

惟念究係年終循例註考與特保者尚屬有間陶

澍林則徐均著加恩改為降四級留任不准抵銷

嗣後各直省督撫務當振刷精神各盡厥職於興

賢去不肖之道尤宜細心講求俾收得人之效倘

年終註考仍不能詳慎覈實致涉矇混掩飾或意

存瞻徇一經發覺朕必將該督撫等從重懲處決

不稍貸凜之慎之欽此

上諭　藍正樽案訥爾經額草率完結著來京聽候嚴議林則徐亦著議處

道光十七年九月十八日内閣奉
上諭林則徐等奏覈審毆斃首逆情形一摺前據訥
爾經額奏拏獲從逆各犯供出首逆藍正樽已被
鄉勇滕國良等毆斃當降旨著林則徐覈實研究
不准以疑似之詞消弭遷就兹據林則徐等奏藍
正樽被鄉勇追趕與兩賊同逃該逆等同時殲斃
該二賊身上衣物被衆扯散獨將藍逆屍身剝取
大衫小帽並解其所帶火鐮煤管各一件旋據逆
妻逆子藍明玉逆女藍秀蘭及從逆之鍾順二並
鄉勇等均分别認明實係該逆生前所用衣物該
逆彼時混入賊夥鄉勇毆斃三賊時藍逆在内等
語當鄉勇追賊時搶取死賊衣物俱已扯散何以

上諭 議處

藍正樽案訥爾經額草率完結著來京聽候嚴議林則徐亦著

道光十七年九月十八日

藍逆衫帽等件尚復完全留為日後證據近于裝
點且火鐮等件俱係尋常用物到處皆有破衣縫
補並非罕見何以逆妻遽認係其縫補逆子逆女
年僅八歲十二歲何以一見遂認為其父之物種種
疑竇欲蓋彌彰且據奏稱衣物在鄉勇處存留直
至拏獲鍾順二等供出毆斃情形始起出呈驗零
星小物已難為憑況事隔年餘遽以此為該逆毆
斃實據尤為不近情理訥爾經額身任封疆受恩
深重于此等要犯日久稽誅及予限查拏又不能
迅速緝獲明正典刑在藍正樽么麼小醜原屬無
足重輕今乃以被毆致斃草率完案倘日後他處
當得何罪
拏獲該撫自問能當此重咎耶訥爾經額疲軟無
殊

上諭　藍正樽案訥爾經額草率完結著來京聽候嚴議林則徐亦著議處

道光十七年九月十八日

硃　硃　硃

能（智窮詐生）不勝巡撫之任著交部嚴加議處即來京聽候
部議湖南巡撫著龔綬暫行護理林則徐平日辦
事尚屬認真此（故將）案交其（特）詳鞫乃以事非本（與己無干）任遂隨
同附和遷就了事甚非覈實辦公（以識事君）之道（蓋）豈外任之
惡習沾染日深不自知其（為）非耶（林則徐亦著交部議處）嗣後務當振刷精神
勉副委任至另摺奏審擬逆案餘匪鍾順二一犯
既係從逆要犯審明後即應正法祗因係藍逆殿
甇要證尚留請旨其意蓋以證據現存並未殺之
滅口巧則巧矣誠實二字安在鍾順二著即正法
餘著刑部議奏其該逆緣坐妻子即著照例定擬
完結在逃之逆子藍琢玉著該地方官嚴密查拏
毋任漏網欽此

上諭　著林則徐督飭衡永郴桂道堵緝粵省私鹽

道光十七年九月十八日内閣奉

上諭林則徐奏稽查鹽務拏獲私梟官引漸見疏銷等語湖廣私鹽充斥大為淮綱之害該督委員巡緝拏獲多起私販既知斂跡官引自可暢行下游長沙一帶可免侵灌即至永寶一帶久不銷引之地亦可漸冀挽回衡永郴桂道駐劄衡州堵緝粵私耳目較近此次各屬拏獲私鹽多由該道設法督拏著即責成該道就近督飭地方員弁力堵粵私使淮引得以暢銷倘日久疎懈致民間仍食隣私即將各該地方員弁分別撤叅並將該道嚴叅懲處至衡永各處路徑叢雜雖設有水陸卡座而私販繞越無常該督議將卡巡改為游巡隨處探

上諭　著林則徐督飭衡永郴桂道堵緝粵省私鹽
道光十七年九月十八日

挐較易得力即著該督飭令該道張晉熙督率委員暨各該州縣勘明私販來路何處最為扼要何處最涉紛歧游巡員弁應如何分合稽查詳細籌議章程由該督覈定試辦仍察看是否得力有無成效據實奏聞總期粵私不得侵灌淮引不致滯銷方為辦理有效毋得空言塞責日久視為具文

欽此

上諭　著照林則徐所請蘇在中摘頂勒限完工戴鴻藻准其開復

道光十七年九月十八日內閣奉

上諭林則徐奏督防荆江隄工情形請將知縣巡檢分別摘頂開復一摺湖北公安縣知縣蘇在中於該縣內河黄金口支隄督防未能周到致有漫潰著暫行摘去頂帶責令督催業民集夫修築勒限九月內報完俟工竣再行奏請開復署監利縣窑圻巡檢戴鴻藻前因朱三工潰口經該督奏參革職留任茲已如式修竣該員隨同防護尚屬得力所有革職留任之案著准其開復該部知道欽此

上諭

訥爾經額著改任駐藏幫辦大臣林則徐著降五級留任

道光十七年九月二十三日內閣奉
上諭前因訥爾經額於逆匪藍正樽日久稽誅迨予
限查拏又不能迅速緝獲明正典刑乃以被毆致
斃支飾完案林則徐隨同附和遷就了事當降旨
交部分別嚴議議處茲據該部奏請將訥爾經額
照溺職例革職林則徐降三級調用均屬咎所應
得惟訥爾經額年力正強若竟予罷斥轉得置身
安閒著賞給三等侍衛作為駐藏幫辦大臣換回
鄂順安訥爾經額接奉此旨即由驛啓程前往不
准來京林則徐著加恩改為降五級留任不准抵
銷欽此

湖廣總督林則徐等奏摺　**請以饒拱辰調補天門縣知縣**

奏

一九

湖廣總督林則徐等奏摺　請以饒拱辰調補天門縣知縣

道光十七年九月二十四日

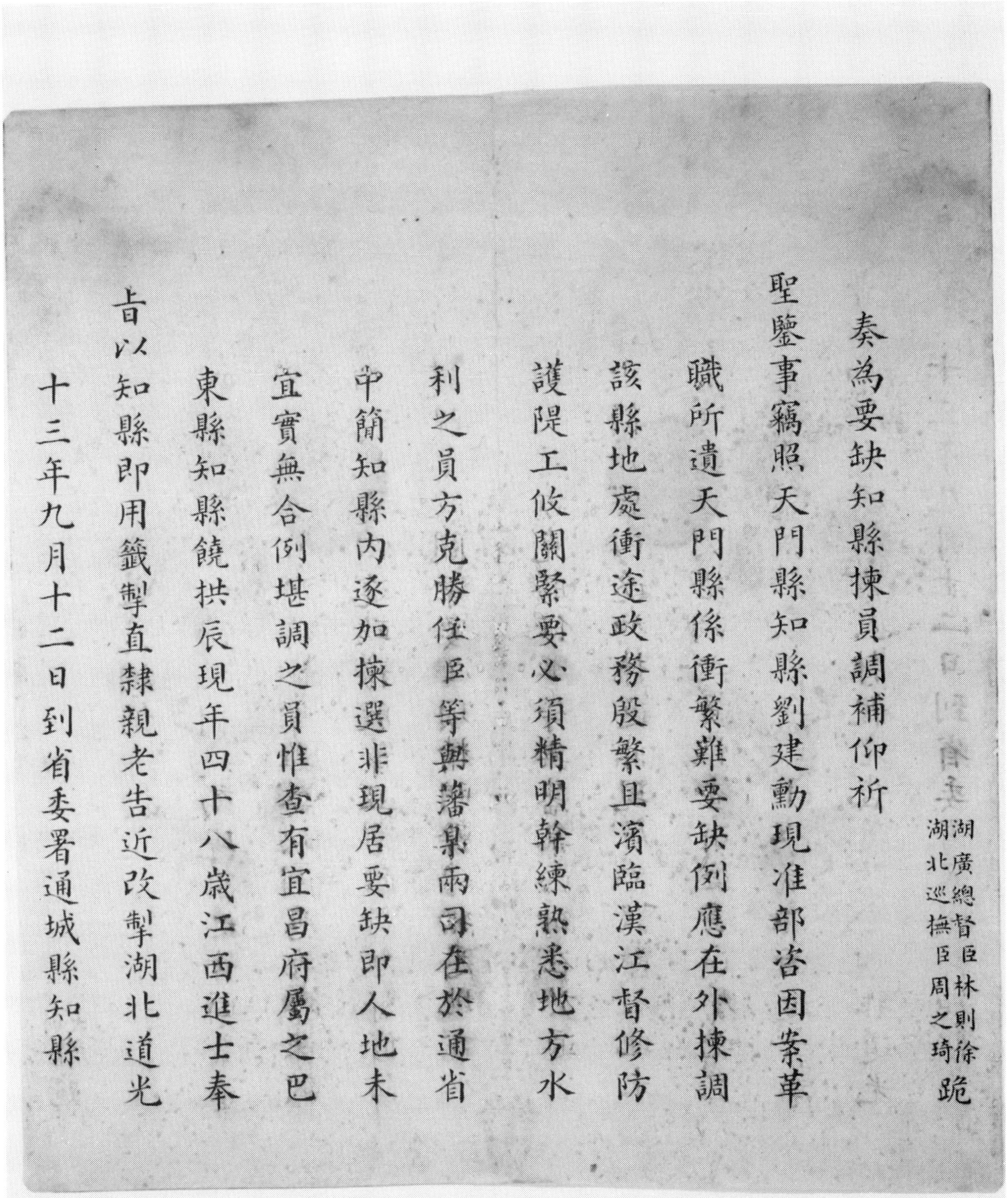

湖廣總督臣林則徐
湖北巡撫臣周之琦跪

奏為要缺知縣揀員調補仰祈

聖鑒事竊照天門縣知縣劉建勳現准部咨因案革

職所遺天門縣係衝繁難要缺例應在外揀調

該縣地處衝途政務殷繁且濱臨漢江督修防

護隄工攸關緊要必須精明幹練熟悉地方水

利之員方克勝任臣等與藩臬兩司在於通省

中簡知縣內逐加揀選非現居要缺即人地未

宜實無合例堪調之員惟查有宜昌府屬之巴

東縣知縣饒拱辰現年四十八歲江西進士奉

旨以知縣即用籤掣直隸親老告近改掣湖北道光

十三年九月十二日到省委署通城縣知縣

題補今職十五年八月初一日到任該員廉明穩
練守為兼優以之調補天門縣要缺知縣洵堪
勝任任内並無展參違礙處分惟歷俸未滿三
年與調補之例稍有未符但人地實在相需例
得專摺奏請合無仰懇
皇上天恩俯念員缺緊要准以巴東縣知縣饒拱辰
調補天門縣知縣實於地方有裨並遵例請
旨勅部查核如蒙
俞允該員係現任知縣請調知縣銜缺相當毋庸送
部引
見至該員任内一切因公處分遵例毋庸核計飭繳
罰俸銀兩咨部銷案所遺巴東縣係衝難中缺

湖廣總督林則徐等奏摺　請以饒拱辰調補天門縣知縣
道光十七年九月二十四日

湖北省現有應補人員容另遴員請補理合恭
摺具
奏伏乞
皇上聖鑒訓示謹
奏
另有旨
道光十七年九月二十四日

湖廣總督林則徐等奏片　**委任鍾振超署理隨州印務**

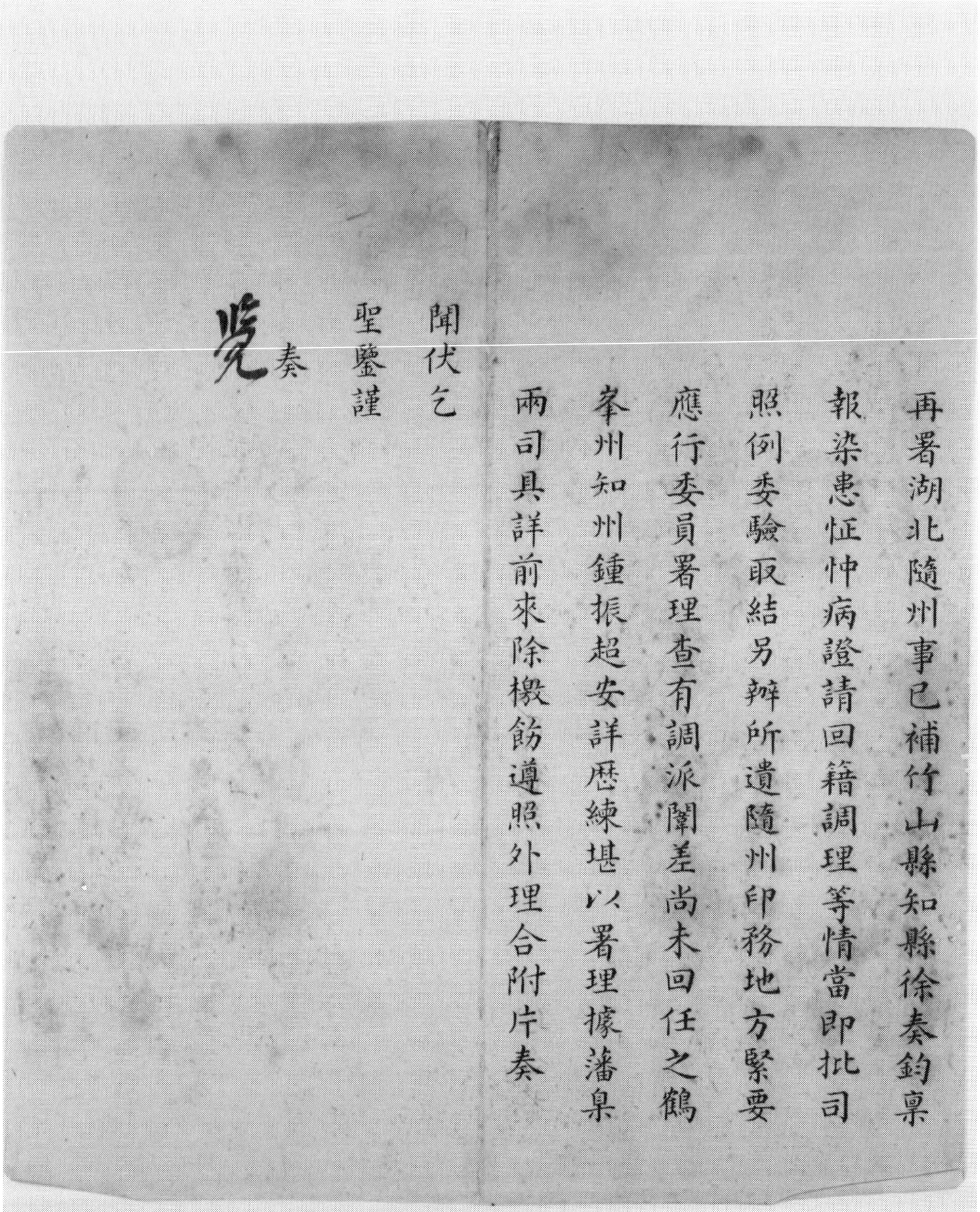
再署湖北隨州事已補竹山縣知縣徐奏鈞稟
報染患怔忡病證請回籍調理等情當即批司
照例委驗取結另辦所遺隨州印務地方緊要
應行委員署理查有調派闈差尚未回任之鶴
峯州知州鍾振超安詳歷練堪以署理據藩臬
兩司具詳前來除檄飭遵照外理合附片奏
聞伏乞
聖鑒謹
奏
覽

湖廣總督林則徐題本

題參岳州城守營領哨千總王逢懋等疏防命案限滿兇犯未獲

題

王逢懋等著議處具奏該部知道

湖廣總督林則徐題本 題參岳州城守營領哨千總王逢懋等疏防命案限滿兇犯未獲

道光十七年九月二十五日

一九

湖廣總督林則徐題本 題参岳州城守營領哨千總王逢懋等疎防命案限滿兇犯未獲

道光十七年九月二十五日

兵部尚書兼都察院右都御史總督湖廣等處地方軍務兼理糧餉臣林則徐謹
題爲報驗事據湖南按察使楊慶琛詳稱案據平
江縣知縣趙光裕詳稱道光拾柒年正月貳拾
捌日據保正柳郁才報據鍾硯山投稱正月貳
拾伍日夜伊子鍾秉閣被無名兇犯毆傷身死
并失去絮被衣袴等語往看屬實合報驗究等
情并據鍾硯山開具失單報同前由隨會營勘
驗塡格取結訊取各供附卷除差關勒緝兇賊
務獲兇報外合先通報等情詳奉批飭緝究詳
參去後玆准岳州城守營開列疎防武職職名
請參前來除仍移飭勒緝兇賊務獲究報外查
此案應以道光拾柒年正月貳拾伍失事之日

湖廣總督林則徐題本 題參岳州城守營領哨千總王逢懋等疎防命案限滿兇犯未獲 道光十七年九月二十五日

起扣至柒月貳拾伍日陸個月疎防限滿所有
疎防武職專汎係岳州城守營領哨千總王逢
懋協防係岳州城守營外委吳正泰接緝協防
係署岳州城守營外委事額外瞿寶華兼轄係
不同城在百里以外之岳州城守營參將惠慶
相應詳請會覈
題參再外委吳正泰於道光拾柒年貳月貳拾壹
日御事疎防限內計承緝貳拾陸日接緝外委
瞿寶華即於是日到任至陸月拾伍日卸事疎
防限內計接緝叁個月零貳拾肆日承緝外委
吳正泰於陸月拾伍日回任前後接算尚未滿
限應俟扣滿例限另詳請參又失事地方離城

湖廣總督林則徐題本　題參岳州城守營領哨千總王逢懋等疏防命案限滿兇犯未獲
道光十七年九月二十五日

拾里並未安設墩臺塘汛附近亦無居民合併
聲明等情呈詳到臣該臣看得平江縣通詳道
光拾柒年正月貳拾捌日據保正柳郁才報據
鐘硯山投稱正月貳拾伍日夜伊子鐘秉開被
無名兇犯毆傷身死并失去絮被衣物一案經
該縣會營勘詳通詳批飭緝兇詳參去後茲據
湖南按察使楊慶琛開列疎防職名詳參前來
除仍飭勒緝兇賊務獲究報外查此案應以道
光拾柒年正月貳拾伍失事之日起扣至柒月
貳拾伍日陸個月疎防限滿所有疎防武職專
汛係岳州城守營領哨千總王逢懋協防係岳
州城守營外委吳正泰接緝協防係署岳州城

守營外委事額外瞿寶華兼轄係不同城在百
里以外之岳州城守營參將惠慶相應據詳指
參再外委吳正泰於道光拾柒年貳月貳拾壹
日卸事疎防限內計承緝貳拾陸日接緝外委
瞿寶華卽於是日到任至陸月拾伍日卸事疎
防限內計接緝叁個月零貳拾肆日承緝外委
吳正泰於陸月拾伍日回任前後接算尚未滿
限應俟扣滿例限另行請參又失事地方離城
拾里並未安設墩臺塘汛附近亦無居民臣謹
會同湖南巡撫臣訥爾經額湖南提督臣薛陞
合詞恭疏具
題伏乞

湖廣總督林則徐題本 題參岳州城守營領哨千總王逢懋等疎防命案限滿兇犯未獲
道光十七年九月二十五日

湖廣總督林則徐題本 題参岳州城守營領哨千總王逢懋等疎防命案限滿兇犯未獲

道光十七年九月二十五日

皇上聖鑒勅部議覆施行再臣帶印前往湖南閱視

營伍旋署尚需時日

奏明飭委湖北藩司張岳崧代印具

題合併陳明臣謹具

題請

旨

道光十七年九月貳拾伍日兵部尚書兼都察院右副都御史總督湖廣等處地方軍務兼理糧餉臣林則徐

湖廣總督林則徐題本　題參岳州城守營領哨千總王逢懋等疏防命案限滿兇犯未獲

道光十七年九月二十五日

兵部尚書兼都察院右都御史總督湖廣等處地方軍務兼理糧餉臣林則徐謹
題爲報驗事。該臣看得平江縣通詳道光拾柒年
正月貳拾捌日據保正柳郁才報據鍾硯山投
稱正月貳拾伍日夜伊子鍾秉閑被無名兇犯
毆傷身死，并失去絮被、衣綣一案，經該縣會營
勘訊通詳，批飭緝兇詳參去後，兹據湖南按察
使楊慶琛開列疎防職名請參前來。所有疎防
武職專汛係岳州城守營領哨千總王逢懋，協
防係岳州城守營外委吳正泰，接緝協防係署
岳州城守營外委事額外瞿賓華，兼轄係岳州
城守營參將惠慶，相應指參。臣謹會
題請
旨。

一九

湖廣總督林則徐題本　補參宜昌鎮標中營把總孫大用等疎防竊案首犯未獲

道光十七年九月二十五日

湖廣總督林則徐題本　**補參宜昌鎮標中營把總孫大用等疎防竊案首犯未獲**

湖廣總督林則徐題本　補參宜昌鎮標中營把總孫大用等疏防竊案首犯未獲

道光十七年九月二十五日

兵部尚書兼都察院右都御史總督湖廣等處地方軍務兼理糧餉臣林則徐謹

題爲詳請補參事據湖北按察使程銓詳稱案據

東湖縣通詳道光拾陸年捌月貳拾玖日據保

正周世任報據職員馮天爵投稱伊家於捌月

貳拾柒日夜被賊撬門行竊伊同父馮起朝驚

醒起捕賊即入室扳取鳥鎗將伊與伊父毆傷

嚇避劫去錢文衣物等語往查屬實報懇勘驗

緝究等情并據馮天爵報同前由當即會營勘

驗訊供通詳一面比據兵役於拾陸年拾壹月

貳拾柒拾柒年貳月貳拾伍等日先後拏獲閆

開煥冉咆貳名訊據供認聽從在逃之張老十

糾約行竊馮天爵家臨時行強毆傷事主各等

一九

湖廣總督林則徐題本　補參宜昌鎮標中營把總孫大用等疏防竊案首犯未獲

道光十七年九月二十五日

情不諱經該縣將各犯照律議擬由府解司提
訊解蒙勘
題并聲明此案臨時行強首夥叁人現獲夥犯虞
名獲犯過半未獲盜首疏防職名另行補參在
案茲據該縣開列疏防職名由府詳參到司并
准宜昌鎮中營咨送武職專汛職名請參前來
除仍移飭勒緝逸犯張亮十務獲解報并武職
兼轄例無處分及文職疏防職名另詳呈請題
撫
題參外所有疏防及限內獲犯過半未獲盜
首疏防武職專汛係宜昌鎮標中營左哨左司
把總孫大用相應據文開報伏候查覈

湖廣總督林則徐題本 補參宜昌鎮標中營把總孫大用等疏防竊案首犯未獲

道光十七年九月二十五日

題參再失事地方離縣城玖拾里並未安設塘汛
墩鋪亦無協防外委此案應以道光拾陸年捌
月貳拾柒日失事計限起扣至拾貳月貳拾柒
日滿肆個月疏防例限又此案係獲犯審結後
補參係於拾柒年柒月初捌日由司覆訊轉詳
捌月初壹日奉巡撫批准具
題茲於捌月初捌日准到[illegible]咨具詳合併聲明等
情呈詳到臣該臣看得東湖縣通詳職員馮天
爵家於道光拾陸年捌月貳拾柒日夜被賊撬
門行竊伊同父馮起朝驚醒起捕俱被戳傷劫
去錢文衣物一案經該縣會營勘驗訊供通詳
一面比據兵役於拾陸年拾壹月貳拾柒拾柒

湖廣總督林則徐題本　補參宜昌鎮標中營把總孫大用等疏防竊案首犯未獲
道光十七年九月二十五日

年貳月貳拾伍等日先後拏獲閻閻煥冉吧貳
名訊據供認聽從在逃之張老十糾約行竊馮
天留家臨時行強毆傷事主各等情不諱將各
犯照律議擬由府司覆訊解經撫臣審
題并聲明此案臨時行強首夥叁人現獲夥犯貳
名獲犯過半未獲盜首[illegible]防職名另行補參在
案茲據湖北按察使程[illegible]移行開列疏防職名
請參前來除仍飭緝逸犯張老十務獲解報
并武職兼轄例無處分及文職疏防職名聽撫
臣
題參外所有疏防及貳參限內獲犯過半未獲盜
首疏防武職專汛係宜昌鎮標中營左哨左司

把總孫大用相應據詳指參再失事地方離縣
城玖拾里並未安設塘汛墩鋪亦無協防外委
此案應以道光拾陸年捌月貳拾柒日失事計
限起扣至拾貳月貳拾柒日滿肆個月疎防例
限又此案係獲犯審結後補參係於拾柒年柒
月初捌日由司覆詠轉[illegible]捌月初壹日經撫臣
批示具
題於捌月初捌日准營移司具詳臣謹會同湖北
巡撫臣周之琦湖北提督臣羅思舉合詞恭疏
具
題伏乞
皇上聖鑒敕部議覆施行再臣帶印前往湖南閱視

一九

湖廣總督林則徐題本　補參宜昌鎮標中營把總孫大用等疏防竊案首犯未獲

道光十七年九月二十五日

督伍旋署尚需時日

奏明飭委湖北藩司張岳崧代印具

題合併陳明臣謹具

題請

旨

道光十七年九月二十五日兵部尚書兼都察院右副都御史總督湖廣等處地方軍務兼理糧餉臣林則徐

湖廣總督林則徐題本 補參宜昌鎮標中營把總孫大用等疎防竊案首犯未獲

道光十七年九月二十五日

兵部尚書兼都察院右都御史總督湖廣等處地方軍務兼理糧餉臣林則徐謹
題為詳請補參事該臣看得東湖縣通詳職員馮
天爵家於道光拾陸年捌月貳拾柒日夜被賊
撬門行竊伊同父馮起朝驚醒起捕俱被毆傷
劫去錢文衣物一案經該縣會營勘驗訊供通
詳一面比據兵役先後拏獲閆開煥冉咆訊據
供認聽從行竊馮天爵家臨時行強毆傷事主
各等情不諱將各犯照律議擬由府司覆訊解
經撫臣審
題并聲明此案臨時行強首夥叁人現獲夥犯貳
名獲犯過半未獲盜首疎防職名另行補參在
案茲據湖北按察使程銓移行開列疎防職名
請參前來所有疎防及貳參限內獲犯過半未
獲盜首疎防武職專汛係宜昌鎮標中營左哨
左司把總孫大用相應指參臣謹會
題請
旨

湖廣總督林則徐題本　**題參湖北提標後營把總邢偉成等疏防竊案屆滿贓犯未獲**

湖廣總督林則徐題本　題參湖北提標後營把總邢偉成等疎防竊案届滿贓犯未獲
道光十七年九月二十五日

兵部尚書兼都察院右都御史總督湖廣等處地方軍務兼理糧餉臣林則徐謹
題爲報明事據湖北按察使程銓詳稱案據襄陽
縣知縣陳師魯詳稱道光拾柒年叁月初伍日
據保正鍾添文報據民人侯維漢投稱叁月初
肆日夜伊家被賊撬門入室竊去錢文衣物伊
與弟侯維成驚醒起捕追至門外均被賊拒傷
等語往查屬實報乞勘驗緝究等情并據侯維
漢開單報同前由據此隨會同營弁詣勘情形
驗明各傷痕訊供通詳批飭緝究詳參去後兹
據襄陽府知府金石聲轉據東陽縣知縣陳師
魯詳稱此案例限届滿贓賊未獲開列疎防職
名由府詳參到司并准提標後營咨送武職職

名請參前來該湖北按察使程銓查得棗陽縣
通詳民人侯維漢家於道光拾柒年叁月初肆
日夜被賊挖門入室竊去錢文衣物伊與弟侯
維成驚醒起捕追出門外均被賊拒傷一案先
經該縣會營勘驗訊供通詳批飭緝究詳參茲
例限屆滿贓賊未獲移行開報疏防職名請參
前來除仍飭勒緝贓賊務獲解報并文職疏防
職名另詳呈請巡撫
題參外所有疏防武職專汛係提標後營右哨二
司把總邢偉成兼轄係提標後營都司李達元
相應據文開報伏候查覈
題參再失事地方離縣城貳拾伍里並未安設兵

湖廣總督林則徐題本　題參湖北提標後營把總邢偉成等疏防竊案屆滿贓犯未獲

道光十七年九月二十五日

丁墩鋪亦無貼防外委專汎與兼轄不同城在
百里以内此案應以道光拾柒年叁月初肆日
失事計限起扣至柒月初肆日滿肆個月疏防
例限合併聲明等情呈詳到臣該臣看得棗陽
縣通詳民人侯維漢家於道光拾柒年叁月初
肆日夜被賊撬門入室竊去錢文衣物伊與弟
侯維成驚醒起捕追出門外均被賊拒傷一案
先經該縣會營勘驗通詳批司飭緝詳參去後
茲據湖北按察使程銓以例限屆滿贓賊未獲
移行開列疏防職名請參前來除仍飭勒緝贓
賊務獲解報并文職疏防職名聽撫臣
題參外所有疏防武職專汎係提標後營右哨二

湖廣總督林則徐題本 題參湖北提標後營把總邢偉成等疎防竊案屆滿贓犯未獲
道光十七年九月二十五日

司把總邢偉成兼轄係提標後營都司李達元
相應據詳指參再失事地方離縣城貳拾伍里
茲未安設兵丁墩鋪亦無貼防外委專汎與兼
轄不同城在百里以內此案應以道光拾柒年
叁月初肆日失事計限起扣至柒月初肆日滿
肆個月疎防例限臣謹會同湖北巡撫臣周之
琦湖北提督臣羅思舉合詞恭疏具
題伏乞
皇上聖鑒勅部議覆施行再臣帶印前往湖南閱
營伍旋署尚需時日
奏明飭委湖北藩司張岳崧代印具
題合併陳明臣謹具

一九

湖廣總督林則徐題本　題參湖北提標後營把總邢偉成等疎防竊案屆滿贓犯未獲

道光十七年九月二十五日

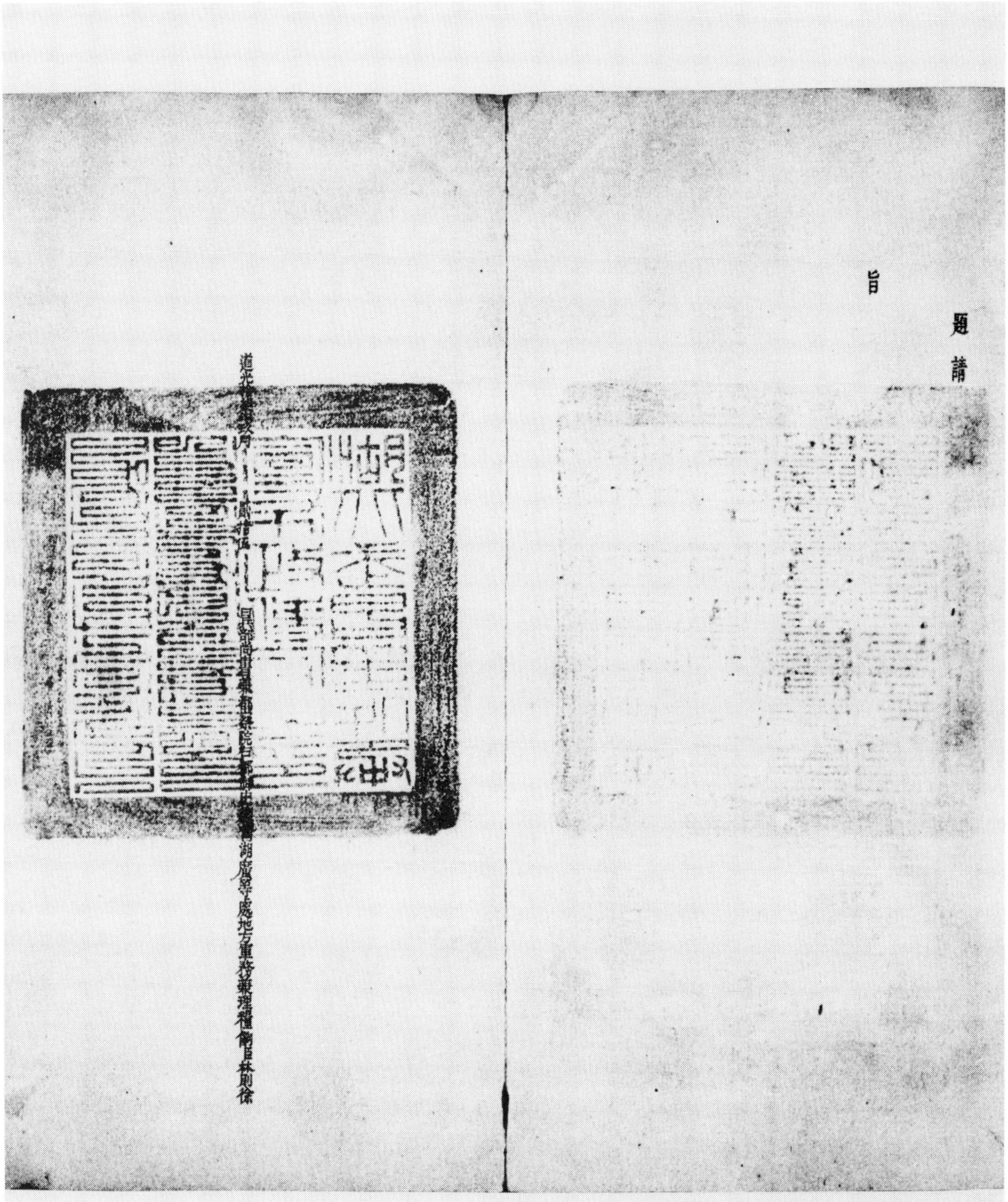

題請

旨

道光……湖廣等處地方軍務兼理糧餉臣林則徐

湖廣總督林則徐題本 題參湖北提標後營把總邢偉成等疏防竊案屆滿贓犯未獲 道光十七年九月二十五日

兵部尚書兼都察院右都御史總督湖廣等處地方軍務兼理糧餉臣林則徐謹
題爲報明事。該臣看得棗陽縣通詳民人侯維漢
家於道光拾柒年叁月初肆日夜被賊撬門入
室竊去錢文衣物，伊與弟侯維成驚醒起捕追
出門外均被賊拒傷一案，先經該縣會營勘驗
通詳批司飭緝，詳參去後。兹據湖北按察使程
銓以例限屆滿贓賊未獲，移行開列疏防職名
請參前來。所有疏防武職專汛係提標後營右
哨二司把總邢偉成，兼轄係提標後營都司李
遠元，相應指參。臣謹會
題請
旨。

湖廣總督林則徐題本

補參前署黃州協右哨把總李守義等疎防竊案限內逸犯未獲

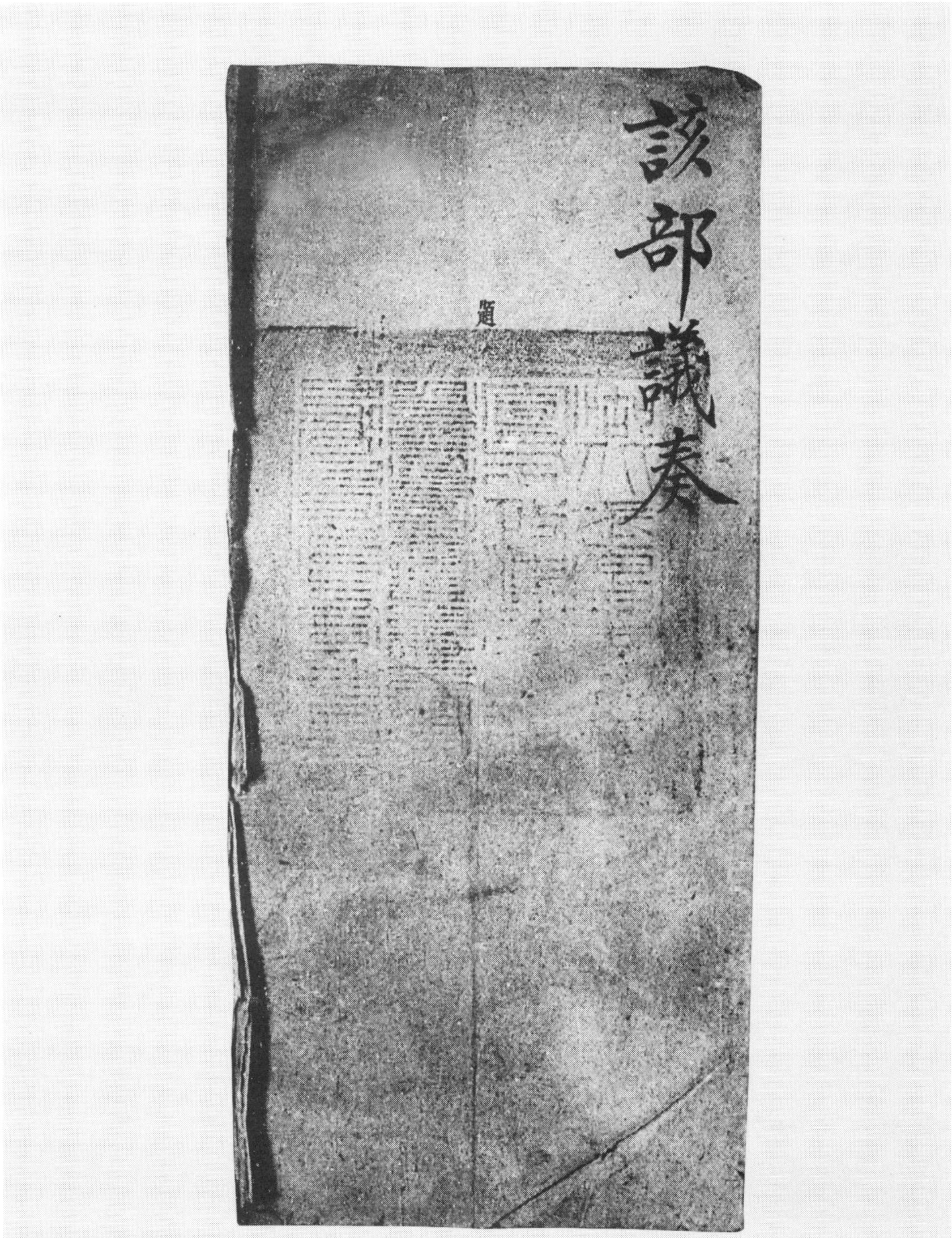

一九

湖廣總督林則徐題本　補參前署黃州協右哨把總李守義等疏防竊案限内逸犯未獲

道光十七年九月二十五日

兵部尚書兼都察院右都御史總督湖廣等處地方軍務兼理糧餉臣林則徐謹
題爲詳請補參事據湖北按察使程銓詳稱案據
麻城縣通詳民人唐幗清家於道光拾陸年拾
壹月初肆日夜被賊竊去銀錢衣物并被拒傷
一案經該縣會營勘驗通詳批據兵役於拾貳
月初肆日拏獲賊犯朱沅蔣思付朱志會傳到
案訊據供認該犯朱沅蔣思付均係唐幗清家
雇工道光拾陸年拾壹月初叁日朱沅蔣思付
共談貧苦朱沅起意邀人行竊唐幗清家財物
分用蔣思付允從朱沅即捏稱有事回家私向
蔣思付約定初肆日夜虛掩大門等待隨糾允
該犯朱志會傳及在逃之曾啓萬王長順王老

四曾七曾百歲入夥於初肆日夜曾啓萬攜木
棍王長順帶鐵鑿餘俱徒手一共捌人偕抵唐
幗清門首蔣恩付先已將門開啓朱沅曾啓萬
曾僖王長順王老四進院蔣恩付恐唐幗清識
破仍進廂屋假睡王長順用鑿撬開堂屋臥房
門扇同朱沅等入內竊得銀錢衣物遞交朱志
曾七曾百歲接收朱沅曾僖王長順王老四與
朱志等分攜贓物先走曾啓萬尚在偷竊唐幗
清驚醒喊同蔣恩付起捕曾啓萬即行逃走唐
幗清追出門外蔣恩付延挨落後唐幗清追及
曾啓萬將其扭住被曾啓萬用棍拒傷右手腕
并咬傷左手腕肩痛鬆放曾啓萬脫身跑逸趕

湖廣總督林則徐題本 補參前署黃州協右哨把總李守義等疏防竊案限內逸犯未獲
道光十七年九月二十五日

上朱沅等告知拒捕情由查點贓物分別存放
約候變賣再分各散等情不諱經該縣將朱志
等照律議擬由府覆訊詳司轉請咨達并聲明
此案圖脫拒捕之曾啓萬未獲仍應開參所有
疎防文武各職名另行補送在案茲據黃州府
知府楊庚轉據麻城縣知縣王汝霖開列職名
由府詳參到司并准黃州協咨送武職請參前
來除仍移行勒緝逸賊曾啓萬等務獲解報并
文職疎防職名另詳呈請巡撫
題參外所有疎防武職專汎係前署黃州協右哨
二司把總事世襲雲騎尉李守義兼轄係前護
黃州協副將事蘄州營都司諶萬芳相應據文

湖廣總督林則徐題本　補參前署黃州協右哨把總李守義等疎防竊案限内逸犯未獲
道光十七年九月二十五日

聞報伏候查覈
題參再失事地方離縣城伍拾里並未安設兵丁
墩鋪亦無貼防外委專汛與兼轄不同城在百
里以外此案應以道光拾陸年拾壹月初肆日
失事計限起扣至拾柒年叁月初肆日滿肆個
月疎防例限專汛前署把總李守義已於拾陸
年拾壹月拾玖日卸事前護副將事都司謝萬
芳亦於拾陸年拾壹月拾玖日卸事接緝專汛
把總侯扣滿年限另行詳參其接督緝兼轄例
無處分又此案係獲犯審明由司於拾柒年捌
月貳拾柒日轉請咨達一面照例開參武職並
未遲延合併聲明等情呈詳到臣該臣看得麻

一九 湖廣總督林則徐題本 補參前署黃州協右哨把總李守義等疏防竊案限内逸犯未獲

道光十七年九月二十五日

城縣通詳民人唐幅清家於道光拾陸年拾壹
月初肆日夜被賊竊去銀錢衣物并被拒傷一
案經該縣會營勘驗通詳比據兵役於拾貳月
初肆日拏獲賊犯朱·沅蔣思付朱志曾僖到案
訊據供認行竊拒捕等情不諱經該縣照律議
擬由府司覆訊詳咨聲明此案拒捕之曾啓萬
未獲所有疏防職名另行補送在案茲據湖北
按察使程銓移行開列疏防武職職名請參前
來除仍飭勒緝逸賊曾啓萬等務獲解報并文
職疏防職名聽撫臣
題參外所有疏防武職專汛係前署黃州協右哨
二司把總事世襲雲騎尉李守義兼轄係前護

黃州協副將事蘄州營都司諶萬芳揭詳
指參再失事地方離縣城伍拾里並未安設兵
丁墩鋪亦無貼防外委專汛與兼轄不同城在
百里以外此案應以道光拾陸年拾壹月初肆
日失事計限起扣至拾柒年叁月初肆日滿肆
個月疎防例限專汛前署把總李守義已於拾
陸年拾壹月拾玖日卸事前護副將事都司諶
萬芳亦於拾陸年拾壹月拾玖日卸事接緝專
汛把總侯扣滿年限另行詳參其接督緝兼轄
例無處分又此案係獲犯審明由司於拾柒年
捌月貳拾柒日轉詳咨達一面照例開參並未
遲延臣謹會同湖北巡撫臣周之琦湖北提督

湖廣總督林則徐題本　補參前署黄州協右哨把總李守義等疏防竊案限内逸犯未獲

道光十七年九月二十五日

臣羅思舉合詞恭疏具

題伏乞

皇上聖鑒勅部議覆施行再臣帶印前往湖南閱視

營伍旋署尚需時日

奏明飭委湖北藩司張岳崧代印具

題合併陳明臣謹具

題請

旨

湖廣總督林則徐題本　補參前署黃州協右哨把總李守義等疎防竊案限內逸犯未獲
道光十七年九月二十五日

道光拾柒年玖月貳拾伍日
兵部尚書兼都察院右副都御史總督湖廣等處地方軍務兼理糧餉臣林則徐

兵部尚書兼都察院右副都御史總督湖廣等處地方軍務兼理糧餉臣林則徐謹
題爲詳請補參事該臣看得麻城縣通詳民人唐
幗清家於道光拾陸年拾壹月初肆日夜被賊
竊去銀錢衣物并被拒傷一案經該縣會營勘
驗通詳比據兵役於拾貳月初肆日拏獲賊犯
朱沅蔣思付朱志曾傳到案訊據供認行竊拒
捕等情不諱經該縣照律議擬由府司覆訊詳
咨聲明此案拒捕之曾啓萬未獲所有疎防職
名另行補送在案茲據湖北按察使程銓移行
開列疎防武職職名請參前來所有疎防武職
專汛係前署黃州協右哨二司把總事世襲雲
騎尉李守義兼轄係前護黃州協副將事蘄州
營都司諸萬芳相應指參臣謹會
題請
旨

湖廣總督林則徐奏摺 **請以熟諳苗情屯千總分別陞補陞署苗疆屯守備員缺**

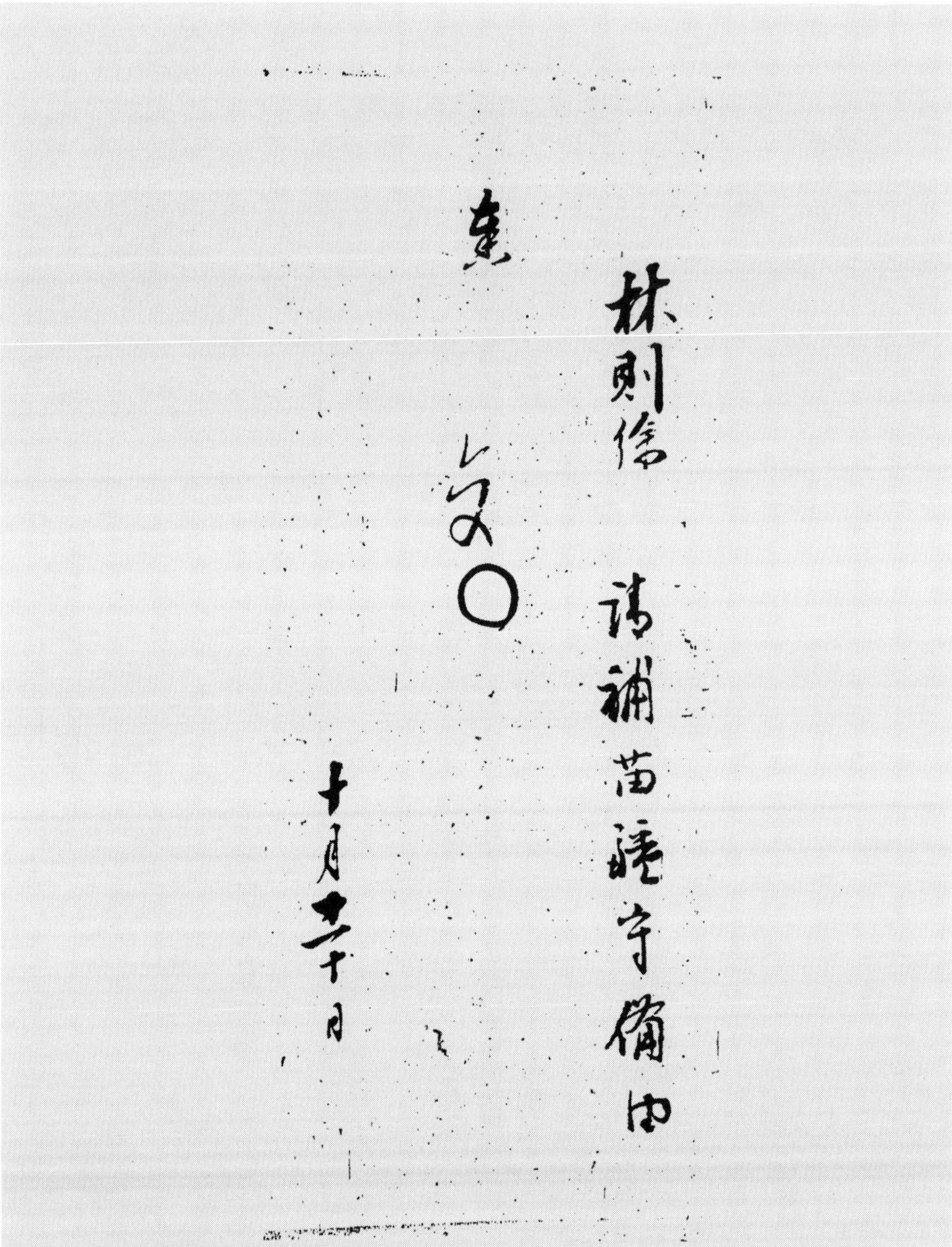
林則徐 請補苗疆守備由
奏 片○
十月二十日

湖廣總督林則徐奏摺　請以熟諳苗情屯千總分別陞補陞署苗疆屯守備員缺　道光十七年九月二十八日

湖廣總督臣林則徐跪
奏為苗疆屯守備出有三缺，合例人員不敷揀
補，請將熟諳苗情之屯千總分別陞補陞署，恭摺
奏祈
聖鑒事。竊照湖南鳳凰廳北關屯守備包廷楊
因告假久逾例限，經臣出例
題請開缺。又鳳凰廳得勝營屯守備陸奎鰲
准部咨推陞靖州協中軍都司，又永綏廳花園
屯守備羅萬坤經湖南撫臣訥爾經額以該員不
理屯務，未能中肯，於苗疆不甚相宜
奏准撤回另補。所遺屯守備各缺，均關緊要，例應
在外題請外補。臣先因到任未久，各營員弁

湖廣總督林則徐奏摺　請以熟諳苗情屯千總分別陞補陞署苗疆屯守備員缺

道光十七年九月二十八日

接見其弓馬之優劣亦可之賢否無從深悉是屯
守備職司撫綏才勇並有督催均田租穀及
經費倉廒碉卡等事非歷練屯務熟諳苗情
之員弗克勝任是以行令該鎮道揀選合例人
員先行呈報俟臣親至鎮筸就近考補茲臣
於九月初一二三廿日抵鎮筸校閱各該營屯員
弁兵勇操演技藝隨時保送各弁覆加考
驗內有現署永綏廳螺螄堡屯守備之苗洞屯
千總韓永壽年三十歲湖南鳳凰廳人由練勇
出師連州廣東打仗奮勇經
欽差大臣禧恩奏
賞藍翎應以拔千總於道光十五年二月二十九

日欽劄任事歷俸已滿三年，又現署鳳凰廳得
勝營屯守備之永安營屯千總劉通係年五十
五歲，湖南乾州廳人，由鄉勇於平苗案內打仗
出力，又出師廣東著績，
賞戴藍翎，道光十四年正月拔補屯千總，於十五
年二月初六日欽奉劄付，又現署鳳凰廳新場
堡屯守備之得勝營屯千總瞿我附，年三十四歲，
湖南乾州廳人，由武生挑充屯百總，出師永州、
廣東打仗著績，道光十四年四月拔補屯千總，於
十七年三月十六日欽受劄付。該弁等俱年力精壯，
弓馬可觀，又各出師著績，且皆練習屯務，熟悉苗
情，以之升補屯守備均堪勝任，惟覈計歷俸年

月謹韓永壽已滿三年以外補之例相符外其

劉通淳瞿我陞二員雖均於道光十四年任千總

予兩核其受劄日期俱尚未滿三年與外補之例

稍有未符但人地實屬相宜例得奏摺

奏請合無仰懇

聖恩俯准以茶同屯千總韓永壽陞補鳳凰廳樹園

屯守備以永安卡屯千總劉通淳署鳳凰廳

得勝營屯守備以得勝營屯千總瞿我陞署

永綏廳花園屯守備俾其駕輕就熟於屯防有

濟得力收效

俞允俟部覆到日分别給咨赴部引

見至劉通淳瞿我陞二員仍俟扣滿年限再行也

例

題請實授，除領取履歷咨部外，臣為苗疆屯務需人起見，謹會同湖南撫臣訥爾經額恭摺具

奏伏乞

皇上聖鑒謹

奏

道光十七年十月二十日奉

硃批兵部議奏欽此

九月二十八日

湖廣總督林則徐奏摺　**湖南各營制補徵剿損失軍裝請於捐輸銀內動支**

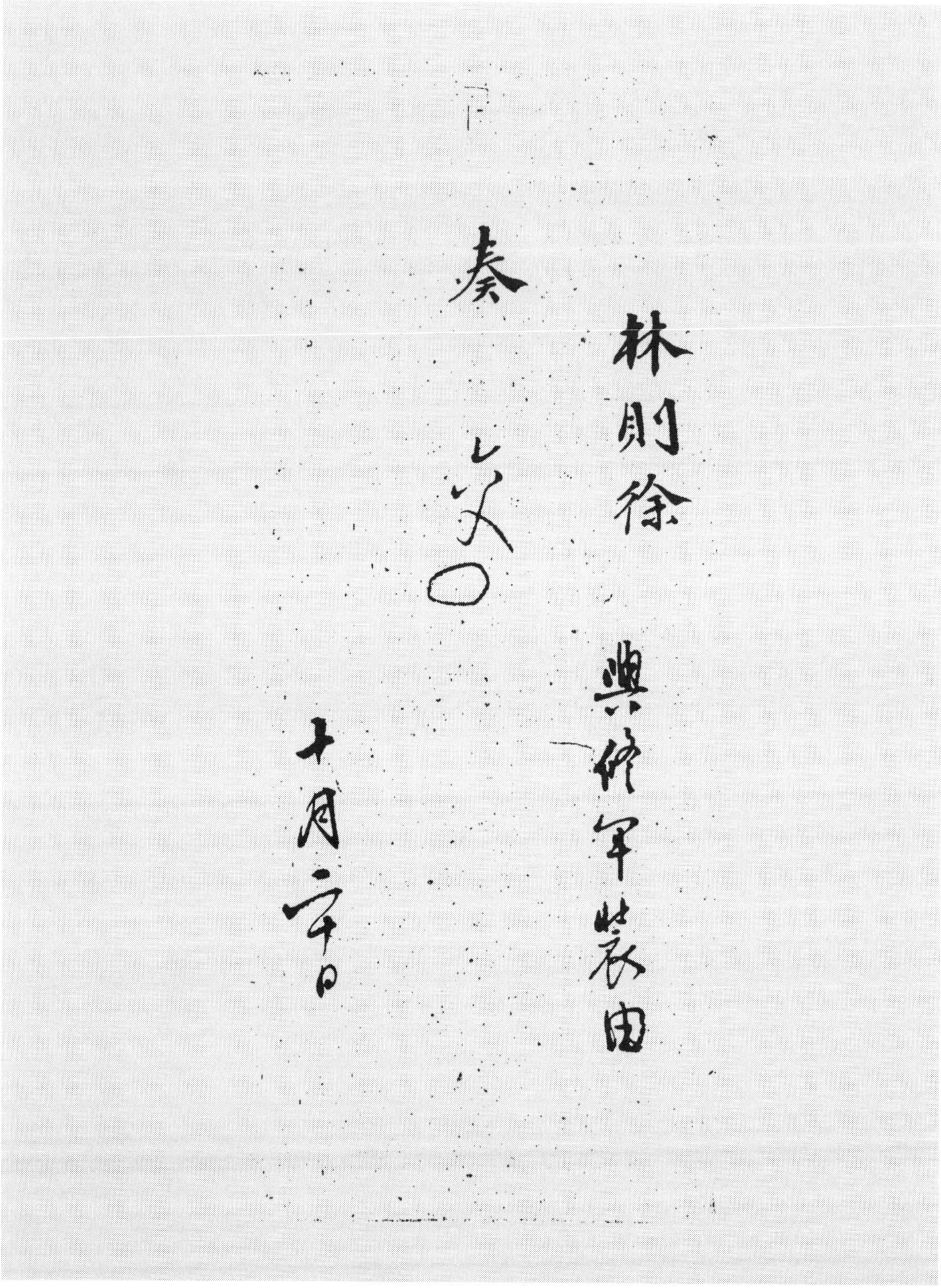
林則徐
興修軍裝由
奏
十月二十日

一九

湖廣總督林則徐奏摺　湖南各營制補徵剿損失軍裝請於捐輸銀內動支

道光十七年九月二十八日

湖廣總督臣林則徐跪

奏為湖南各營應製出師案內損失軍裝遵照部

咨改籌銀款興修以實軍儲恭摺奏祈

聖鑒事竊准兵部咨據前湖廣總督臣訥爾經額

奏湖南各標鎮協營請制補道光十二年征勦

逆猺損失各項軍裝器械共估需工料銀五萬

一千三百餘兩核與定例相符應飭造具應製應

修軍裝名目件數估需工料銀兩細數清冊送部

題報到日照例核辦至動用銀款戶部查該督

奏稱司庫節省民壯修械項下僅存銀六千九百

一十兩零自應准其先儘動用其不敷銀四萬

四千三百九十餘兩未便動用單備協餉正款

應令另籌閒款照例辦理報明户部查核等因具
奏奉
旨依議欽此移咨到臣當經轉飭遵照去後茲據湖
南藩司龔綬詳稱查湖南各營製補征剿逆
猺損失軍裝器械藥鉛等項據其估需工料銀
五萬一千三百餘兩除奏准動支民壯修械項下
銀六千九百一十兩零外其不敷銀四萬四千三百
九十餘兩既經部議未便動支當備協餉正款
行令另籌閒款照例辦理茲因查湖南司
庫並無閒款可籌且現無存貯數萬兩之款
惟有捐輸一項現存銀四萬七千九百六十一兩
此項銀兩係道光十三年五月內經户部奏

准外省藩庫收納捐輸銀兩給予升遷嗣因
奉文停止隨時各人員遵例捐輸銀兩造冊
詳咨奉文准部覆行令另款存貯聽候撥
用等因在案所有不敷銀四萬四千三百九十餘
兩應於存貯捐輸銀內動支等情詳請查核覆
奏前來臣查軍裝最關緊要難任久缺不修所
有湖南各標鎮協營征勦逆猺損失軍裝器
械藥鉛等項係道光十二年之案急須製補
不可再遲所需工料銀五萬一千三百餘兩除已
准動支民壯修械銀六千九百一十兩零外其不敷
銀四萬四千三百九十餘兩覆查湖南藩庫別無
閒款可籌應如司詳在于存貯捐輸銀內照

數動支俟接准部覆仍即飭各營請領赴緊
製補以實軍儲查應製應修軍裝名目件數估
需工料銀兩細數冊結已飭按照軍需則例及
物料價值逐一確核銀數分別題咨外所有補
製軍裝改籌銀款緣由謹會同湖南巡撫
臣訥爾經額湖南提督臣薛隆合詞恭摺
具
奏伏乞
皇上聖鑒敕部核覆施行謹
奏
道光十七年十月二十日奉
硃批兵部議奏欽此

湖廣總督林則徐奏摺　湖南各營制補徵剿損失軍裝請於捐輸銀內動支

道光十七年九月二十八日

九月二十八日

湖廣總督林則徐等奏摺　請分別緩徵湖北被水州縣新舊銀米
道光十七年九月二十九日

湖廣總督林則徐等奏摺　**請分別緩徵湖北被水州縣新舊銀米**

奏

湖廣總督林則徐等奏摺　請分別緩徵湖北被水州縣新舊銀米
道光十七年九月二十九日

湖廣總督臣林則徐
湖北巡撫臣周之琦跪
奏為勘明被水各州縣均不成災酌量輕重情形
恭懇
聖恩分別展緩新舊銀米以紓民力事竊照湖北省
本年夏秋江河水漲漫潰漢川潛江公安等縣
隄塍帶淹沔陽江陵監利等州縣軍民田畝又
松滋石首漢陽黄岡黄梅天門蘄水江夏荆門
枝江等州縣或因山水陡發或因江河并漲田
地間被漫淹已據各該州縣陸續稟報均經臣
等先後
奏明俟委員勘覆至日彙案查辦續據嘉魚黄陂
孝感鍾祥京山應城等縣稟報田地被淹又經

批令迅速勘覆各在案茲據該管道府督同印
委各員勘明除黃梅縣水退迅速毋庸查辦外
其餘江夏嘉魚漢陽漢川黃陂孝感沔陽黃岡
蘄水鍾祥京山潛江天門應城江陵公安石首
監利松滋枝江荊門等二十一州縣并屯坐武
昌武左沔陽黃州蘄州德安荊州荊左荊右等
九衛被淹情形輕重不一雖俱不致成災體察
民情實形拮据請將新舊銀米分別展緩遞帶
等情由藩司張岳崧糧道李源覆核詳請具
奏前來臣等伏查楚北各屬頻年災歉民力未紓
所有積欠道光十一年以後緩徵銀米節經
奏奉

俞允按年帶徵一年在案茲本年各該州縣復被水
淹若將新舊銀米照案催輸民力實有未逮合
無仰懇
皇上天恩俯准將被淹較重之漢川縣白魚等二十
六官民垸畈沔陽州芳洲等一百九垸鍾祥縣
操家口等六十六柑莊漬淹沙壓軍民田地京
山縣水田湖等二十四圍潛江縣棠樂等二十
六垸并三台等十垸內未涸田地天門縣田灣
等五十三垸應城縣葉嘴等三團江陵縣王家
等一百一十五垸公安縣毛一等十三里石首
縣復興等十坊垸監利縣禾豐等七十垸松滋
縣上八等五都枝江縣青夾等十一洲垸荊門

州馬上三等七圖並馬下一等十圖內下閘口
等二十八區各應徵本年民屯錢糧漕南二米
隄河閘費等項一併緩至十八年秋後限一年
帶徵又漢陽縣湘三等六里屯並淤生地畝松
滋縣中二等四都除本年漕南二米照常徵收
外請將本年新賦錢糧緩至十八年秋後限一
年帶徵所有以上各州縣被淹各區未完道光
十一年至十六年緩帶銀米均請遞展至十九
年秋後起按最先年分遞年帶徵一年又被淹
并積歉較輕之江夏縣永豐等一百三十五里
屯嘉魚縣廣賢等三里上屯等九屯漢陽縣豐
樂等六里漢川縣後湖等十六官民垸畈黃陂

縣瓜園嘴等二十八會孝感縣尚文等三十一
會沔陽州百石彭等十六垸及漬淹未涸之恩
隆等二百七十六垸蘄水縣新洋河等三十六
處鍾祥縣劉家橋等九十九村莊京山縣高集
等八圍潛江縣長湖范西工垸并三台等廿垸
内已涸田地應城縣赤岸等三圍江陵縣麥家
等五十五垸石首縣季平合志等垸監利縣六
合等一百五廿六垸荆門州馬下一圍已涸田
地除本年新賦銀米均各照常徵收外請將江
夏漢陽黄陂孝感應城石首等縣應帶十五年
緩徵銀米漢川沔陽鍾祥京山潛江江陵監利
荆門等州縣應帶十六年緩徵銀米嘉魚縣應

帶十一年緩徵銀米蘄水縣應帶十一年緩徵
錢糧一併緩至十八年秋後按一年帶徵又嘉
魚縣宣化等二里黃岡縣辛家冲等一百八區
監利縣毛老等一百二垸毛坡等十九垸荊門
州平二等五十一圖應徵本年新賦銀米同監
利縣毛坡等十九垸應帶十五年銀兩嘉魚縣
應帶十一年漕米隄費監利縣毛老等一百二
垸應帶十六年銀米均各照常徵收外請將黃
岡縣帶徵十一年銀米荊門州帶徵十五年銀
米本年各徵一半其餘一半同嘉魚縣未完十
一年錢糧監利縣應帶十二年銀米一併緩至
十八年秋後按最先年分遞年帶徵一年其武

湖廣總督林則徐等奏摺 請分別緩徵湖北被水州縣新舊銀米
道光十七年九月二十九日

昌等九衛被淹軍田應徵新舊錢漕均請查照
屯坐州縣一律辦理至各州縣未淹軍民田地
應徵新舊銀米仍飭照常徵解以示區別所有
勘明江夏等州縣衛被水軍民田地均不成災
請分別展緩新舊銀米緣由理合恭摺具
奏伏乞
皇上聖鑒訓示再各州縣衛應行展緩錢漕等項已
飭照例停徵合併陳明謹
奏

另有旨

湖廣總督林則徐等奏摺 請分別緩徵湖北被水州縣新舊銀米
道光十七年九月二十九日

道光十七年九月 二十九 日

湖廣總督林則徐等奏摺

湖北道光十七年動項酌買缺額常平倉穀數

一九　湖廣總督林則徐等奏摺　湖北道光十七年動項酌買缺額常平倉穀數

道光十七年九月二十九日

湖廣總督臣林則徐
湖北巡撫臣周之琦跪

奏為酌買缺額常平倉穀恭摺奏祈

聖鑒事竊照湖北省額貯常平倉穀因歷年災賑借

糶及撥運軍需撥補緩徵南糧等案動缺前經

奏准於每歲秋成酌量豐歉動項採買此外尚有

清查虧缺交代追賠盤折各案穀石截至道光

十六年奏銷止共未買穀粟一百二十九萬一

千一百五十九石九升八勺內除上年

奏明派買穀一十六萬三千七百七石五升四合

已據各屬買齊上倉穀一十五萬二千九百五

石八斗七升七合八勺尚有因秋收歉薄民情

拮据之鶴峯沔陽二州全未領買並黃岡鄖縣

二縣未領一半共穀一萬八百一石一斗七升
六合二勺又續據武昌應山保康三縣自行稟
請增買穀八千七百六十石應需價銀照案在
於司庫地丁穀價等款內動支亦據如數買齊
上倉共已買穀一十六萬一千六百六十五石
八斗七升七合外尚有未買穀一百五十二
萬九千四百九十三石五斗二升三合茲據藩
司張岳崧糧道李源查明本年各屬收成豐稔
糧價平減間有被水之區不過一隅中之一隅
所有缺額倉穀急應乘時買補以實儲備飭據
武昌等府體察各州縣地方情形共可採買穀
一十三萬三百二石二斗八升六合四勺計需

價銀八萬四千九百四十八兩九錢八分六釐
内有買補借給各營兵丁穀一萬八千三百七
十五石六斗六升二合九勺又買補借支囚食
並院役口糧穀一千九十八石又買補安撫被
水災民穀二千一百五十五石每石六錢五分
均應在於扣解司庫價銀内動給又買補減糶
穀二千三百五十石内穀一千石按照原糶每
石六錢五分又穀一千石按照原糶每石八錢
五分又穀三百五十石每石八錢應於解存司
庫糶價款内動給又買補清查虧缺穀三萬一
千二百一十七石三斗三升七合一勺因原存
穀價已彙數解部又買補煮粥賑卹災民撥運

湖廣總督林則徐等奏摺　湖北道光十七年動項酌買缺額常平倉穀數　道光十七年九月二十九日

加賑派撥軍需歸還截留漕米應付官兵口糧
收養難民共穀二萬九千二百三十石一斗九
升一合六勺均應於地丁項下動給又買補節
年撥補緩徵南糧穀四萬五千八百七十六石
九升四合八勺亦應查照成案動支地丁發買
俟帶徵南糧完日變價解司報撥至十六年已
派未買穀一萬八百一石六斗七升六合二勺
仍按上年奏明原動價銀款目發買以符原數
造冊報銷等情詳請具
奏前來臣等伏查道光十五年十二月內接准部
咨欽奉
上諭除因公動缺穀石為數較多一時動項全行買

湖廣總督林則徐等奏摺　湖北道光十七年動項酌買缺額常平倉穀數

道光十七年九月二十九日

補恐於民食有妨責成各督撫另行籌辦歸補外
其存貯穀價迅飭各該屬察看情形即行買補還
倉等因欽此本年湖北各屬糧價平減所有缺額
倉穀急應乘時採買惟倉儲固應充足民食亦
須兼顧既據該司道等體察情形本年可採買
穀一十三萬三百二石六斗八升六合四勺連
十六年已派未買穀一萬八百一石七斗七升
六合二勺合共買穀一十四萬一千一百零三
石四斗六升二合六勺所需價銀行司分飭各
屬趕緊請領乘時採買俟領買後如市價再能
平減或可增買即由該管知府察看地方情形
果於民食無妨堪以增買若干石隨時稟明飭

湖廣總督林則徐等奏摺　湖北道光十七年動項酌買缺額常平倉穀數
道光十七年九月二十九日

發價銀添買歸倉於積貯更有裨益臣等一面
出示嚴禁書役毋許短發價值及藉端勒派浮
收等弊並責成該管知府督率州縣各就歷辦
舊章按照例價在於有穀之家酌定穀數公平
採買勒限運倉出收申請委員盤驗倘各州縣
延不買補或任聽書役藉端勒派尅扣即當嚴
參懲辦以實倉儲而杜擾累除咨明戶部外所
有本年動項酌買缺額倉穀緣由理合恭摺具
奏伏乞
皇上聖鑒謹
奏

戶部知道

湖廣總督林則徐等奏摺 湖北道光十七年動項酌買缺額常平倉穀數
道光十七年九月二十九日

道光十七年九月 二十九 日

荊州副都統穆精阿等奏片　駐防八旗逃婦案牽涉迴避請飭交林則徐審辦（污損）

再謹
奏，奴才等於九月初十日正在封摺間，據右翼蒙古
協領、正白旗蒙古佐領全順呈具印稟，以九
月初四日呈遞八月三十日逃婦印稿，係由奴才
示穆精阿傳諭協領斐星額、左司帖寫玉崑轉令
呈遞，並稱佐領塔那布面交奉奴才穆精阿飭諭
令往被參防禦安清家開導，令其畫押了案等
詞，具稟前來。查此案牽涉奴才穆精阿，未便自行
奏質訊，奴才長喜係會同參
奏之人，亦應迴避，理合附片具
奏請
旨可否飭交湖廣總督林則徐就近審辦，謹將原呈

一九　荆州副都統穆精阿等奏片　駐防八旗逃婦案牽涉迴避請飭交林則徐審辦

道光十七年九月

旨下摺錄恭[illegible]

呈

御覽爲此附片謹[illegible]

奏[illegible]

另有旨

[illegible]

上諭　旗籍婦女逃亡案著交林則徐親提全案人證審訊定擬

道光十七年十月初三日内閣奉

上諭穆精阿等奏請將失察捏報之該管各官交部議處一摺此案前署佐領防禦安清等於該旗閒散祥魁之妻逃走並不即時呈報咨行查拏及呈遞印稿日期又不相符殊屬謬妄安清及新任佐領全順該翼協領斐星額俱着交部議處驍騎校景星亦有失察之咎著交部議處又另片奏全順呈具印稟稱係穆精阿諭令呈遞印稿並開導安清令其畫押了案等語著交林則徐親提全案人證秉公審訊按律辦理該部知道欽此

上諭　河南拏獲楚省人犯陳幗元等著解交林則徐歸案審辦

道光十七年十月初七日內閣奉

上諭桂良奏請將拏獲匪犯解赴楚省審辦等語前因河南南陽府所屬等處地方各有匪頭開設窩子降旨派員查拏茲據該撫奏稱黄岡等九處均係湖北襄陽縣所轄現在續獲陳幗元等四名訊有在官人役興販人口製造軍器惟所供並無另犯不法重情顯係恃無質證捏詞狡卸所有該省前後拏獲匪犯著一併解赴楚省交林則徐提同全案人證歸案審辦至未獲之連振旺連忻三予仍責令該委員協同地方文武員弁嚴密查拏毋任漏網欽此

上諭　著照林則徐所請以饒拱辰調補天門縣知縣

道光十七年十月十一日内閣奉
上諭林則徐等奏揀員調補要缺知縣一摺著照所
請湖北天門縣知縣員缺准其以饒拱辰調補該
部知道欽此

上諭　陳惟珪抱告案著交林則徐嚴審定擬具奏

道光十七年十月十四日奉
旨此案著交林則徐親提人證卷宗秉公研訊按律
定擬具奏抱告陳惟珪該部照例解往備質欽此

上諭　林則徐奏湖北漢川等州縣衛被淹田畝錢糧著准展緩

道光十七年十月十九日內閣奉
上諭林則徐等奏勘明被水各州縣分別展緩一摺
本年湖北省漢川等州縣衛被淹雖不成災惟係
頻年災歉之區若將新舊銀米照常徵收民力實
有未逮加恩著照所請所有被淹較重之漢川縣
白魚等二十六官民垸㽘沔陽州芳洲等一百九
垸鍾祥縣操家口等六十六村莊漬淹沙壓軍民
田地京縣山水田湖等二十四團潛江縣棠梨等
二十六垸并三台等十垸內未涸田地天門縣田
灣等五十三垸應城縣葉嘴等三團江陵縣王家
等一百一十五垸公安縣毛一等十三里石首縣
復興等十坊垸監利縣禾豐等七十垸松滋縣上

上諭　林則徐奏湖北漢川等州縣衛被淹田畝錢糧著准展緩
道光十七年十月十九日

八等五都枝江縣青夬等十一洲垸荆門州馬上
三等七圍圖並馬下一等十圖内下閘口等二十八
區各應徵本年民屯錢糧漕南二米隄河閘費等
項著一併緩至十八年秋後限一年帶徵又漢陽
縣湘三等六里屯並淤生地畝松滋縣中二等四
都除本年漕南二米照常徵收外著將本年新賦
錢糧緩至十八年秋後限一年帶徵以上各州縣
被淹各區未完道光十一年至十六年緩帶銀米
均著遞展至十九年秋後起按最先年分遞年帶
徵一年又被淹并積歉較輕之江夏縣永豐等一
百三十五里屯嘉魚縣廣賢等三里上屯等九屯
漢陽縣豐樂等六里漢川縣後湖等十六官民垸

畈黄陂縣瓜園嘴等二十八會孝感縣尚文等三十一會沔陽州百石彭等十六垸及漬淹未涸之恩隆等二百七十六垸蘄水縣新洋河等三十六處鍾祥縣劉家橋等九十九村莊京山縣高集等八圍潛江縣長湖范西二垸并三台等十垸内已涸田地應城縣赤岸等三團江陵縣麦家等五十五垸石首縣李平合志二垸監利縣六合等一百五十二垸荊門州馬下一圍已涸田地除本年新賦銀米均各照常徵收外著將江夏漢陽黄陂孝感應城石首等縣應帶十五年緩徵銀米漢川沔陽鍾祥京山潛江江陵監利荊門等州縣應帶十六年緩徵銀米嘉魚縣應帶十一年緩徵銀米蘄

上諭

林則徐奏湖北漢川等州縣衛被淹田畝錢糧著准展緩

道光十七年十月十九日

水縣應帶十一年緩徵錢糧一併緩至十八年秋後按一年帶徵又嘉魚縣宣化等二里黄岡縣辛家冲等一百八區監利縣毛老等一百二垸毛坡等十九垸荆門州平二等五十一圖應徵本年新賦銀米同監利縣毛坡等十九垸應帶十五年銀兩嘉魚縣應帶十一年漕米隄費監利縣毛老等一百二垸應帶十六年銀米均各照常徵收外著將黄岡縣帶徵十一年銀米荆門州帶徵十五年銀米本年各徵一半其餘一半同嘉魚縣未完十一年錢糧監利縣應帶十一年銀米一併緩至十八年秋後按最先年分遞年帶徵一年其武昌等九衛被淹軍田應徵新舊錢漕均著查照屯坐州

上諭　林則徐奏湖北漢川等州縣衛被淹田畝錢糧著准展緩
道光十七年十月十九日

縣一律辦理以紓民力至各州縣未淹軍民田地應
徵新舊銀米仍著照常徵解該管等即刊刻謄黃
徧行曉諭務使實惠及民無任吏胥舞弊用副朕
軫念歉區至意該部知道欽此

湖廣總督林則徐奏摺　**考語不實降四級留任謝恩**

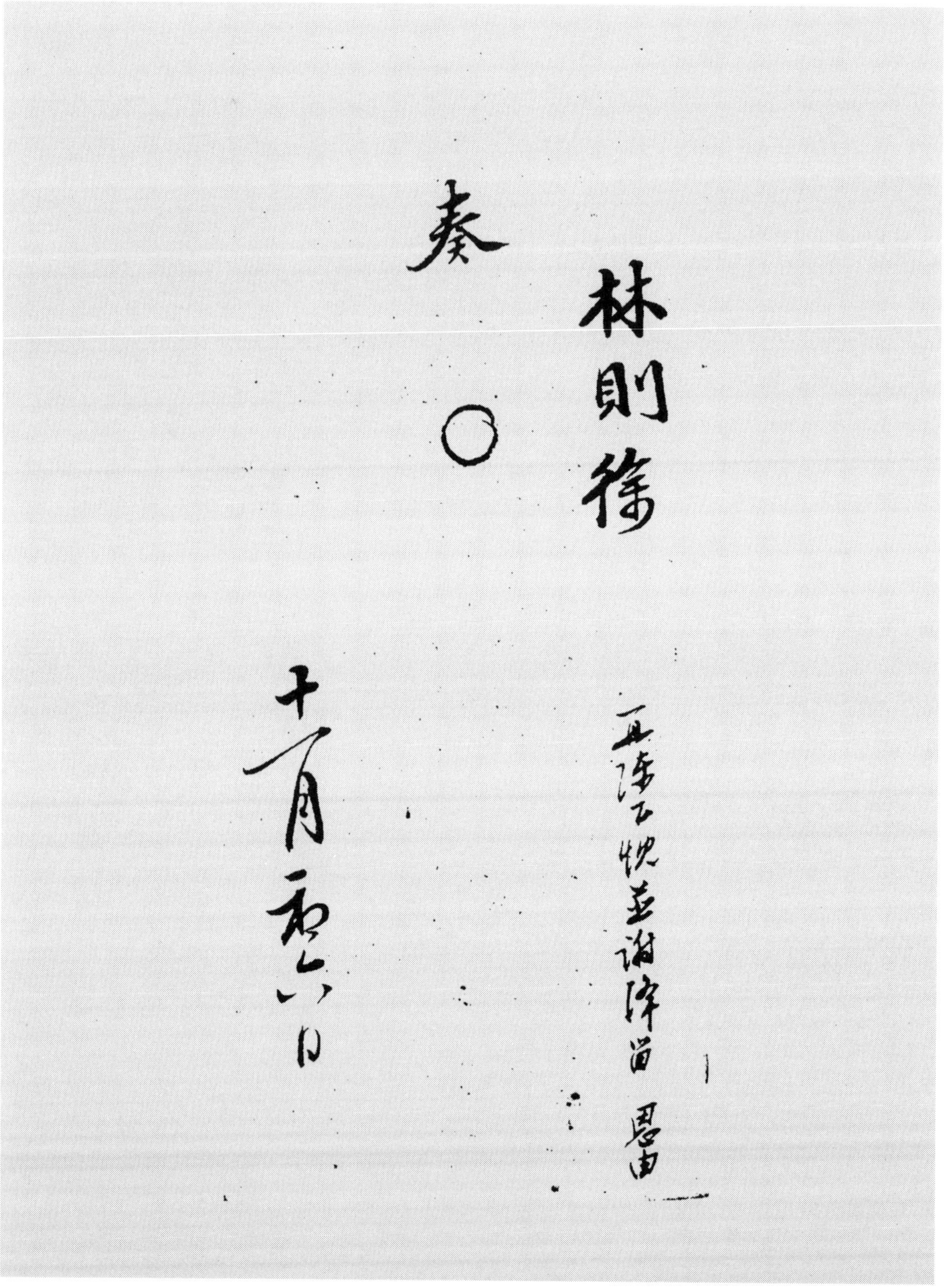
林則徐
再陳下忱並謝降留
恩由
奏
○
十月二十六日

湖廣總督臣林則徐跪
奏為再陳感激下忱叩謝
天恩仰祈
聖鑒事竊臣接閱邸抄道光十五年臣署兩江總督
任內于河庫道李湘茝註考不實欽奉
上諭該督平日非隱受欺蒙即意存瞻徇于舉賢去
不肖之義漠不關心林則徐著交部議處等因欽
此又奉
上諭據吏部照例議以降二級調用實屬咎所應得
朕不難即予降調並非簡用之人惟念究係年
終循例註考與特保者有間林則徐著加
恩改為降四級留任不准抵銷嗣後務當振刷

精神于舉賢去不肖之道細心講求俾收得人之
效倘年終註考仍不能詳慎核實致涉朦混掩
飾或意存瞻徇朕必從重懲處决不寬貸凜
之慎之等因欽此臣跪讀之下感悚惶莫能名
狀伏念臣渥荷
聖恩用為督撫察吏最關緊要稽核敢不認真所
恨識見昏庸致有被人朦蔽如河庫道本歸
河臣考核臣在江蘇巡撫任內例不出考迨去
年冬間暫署兩江總督查得該道亦在考核
之列因李湘茝办过倒塘灌運及科場監試
二事為臣所曾親見遂誤信其為細緻列入考
語而于最關緊要之庫款轉不知先行查核

湖廣總督林則徐奏摺　考語不實降四級留任謝恩
道光十七年十月二十日

硃

实屬糊塗已極無以仰对
聖明部议降调实屬咎所應得仰沐
恩施格外僅予降留並蒙
訓飭諄諄臣不勝戰慄慚惶之至惟有凛遵
諭旨將所屬各員倍加嚴察於密註考語務求字（行顧言毋忽）
字核实不敢稍有假借以期仰副
聖主旌别激揚之至意所有感悚下忱謹繕摺叩謝
天恩伏祈
皇上聖鑒謹
奏。
道光十七年十月初六日奉
硃批：嗣後諸事毋忘誠实二字，萬毋自弃，以

副朕得人難之苦衷懔之慎之欽此

十月二十日

湖廣總督林則徐奏摺

因藍正樽案降五級留任謝恩

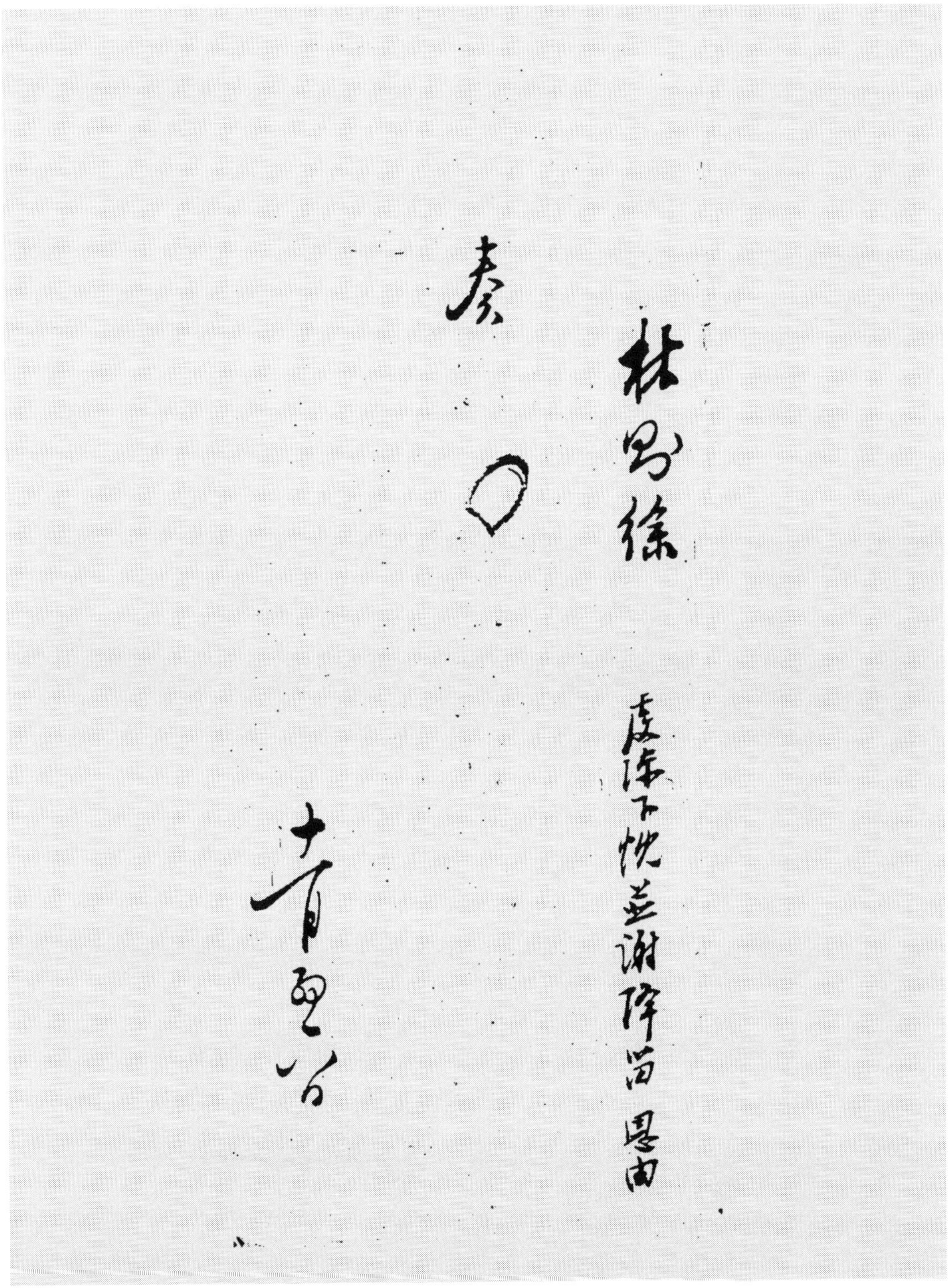

林則徐

奏。

虔陳下忱並謝降留恩由

十月廿日

一九

湖廣總督林則徐奏摺　因藍正樽案降五級留任謝恩
道光十七年十月二十日

湖廣總督臣林則徐跪
奏為恭讀
諭旨處分悚惕下忱叩謝
天恩伏祈
聖鑒事。竊臣會奏覆審覆奏首逆藍正樽一案，欽奉
上諭：查鄉勇追賊時搶取賊匪衣物俱已拋散，何以
藍逆衣帽等件皆得完全留為日後證據，且手
紮與火鐮等件俱係尋常用物，到案時
有破衣縫補並經筆見，何以逆屬遽認係其
縫補逆子逆女年才八歲十二歲，何以一見俱認為其
父之物，種種疑竇，顯然係兵役據為衣物查鄉

湖廣總督林則徐奏摺　因藍正樽案降五級留任謝恩
道光十七年十月二十日

勇示存留直言擧發雖惟二等供出聚黨情形
姑於起出呈驗各是小物已轉為冤洗事隔年
餘察以此為從逆聚黨實損尤為不近情理林則
徐平日辦事尚屬認真故將此案特示詳鞫乃
以事非本任與己無干遂隨同附和列銜了事其
毫無實心以辦事君之道暨委任之意實屬
日深不甚自與為此林則徐著交部議處嗣後務當振
刷精神勉副委任等因欽此臣跪誦之下伏地碰
頭汗流浹背不勝兢懼又奉
上諭林則徐著加恩改為降五級留任不准抵銷等
因欽此臣感激益懼悚惶慚惕伏思臣蒙聖恩
重大案
奇案既經詳鞫自應悉心求實不敢附和遷就以與調和

經額布業一面之詞本年八月四日業經明白告
諭初次相晤以詢爾經額布係原審原奏之人
難免胸存成見以若即與會審恐案內多犯證
不敢翻異務俟其到後以對衆宣言須先由汝自行提
訊汝於八月初二日遞一摺別訊問至手繳於其後始
與經額布一同審辦此在省官民所共見者自本
以來見速處不敢遠信此反覆究詰亦全案紕
謬之後始終一概矣方刑讞堅執不移徒文飾歷
宣等商屬一筆密防民間異論令得渠免
已覺其快人心以一時蒙昧之見霸得此案後
证訊親提帥著
奏蒙而旌其海摘去十級推恩開復重示寬嫉之

湖廣總督林則徐奏摺　因藍正樽案降五級留任謝恩
道光十七年十月二十日

硃
所見到此而為有待密出朕不肯含混了事者亦恐不
不免傳疑且苗猺雜處之區保無以死反復構案
是徼倖也
據稱感[illegible]為鎮制地方起見深恐[illegible]大倖而[illegible]人心
不敢視為与己無干而以推卸見長寔屬事外[illegible]
是与[illegible][illegible]錯[illegible]全[illegible]
奏請冒昧糊塗之咎[illegible]如
聖諭不自知其[illegible]而私之[illegible]
訓飭嚴明如燭方驚汗顏無地猥荷
恩施格外僅予降留且
諭以嗣後振刷精神勉副
委任[illegible]即[illegible][illegible]不足仰答
高深惟有痛自猛省隨事加倍謹慎斷不敢仰負
生成[illegible][illegible]習[illegible]然[illegible][illegible]懷慚[illegible][illegible]下忱謹

謹摺叩謝
天恩伏祈
皇上聖鑒臣不勝戰慄悚惶之至謹
奏
道光十七年十月二十六日奉
硃批知道了欽此
十月廿日

湖廣總督林則徐奏摺

請簡放衛昌營遊擊並以黃錦星調補漢陽水師守備

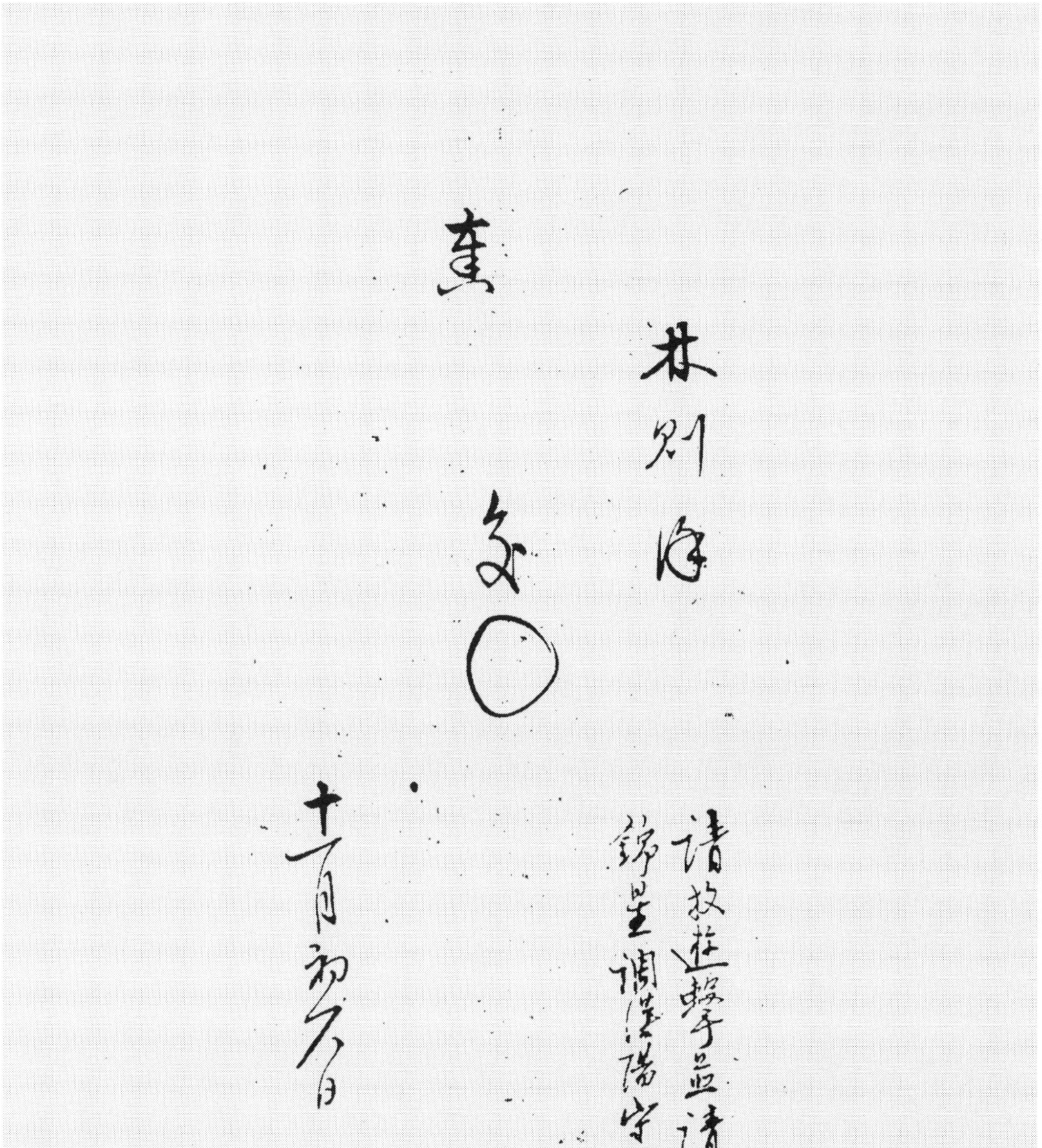
林則徐
奏
請放衛昌遊擊並請以黃錦星調漢陽守備由
十月初六日

湖廣總督林則徐奏摺　請簡放衛昌營遊擊並以黃錦星調補漢陽水師守備
道光十七年十月二十日

湖廣總督臣林則徐跪
奏為題缺遊擊陞補無人循例請
旨簡放並揀員調補水師守備以裨營伍恭摺奏祈
聖鑒事竊照接准部咨湖北衛昌營遊擊員缺輪用
應升應補人員行令揀員題補查湖北省現無
候補遊擊其現任各都司或歷俸未滿或服制
未闋均與請升之例不符一時實無合例堪陞之員
相應奏請
勅部照例開單請
旨簡放又湖北漢陽營水師守備一缺接准部咨並
無水師卓異及俸滿保送千總行文楚省揀題
等因臣查該守備駐劄漢口鎮係又為通衢之

方雜夾奸匪最易藏跡且現值整頓鹽務之際緝
私尤關緊要必須精明強幹之員方克勝任湖北
省欽設水師千總五缺僅有宜昌城營千總潘玉剛
係水師營千總周以內合例堪陞察其才具均於
缺不甚相宜惟查有宜昌鎮城營水師守備黃錦
星現年四十八歲江蘇江都縣人由行伍歷拔京口水
師右營千總屢次拿獲鹽梟多起計獲私鹽
三十餘萬斤送部引
見奉
旨黃錦星著以內河水師守備題補欽此茲陞今
戎諳員年壯技優緝捕勇往臣前署兩江總督
經差遣甚為得力以之調補漢陽守備必堪勝任惟

湖廣總督林則徐奏摺　請簡放衛昌營遊擊並以黃錦星調補漢陽水師守備　道光十七年十月二十日

以乃令題補之缺揀員請調楚省查照成案理合恭摺

奏懇

皇上天恩俯准將黃錦星調補漢陽水師營守備實

於營伍鹽務均有裨益如蒙

俞允該員係對品調補毋庸送部引

見合併陳明謹繕摺具

奏伏乞

皇上聖鑒訓示謹

奏

道光十七年十一月初六日奉

硃批兵部議奏欽此

十月二十日

湖廣總督林則徐等奏摺

荊江秋汛安瀾大隄穩固

林則徐等

荊江秋汛安瀾摺

奏

○

十一月初八日

湖廣總督林則徐等奏摺 荆江秋汛安瀾大隄穩固
道光十七年十月二十日

湖廣總督臣林則徐跪
湖北巡撫臣周之琦
奏爲荆江秋汛安瀾大隄穩固循例
奏報仰祈
聖鑒事竊照湖北荆州府屬萬城大隄爲全郡暨下游各
州縣田廬保障關係綦重本年入夏之時輪應臣周
之琦督防因值趕辦秋審及查辦各事宜不克分
身循照成案
奏委荆州道府代防迨六月間臣林則徐親赴襄河
一帶查看隄工簡閱營伍旋於襄陽行次接據
荆州府知等報秋汛荆江盛漲兩岸各隄要緊
搶險臣林則徐即由襄陽馳往督防業將籌辦情
形先以奏蒙

聖鑒在案伏查本年夏秋汛水較前數年情形較盛
七月內兩次驟漲節經設法搶護化險為平迨臣
林則徐折赴湘南仍諄囑該道府實力隄守不得
稍有鬆懈茲據荊宜施道果寶常荊州府知府
王蕙開單稟報八九兩月內江水雖間時長發均經
妥為防護幸保無虞秋分後令水漸歸槽大隄
一律穩固獲慶安瀾等情循例請
奏前來臣等仍飭該道府隨時加意巡防並將潰缺
低矮應行補築加幫之處詳細估籌修務使
料實工堅全隄鞏固足衛來年汛漲以仰副
聖主慎重江防保衛民生至意所有荊江秋汛安瀾萬
城大隄穩固緣由謹合詞恭摺具

湖廣總督林則徐等奏摺 荊江秋汛安瀾大隄穩固
道光十七年十月二十日

奏伏乞
皇上聖鑒再臣林則徐已於十月十五日回署合併陳明謹
奏
道光十七年十一月初六日奉
硃批知道了欽此
十月二十日

湖廣總督林則徐等奏片 署天門縣事試用知縣劉鴻庚防護未周致民隄漫潰請摘頂勒限趕築完工

奏〇林則徐等片

再襄河水道本不如大江之寬而曲折紆迴淤墊尤甚漢水從陝西省南山而下無路分消上游暴發則下游異漲每致猝不及防本年七月以前臣林則徐親駐督辦情形先經恭摺奏聞在案嗣據襄陽安陸漢陽各府屬先後稟報八月十一至十五日驟漲水一丈五六尺至二丈餘尺不等鍾祥京山等縣隄工均經極力搶救幸保無虞即潛江之三台木頭兩垸支隄雖有漫水淹浸無多亦即趕緊修復惟天門縣下中洲三區有業民自修之工于八月十五夜水漫過隄致成潰口淹及該縣下游各垸並連界

湖廣總督林則徐等奏片　署天門縣事試用知縣劉鴻庚防護未周致民隄漫潰請摘頂勒限趕築完工
道光十七年十月二十日

之沔陽州田地當經委勘安撫嚴飭趕修擬
估需銀七千四百餘兩因民力拮据費難遽集臣
等以該隄向係民修之工斷不能許其借項修
築惟據該署縣劉鴻庚倡捐銀四千兩其餘該
業民自行按畝鳩集一面督率興工由該府縣
具稟前來臣等查劉鴻庚係本年七月間甫
經委署之員到任未久該處漫潰民隄實由水
勢過大所致然防護未周之咎究有難辭未便
因其捐銀興修即為寬貸相應請
旨將署天門縣事試用知縣劉鴻庚摘去頂帶責令
督率圩業人等上緊集夫趕築限于冬月
內完竣報請驗收如果趕完如式再當奏懇

湖廣總督林則徐等奏片 署天門縣事試用知縣劉鴻庚防護未周致民隄漫潰請摘頂勒限趕築完工

道光十七年十月二十日

恩施倘因循逾限或有草率偷减等弊即從嚴參
辦示儆所有趕修襄河潰口緣由理合附片具
奏伏乞
聖鑒謹
奏
道光十七年十月廿日奉
硃批
欽此

一九

湖廣總督林則徐題本　題報湖北各標鎮協營道光十六年份兵丁馬匹船隻數

道光十七年十月二十七日

湖廣總督林則徐題本　**題報湖北各標鎮協營道光十六年份兵丁馬匹船隻數**

湖廣總督林則徐題本　題報湖北各標鎮協營道光十六年份兵丁馬匹船隻數　道光十七年十月二十七日

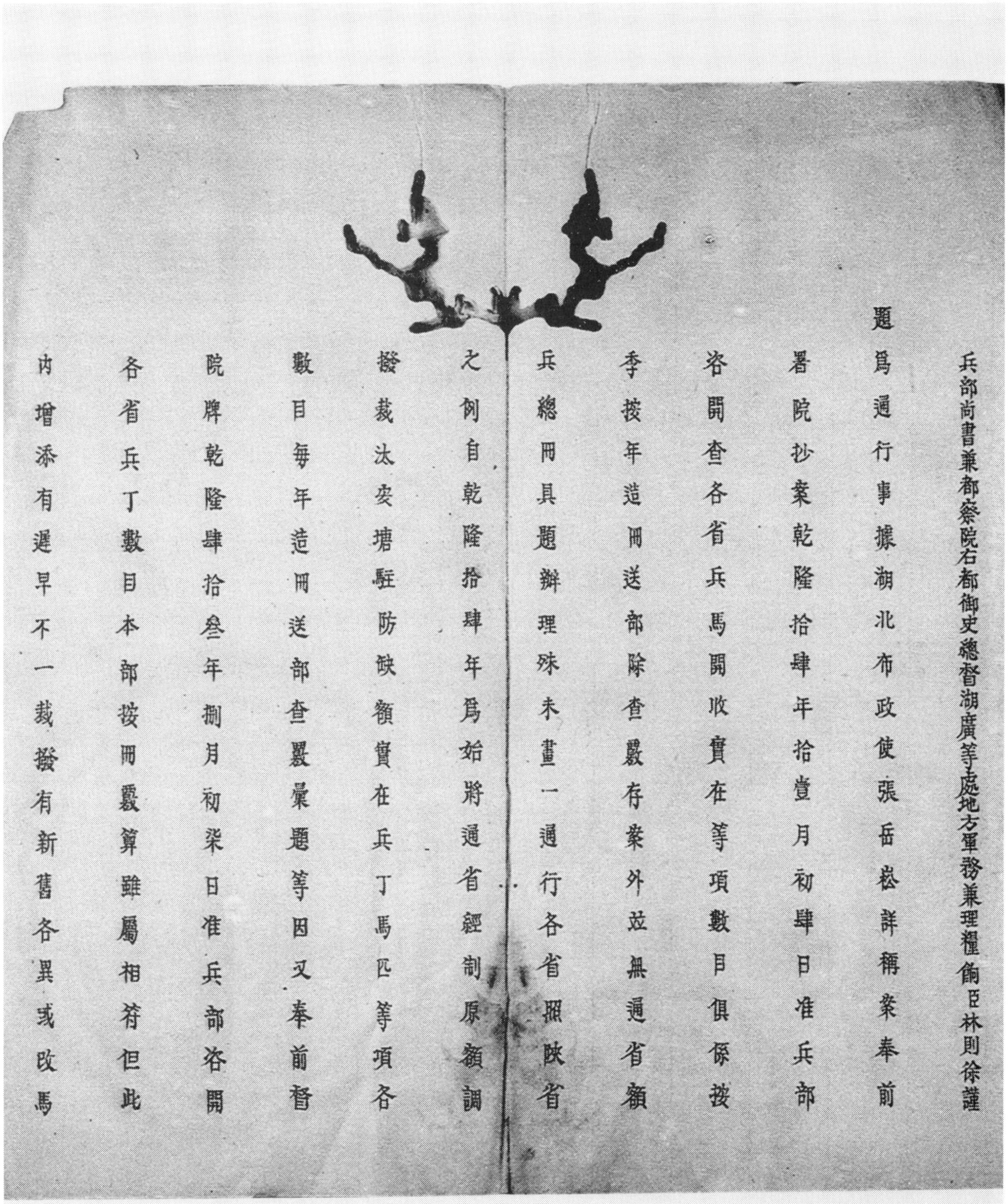
兵部尚書兼都察院右都御史總督湖廣等處地方軍務兼理糧餉臣林則徐謹
題爲通行事據湖北布政使張岳崧詳稱案奉前
署院抄案乾隆拾肆年拾壹月初肆日准兵部
咨開查各省兵馬開收實在等項數目俱係按
季按年造冊送部除查覈存案外竝無通省額
兵總冊具題辦理殊未畫一通行各省照陜省
之例自乾隆拾肆年爲始將通省經制原額調
撥裁汰委塘駐防缺額實在兵丁馬匹等項各
數目每年造冊送部查覈彙題等因又奉前督
院牌乾隆肆拾叁年捌月初柒日准兵部咨開
各省兵丁數目本部按冊覈算雖屬相符但此
內增添有遲早不一裁撥有新舊各異或改馬

湖廣總督林則徐題本 題報湖北各標鎮協營道光十六年份兵丁馬匹船隻數

道光十七年十月二十七日

爲步營制紛更年分原自不同必須將本額實
數現在增添裁汰數目查明挨順年月造具簡
明冊檔方能清楚至各省冊式亦參差不一今
酌定簡明冊式通行遵照造冊報部以便稽查
至冊内每有開截缺額一項是否暫時未及挑
補之處一併聲明報部嗣後年終造報兵馬冊
籍亦俱照此式開造各等因咨院行司奉此俱
經移行湖北各標鎮協營遵照在案今准撫督
標撫標提標鄖陽宜昌貳鎮黄州竹山施南叅
協武昌城守興國德安荆州城守均光襄陽城
守荆門遠安鄖陽城守衛昌漢陽蘄州安陸宜
都道士洑荆州水師等貳拾肆標鎮協營各將

湖廣總督林則徐題本　題報湖北各標鎮協營道光十六年份兵丁馬匹船隻數　道光十七年十月二十七日

道光拾陸年分舊設并經制原額調撥裁汰安
塘駐防缺額實在兵丁貳萬陸百肆拾伍名營
馬貳千貳百捌拾伍匹船玖拾柒隻各數目遵
照部頒冊式分晰造冊前來相應彙造總冊詳
齎查覈具
題等情呈詳到臣該臣看得案准部咨將通省經
制原額調撥裁汰安塘駐防缺額實在兵丁馬
匹等項各數目每年造冊送部查覈彙題又酌
定簡明冊式頒發照造各等因轉行遵照在案
今據湖北布政使張岳崧詳稱移准湖北各標
鎮協營將道光拾陸年分舊設并經制原額調
撥裁汰安塘駐防缺額實在兵丁貳萬陸百肆

拾伍名營馬貳千貳百捌拾伍匹船玖拾柒隻

各數目遵照部頒冊式造冊由司彙造總冊詳

請具

題前來臣覆覈無異除冊送部外謹會同湖北巡

撫臣周之琦湖北提督臣羅思舉合詞恭疏具

題伏乞

皇上聖鑒勅部查覈施行臣謹具

題請

旨

湖廣總督林則徐題本　題報湖北各標鎮協營道光十六年份兵丁馬匹船隻數

道光十七年十月二十七日

道光拾柒年拾月　貳拾柒日　兵部尚書兼都察院右副都御史總督湖廣等處地方軍務兼理糧餉臣林則徐

兵部尚書兼都察院右副都御史總督湖廣等處地方軍務兼理糧餉臣林則徐謹

題爲通行事該臣看得案准部咨將通省經制原額調撥裁汰安塘駐防缺額實在兵丁馬匹等項各數目每年造冊送部查覈彙題又酌定簡明冊式頒發照造各等因轉行遵照在案今據湖北布政使張岳崧詳稱移准湖北各標鎮協營將道光拾陸年分舊設并經制原額調撥裁汰安塘駐防缺額實在兵丁貳萬陸百肆拾伍名營馬貳千貳百捌拾伍匹船玖拾柒隻各數目遵照部頒冊式造冊由司彙造總冊詳請具

題前來臣覆覈無異除冊送部外謹會

題請

旨

湖廣總督林則徐等奏摺　請以李兆元陞署沔陽州知州

奏

湖廣總督林則徐等奏摺 請以李兆元陞署沔陽州知州
道光十七年十月二十九日

湖廣總督臣林則徐
湖北巡撫臣周之琦 跪
奏為遴員陞署要缺知州以資治理恭摺奏祈
聖鑒事竊照湖北漢陽府屬之沔陽州知州史禮賢
在任病故前經臣等繕疏會
題開缺聲明所遺沔陽州係繁疲難兼三要缺容
另揀員請補在案查該州地方遼闊民玩事繁
素稱難治且濱臨江漢隄工林立非精明強幹
熟悉水利之員不克勝任臣等督同藩臬兩司
在於通省簡缺知州內逐加遴選非現居要缺
即人地不宜實無合例堪調之員此外亦無應
補應陞人員惟查有武昌府屬之咸寧縣知縣
李兆元現年四十一歲山西盂縣舉人道光六

年丙戌科大挑一等引
見奉
旨以知縣用欽此籤掣湖北八年十二月到省十二
年十月聞訃丁憂回籍守制服滿起復十五年
四月到省
題署咸寧縣知縣閏六月十八日到任署理十一
月二十二日奉文任事該員年強才裕幹練有
為以之陞署沔陽州知州實堪勝任惟該員
題署咸寧縣知縣到任未滿年限請陞調缺知州
與例稍有未符但沔陽地方連年被水已成積
疲之區修防撫字均關緊要治理殊非易易當
該前州史禮贊出缺時臣等即與兩司悉心揀

擇一時實難其選因知李兆元在咸寧縣任內
辦事實心當先調署斯缺數月以來辦理一切
均能勇往妥協防護隄塍亦慶安瀾人地實在
相需例得專摺奏請合無仰懇
聖恩敕部核覆准以咸寧縣知縣李兆元陞署沔陽
州知州實於要缺有裨如蒙
俞允再行給咨送部引
見恭候
欽定仍俟試署期滿另請實授其該員任內並無展
參遲延處分所有因公處分遵例毋庸核計至
罰俸銀兩飭令完繳咨部銷案所遺咸寧縣知
縣係專衙簡缺湖北省現有應補人員容另遴

湖廣總督林則徐等奏摺　請以李兆元陞署沔陽州知州
道光十七年十月二十九日

員請補理合恭摺具

奏伏乞

皇上聖鑒訓示謹

奏

吏部議奏

道光十七年十月　二十九　日

上諭　林則徐奏署天門縣知縣劉鴻庚設防未周著摘去頂帶勒限完工

道光十七年十一月初六日内閣奉

上諭林則徐等奏請將防護未周之知縣摘去頂帶等語湖北天門縣下中洲三邑區有業民自修之工本年八月水湧潰口淹及下游各垸並連界之沔陽州田地雖經該縣倡捐修築而防護未周之咎究有難辭署天門縣事試用知縣劉鴻庚著摘去頂帶責令督率圩業人等上緊集夫趕築限於冬月内完竣驗收倘再因循逾限或有草率偷減等弊即著從嚴叅辦該部知道欽此

湖廣總督林則徐等奏摺　**前房縣知縣劉建勳拏獲交保候質逸犯請循例開復**

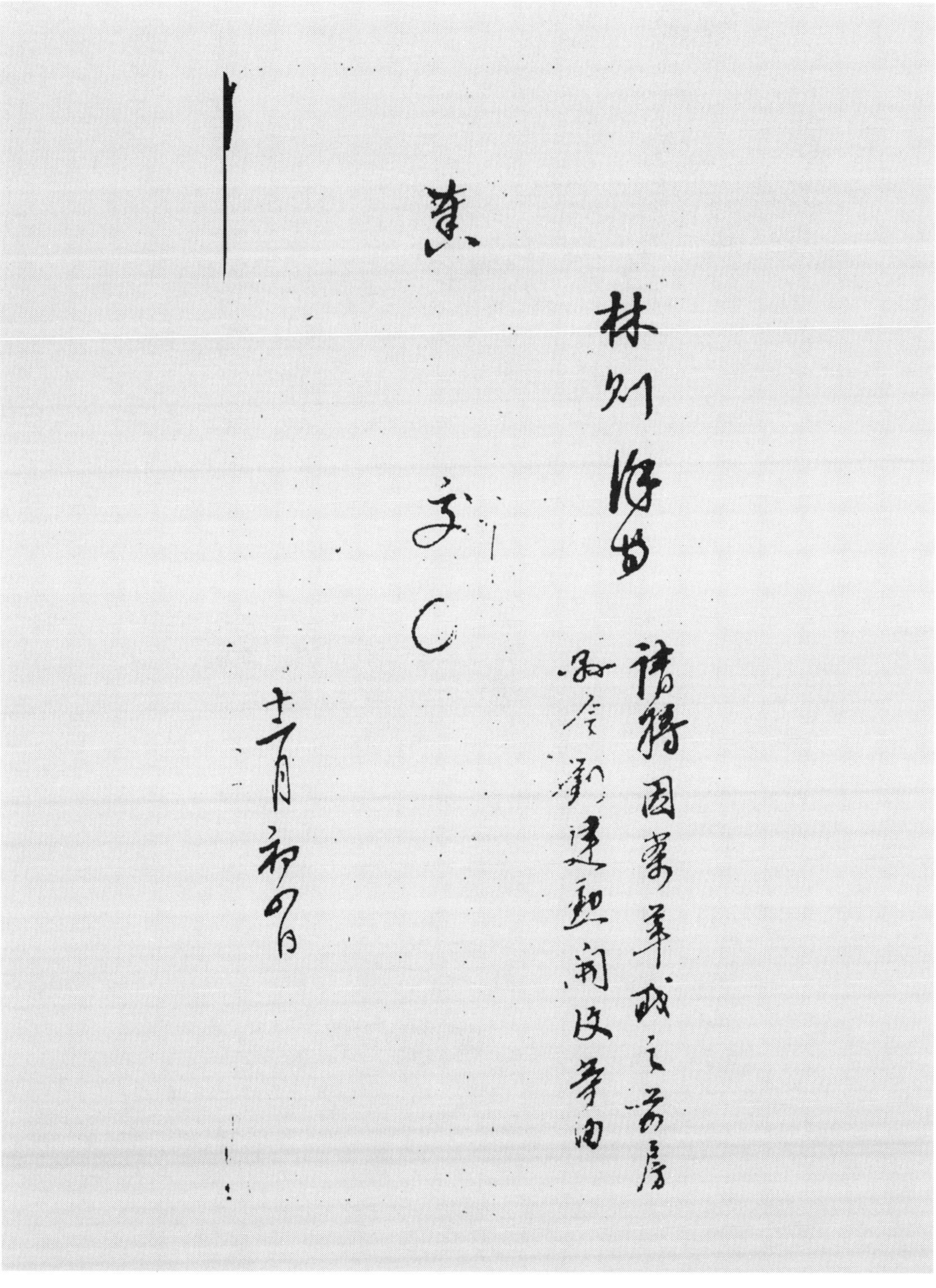
林則徐
請將因案革職之前房縣令劉建勳開復等由
奏

湖廣總督臣林則徐
湖北巡撫臣周之琦 跪
奏爲知縣因案被議革職查有例應免議據懇
天恩照例開復並將未經照擬開揭之知縣交部議處以昭
平允恭摺奏祈
聖鑒事竊照革職知縣劉建勲因在房縣任內拏獲鄰境盜
犯案部調原引
見旋在途給咨赴部旋向接准部咨該員在房縣任內因失察
隱奪搶王氏案內占爲妻罪應徒解交唐志強取保脫逃
照例革職具奏奉
旨依議欽此當經轉飭欽遵去後旋據湖北臬司張岳崧暨署
司程銓會詳稱查核此案原奏劉建勲在房縣任內
據民人杜勝官赴縣具控伊妻王氏被監生唐志強

檢韓姦占為妻，當經飭差喚獲，房縣知縣封案審
訊，堅供係憑媒買娶，不認強搶，據梅占於縣官原控
情節迥殊，必須傳集媒証質審，方可定讞。因房縣
押係房差，又值典史病出，衙交保，旋房縣知縣嚴
行脫逃。該縣隨即詳革差役，嚴拏旋經自行拏獲，解府
審問，審擬按例詳經前撫臣尹濟源
題，准部咨以在逃犯已獲，名還議，惟將劉建勳革
已調任大冶縣，係房縣知縣朱岱接審扎以來
劉建勳自行拏獲，係由該縣聲敘，碍革部議革職
查房縣知縣保脫逃，係未經定案之前，該縣劉
建勳旋即自行拏獲審擬，律載並未疎縱，所有
失察職名，例得免議。詳請具

奏照例開復前來臣等查例載官員失察事項處分
實係自行拏獲犯完竊無論本例內載不准議抵文與
否一概准其免議等語此案房縣逸犯擄占杜王氏為妻
該犯初評之時因犯供狡展人證不齊未便遽行收禁
暫時取保旋後嗣該犯在保脫逃即經劉建勳據
實詳革自行拏獲審辦照例應准免議該員在房
縣任內居官聲素好合無仰懇
天恩敕部核明將前任房縣調任天門縣知縣劉
建勳原議革職處分照例開復原官留省遇缺以補
用仍將案送部引
見其開摺前任職名未經開載聲敘之現任房縣知縣朱
並係另案參處請交部照例議處謹合詞恭摺具

奏伏乞
皇上聖鑒勅部核議施行謹
奏
道光十七年十一月初四日具
硃批吏部議奏欽此
十一月十三日

新選麻城縣知縣邱上東請暫行留省察看

片　林則徐等

再，新選湖北麻城縣知縣邱上東，現已領憑赴
楚。臣等接見之下，察其人地尚屬相宜，惟係捐
納初任之員，誠恐吏治未諳。練習麻城界連
豫省，詞訟繁多，頗難聽斷，均關緊要，未便
遽令赴任，致滋貽誤。查該員年力正壯，尚非不
堪造就，應暫行留省察看。如果認真學習，委
以公事無誤，再行飭令赴任，以昭慎重地
方起見。理合附片具奏
聞。謹
奏。
道光十七年十一月初六日奉

湖廣總督林則徐等奏片　新選麻城縣知縣邱上東請暫行留省察看
道光十七年十一月十三日

湖廣總督林則徐等奏片 新選麻城縣知縣邱上東請暫行留省察看

道光十七年十一月十三日

硃批依議欽此

湖廣總督林則徐等奏片　委令范炳監接署鍾祥縣印務

林則徐等片

再署鍾祥縣事試用知縣謝慶遠業經核准部

覆，准其題署枝江縣知縣，應即飭令前赴新任

所遺鍾祥縣篆務，查有調入文闈當差回任

之長陽縣知縣范炳，年壯才裕，堪以委

令接署，據藩臬兩司具詳前來，除檄飭遵

照外，謹合詞附片奏

聞，謹

奏。

道光十七年十二月初四日奉

硃批：覽。欽此。

湖廣總督林則徐等奏摺　**護送越南貢使回國過楚日期**

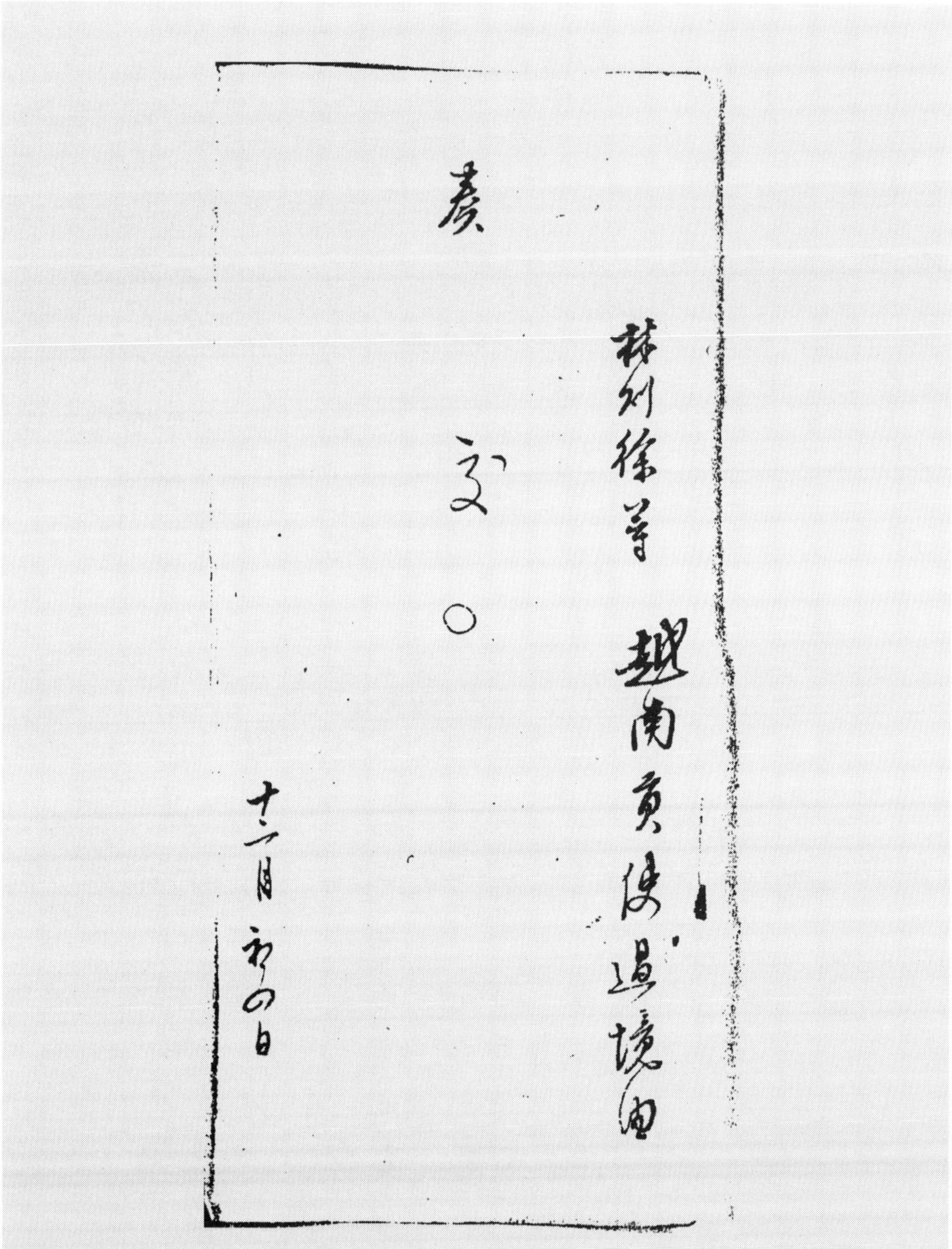
林則徐等　越南貢使過境由
奏文　○
十一月初四日

湖廣總督臣林則徐
湖北巡撫臣周之琦　跪

奏為越南貢使自京回國委員護送過境日期恭

摺奏

聞事竊照越南國貢使自京回國經由楚省先准河

南撫臣桂良咨會當經臣等飭委楚[illegible]武昌道

于克襄漢黃德道夏祥培武昌府知府崇

善漢陽府知府楊炳堃德安府知府方長慶武昌

城守營參將金万全署漢陽營遊擊何新國署

德安營參將田萬春各按交界處所迎探接護

並轉飭經過所屬各州縣妥為應付一面專委候

補同知厲大奎前往入境地方長途照料出境

並移湖南撫臣一體委員接護去後茲據會報

一九

湖廣總督林則徐等奏摺　護送越南貢使回國過楚日期
道光十七年十一月十三日

該國貢使於道光十七年十月十一日由河南信陽州
陸路入湖北應山縣境行抵沔陽縣由水路於十
月二十七日經嘉魚縣護送至湖南巴陵縣交替
出境由湖南委員接護前進等情臣等查該
貢使自此次出京經
欽派令伴送之廣東提督郭繼昌沿途小心照料極
為安静一路行走并無遲誤所有委員護送過
境日期理合恭摺具
奏伏乞
皇上聖鑒謹
奏
道光十七年十一月十三日奏

一九

湖廣總督林則徐等奏摺　護送越南貢使回國過楚日期

道光十七年十一月十三日

硃批知道了欽此

湖廣總督林則徐等奏片　**接護暹羅國貢使過楚日期**

林則徐等片

再，暹羅國使由廣東赴京恭進例
貢，經過湖北，臣等前准兩廣督臣鄧廷楨咨會，當經飭
委署漢黃德道夏祥培、署蘄州營都司陸景聲
迎接護，並飭經過之黃梅縣先預備應付在案。近據
文報：該國貢使品物於道光十七年十月初三日由
江西德化縣入湖北黃梅縣境，初五日護送至
安徽太湖縣交替，出湖北境，沿途供給俱係
照例應付，並無遲誤。該貢使等行走極為安
靜。除先已咨明安徽撫臣飭屬預備接護
外，理合附片奏
聞，謹
奏。

一九

湖廣總督林則徐等奏片 接護暹羅國貢使過楚日期

道光十七年十一月十三日

道光十七年十二月初四日奉

硃批知道了欽此

湖廣總督林則徐題本 **請以張元直署理衡州協副將印務**

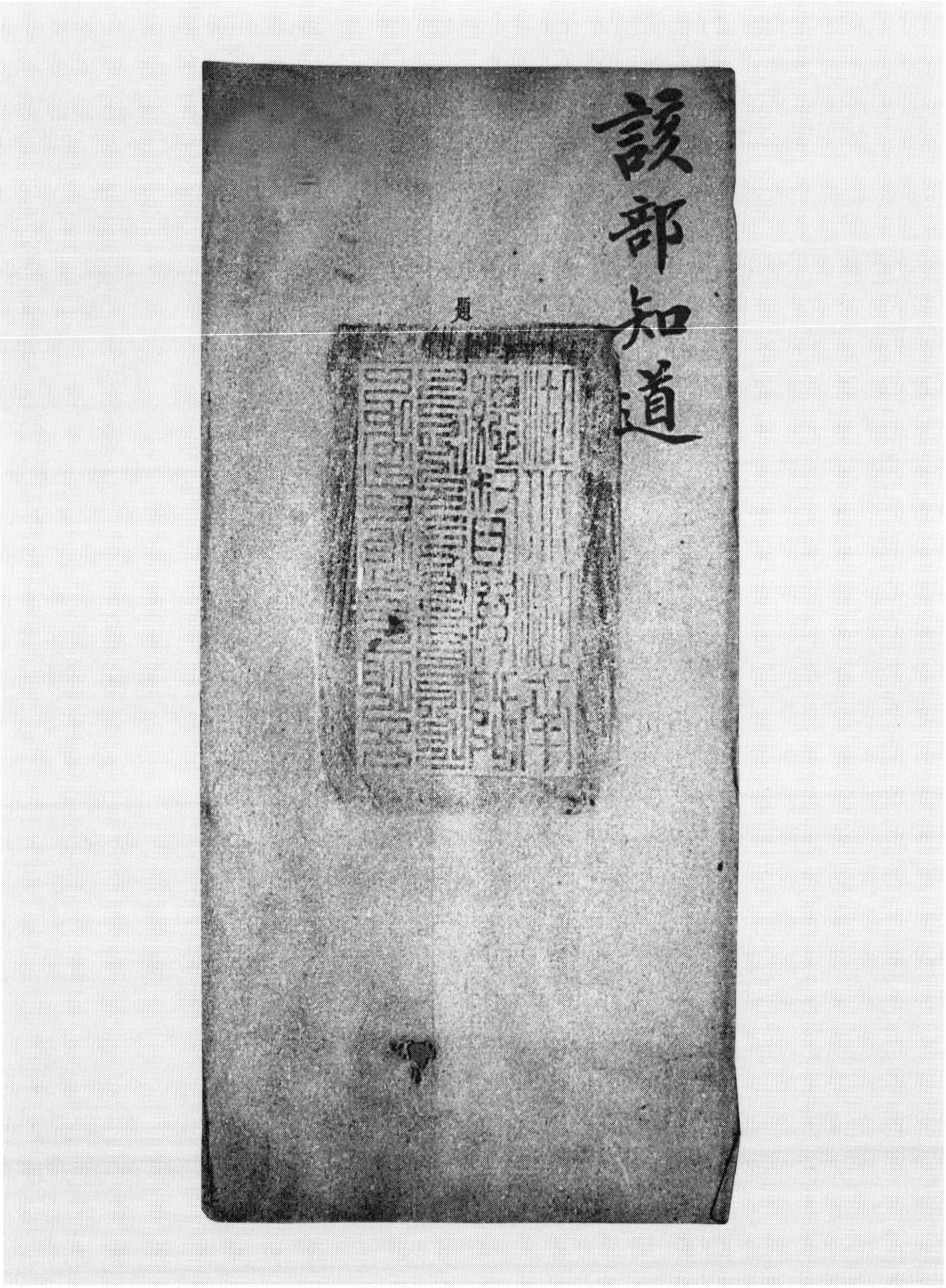

湖廣總督林則徐題本　請以張元直署理衡州協副將印務
道光十七年十一月二十三日

兵部尚書兼都察院右都御史總督湖廣等處地方軍務兼理糧餉臣林則徐謹
題爲委署副將印務事該臣看得案准部咨嗣後
副將遇有陞遷事故懸缺需員署理者應於原
例內酌爲變通定以期限如委署在叁年以內
者該督撫恭疏具題等因遵照在案兹臣接准
兵部咨道光拾柒年拾月初叁日奉
上諭福建漳州鎮總兵員缺著文興補授欽此等因
移咨到臣臣查文興係現任湖南衡州協副將
當卽恭錄
諭旨行知該鎮欽遵其所遺衡州協副將印務應卽
委員接署以便該鎮交代起程查有湖南撫標
中軍叅將張元直年力強健曉暢營務堪以署

一九

湖廣總督林則徐題本 請以張元直署理衡州協副將印務

道光十七年十一月二十三日

理除檄飭遵照外所有委署副將印務計期在

壹年以內理合遵例恭疏具

題伏乞

皇上聖鑒敕部查照施行臣謹具

題

聞

道光拾柒年拾壹月貳拾叁日 兵部尚書兼都察院右都御史總督湖廣等處地方軍務兼理糧餉臣林則徐

一九　湖廣總督林則徐題本　請以張元直署理衡州協副將印務

道光十七年十一月二十三日

兵部尚書兼都察院右都御史總督湖廣等處地方軍務兼理糧餉臣林則徐謹
題為委署副將印務事該臣看得案准部咨嗣後
副將遇有陞遷事故懸缺需員署理如委署在
壹年以內者該督撫恭疏具題等因遵照在案
茲臣接准兵部咨道光拾柒年拾月初叁日奉
上諭福建漳州鎮總兵員缺著文興補授欽此等因
移咨到臣臣查文興係現任湖南衡州協副將
當即恭錄
諭旨行知該鎮欽遵其所遺衡州協副將印務應即
委員接署以便該鎮交代起程查有湖南撫標
中軍參將張元直年力強健曉暢營務堪以署
理除檄飭遵照外所有委署副將印務計期在
壹年以內理合遵例恭疏具
題臣謹具
題
聞

湖廣總督林則徐奏摺 察看甄別湖南知縣分別勒休降補撤任

林則徐 甄別知縣并請將王

丙心等[illegible]旨等

由

○

奏

十二月十二日

硃批

湖廣總督臣林則徐跪
奏，為察看才不稱職之知縣，請
旨分別勒休降補撤任，以肅吏治，仰祈
聖鑒事。竊臣統轄湖北、湖南兩省，於所屬各員，均須
隨時認真考察。北省相距較近，業經先行甄別，
於本年六月間會同湖北撫臣周之琦將同知、知縣
五員奏奉
諭旨分別革職、降改、勒休在案。至湖南州縣距省較遠，
多未接見，惟於秋間巡閱營伍之際，隨處留心訪
詢其政事，察其才具，有人地不宜之處，亦不敢
遷就。茲察有巴陵縣知縣李正晉，身有殘疾，
近來步履維艱，應請勒令休致；安化縣知縣王為

但性氣粗率，過于偏執，已見於該處者，若仍為錫
擬業滬達不能了結，意謂案難勝民社之任，擬
硃
年力正強，應請降補為縣丞，歸部銓選。又武
陵縣知縣王兩心，資性平常，斷案未能明允，該員
委解木植在途，而又經過武陵，廖詩與論稱其
該員回任，其不協民情已可概見，惟該員未親見
其人，查辦運木植例准引
見者，請俟其差竣到京，由部帶領引
見，飭
分交守備該員在途向陳奏，勒飭該員速即回程另
硃
行展重奏，如又印用知縣陳樹琪，雖未補缺，而性
喜鋪張，致多負債，雖兜點已有，亦請勒令休

硃

致玉新調沅陵縣知縣鄭兼璜前在棗植縣任

內官聲素好，以通沅陵該員正赴新任查看

居人亦惘惘無華，惟沅陵係府城首邑，且值孔

道，通近苗疆，衝繁難三項相兼，最稱難治。該

員年已六十，雖精力尚健，於刑錢案牘或亦可

勉為，沅陵事務叢雜，究恐照料難周，臣不敢以合

硃

題在先，請將該員又溆浦縣知縣圖麟，人尚謹飭，惟

由筆帖式初選外任，溆浦亦近苗疆，民俗悍慓，

書差刁玩，恐難辦理未克諳練，應請將該二員俱

仍撤回候新任接印，另行揀調任，俾加察看，再

行酌辦。以上甄別人員，臣在南省巡閱之際，查與湖

南撫臣札商，今秉公隨核，悉經親周，東難任，恭謹

會同護理湖南巡撫布政使臣裕泰恭摺具

奏伏乞

皇上聖鑒訓示謹

奏

道光十七年十一月十一日

硃批　欽此

十一月二十七日

湖廣總督林則徐等奏片　安化益陽兩縣拆毀資江梁垈罾埧等項以利商旅

○安

林則徐等片

再湖南資江紆道而下旅直行至津灘多列
溜口向有漁戶網河排釘樁木設立梁垈罾
埧排船甘坝截流取魚以致河道灣曲直逆撓舟筏
趨避不及每有觸沉淹為往來行旅之害前于
道光五年內經御史黃注瀛奏奉
諭旨嚴飭禁革並經前督臣以令律拆毀在案近來訪
聞奸民復有漁戶串通衙門書差以漁課為名私設
如故當經臣札飭藩臬二司轉飭安化益陽兩縣
嚴令認真拆毀臣于巡閱營伍之便順道復飭稽
查並行令籌議禁革章程去後茲據署湖
布政使楊慶琛署按察使鹽法道李祚重詳

授長河之各處河夾與委員會縣確切查勘所
有梁罾等項業經一律拆毀現在私設情弊
其漁課一項從前經縣紳士呈捐制錢一千串交商
生息代完課項並為巡查經費之用當經以錢
易銀發交益陽縣典商按年一分生息計益陽
縣雖河漁戶每年額徵銀一十五兩又每年三分忽
縣每年額徵銀八兩五錢零五厘連閏共加徵銀每年一
分九厘八毛均請免徵以息銀代解俾免漁戶之藉口
該二縣雖河得長巡察恐易收復添設差役常川
梭巡方臻周密每縣添設巡役四名每名月給口糧
銀五錢於千息銀內動支其有不敷並每月由縣折
委縣丞典史分往巡查之次應給船價工錢及巡役

湖廣總督林則徐等奏片　安化益陽兩縣拆毀資江梁岔罾壩等項以利商旅　道光十七年十一月二十七日

道府口糧等項均由益陽安化二縣自行捐貼安結
由藩臬兩司核明會詳請
奏前來臣查湖南安化益陽二縣濱臨資江附近
漁戶每藉完納漁課為名私設梁岔罾壩等項阻
流而漁阻礙船道久爲行旅之患今經紳士捐貲生
息代完漁課並由各該縣責成巡役稽查該漁戶
等自不能再置藉口倘仍違禁故犯即照強佔官
民山場律分別懲處足以安行旅而杜刁頑除將
代完漁戶銀數清單冊咨部外所有安化縣紳士
代完漁課並籌議禁革章程緣由謹會同護理
湖南巡撫布政使臣龔綬附片陳
聞伏乞

聖鑒謹

奏

道光十七年十二月十二日奉

硃批戶部知道欽此

湖廣總督林則徐奏摺

湖南學政蔡錦泉尚有控案未結任滿交卸應否即行進京請訓示

林則徐

學政控案未結應否進京由

奏

十二月十三日

一九

湖廣總督林則徐奏摺　湖南學政蔡錦泉尚有控案未結任滿交卸應否即行進京請訓示

道光十七年十一月二十七日

湖廣總督臣林則徐跪

奏為學政任滿交卸尚有控案未結應否即行進

京候

命恭摺奏請

訓示事竊照湖南已革永順縣知縣馬咸勳因呈求

詮選知府託求學政收錄文童被參審實問擬

發往新疆効力贖罪咸勳之子雲慶以遣抱告

馮寶以祖學抑罪勒供妄勘等情赴都察院

翻控奏奉

諭旨此案著交林則徐親提人證卷宗秉公究審

按律定擬具奏抱告馮寶即著照例解往備質欽

此臣遵赴湖南巡閱營伍接准都察院咨行至長

邀省城另提親訊一次。維時人卷未齊，自先赴
鎮筸等處閱兵，歸途又在安化就近傳齊提集
研訊。因將茂勳供詞核執，一時難以定讞，且須
回署辦理年終政務，又另將人卷解至武昌，並委
湖北按察使程鎔、候補道劉繁伸等錄供
解勘。馬茂勳于干求一節仍堅不承認。卷查調任湖
南按使裕泰原審將茂勳因與本縣文童陳慶
雲認為師生，以求該員永順府知府王鳴球轉
求學政取錄，並開名條交府轉遞，不特眾供
確鑿，即馬茂勳原遞親供數百字，皆已歷歷供
認。如給供尾自畫花押，並于多紙接縫之處亦皆
親筆畫押，防人抽換，用心不為不細，乃京控詞

內忽稱勒供改翻異與原匯記供大相逕庭當
提王鳴球與之質對據王鳴球供稱若非馮茂
勤是出名參証其轉邀伊何從知有馮慶雲
之處復提張慶雲質對據馮慶雲將拜認師生
一節親寫供詞極為詳實非馮茂勤慫恿以家務
與府並無証見為詞一味狡賴又先于辰沅一帶
巡閱之時因距永順不遠曾經密訪此案尚有
知情之幕友杜宗本于破案後隱行躲避近始
查出杜宗本住址密行分提一俟解到質對自
可水落石出此馮茂勤于干求一節翻異為供
須候提到要証始能折服其心之情形也又馮
茂勤列款指控學政蔡錦泉共有七款固係

湖廣總督林則徐奏摺　湖南學政蔡錦泉尚有控案未結任滿交卸應否即行進京請訓示

道光十七年十一月二十七日

被參反噬而又等

旨令署藩司逐一究明，虛者虛，實者實，斷不敢先

存成見。惟有備細詢問蔡錦泉，逐一登覆，

並摘款分別翻查。茲據後任永順府知府楊鎮源、

永順協副將尚安瑞先後具稟察獲前來。如所控學

政在明倫堂點示取進新生，索繳每名六千四百文

一款。查經前王鳴球被參之後，學生詹肖孚(?)

揭訊。拔(?)永順府教授李象溥、桑植縣訓導譚国

懋等供明，新進生員因歲試之日，差役求討喜分，

由門斗收取，送交學政衙門承差，以三千文幫

給書差飯食，共二千四百文，散給外差各役，與

署內家丁等(?)隨若(?)僕等，也或共給過二千文，或全

又飭付此係相沿已久至未聞學政有查明
諭已將學政蔡錦泉先行交部議處在案
現又提訊承差門斗人等所供但出一轍質之生員
楊名遠等均未聽聞而馮茂勳仍執定曾經
吩示之語且謂此吩示二字只說係馮有無擇
創生前不批且學政即果不廉亦斷不肯于
明倫堂稠人廣衆之地行香講書之時聞說
費所控殊非情理馮茂勳雖無憑據亦指總
不認虛又考試發出卷票收取票錢無票呈
驗不准進場一款據該學政咨覆童生試卷皆由提
調儆進與學政衙門無涉且有卷票名目當時
學政衙門承差及各學門斗隔別研審究出童

生員蔡澍自呈五童互結一張無結所抵將下二
十文作爲差門斗收作隨棚燈燭之費原供如也
是學政並無發出奏摺雖干各童互結差役收
取低下失于覺察其所稱分面謹款呈奏結八个
至陸費大千詞之語謗之通案人混假增之闈
且前次王鳴珂等詳擬費之附如之款謹查甘結
點呈款謹亦難憑信雖童生在者三與學書呂甫
查覆員並便調尊夫鈴等爲覆署臣已飭提
夫鈴在省三傳解質彼爲朱斟又未試武童相
驗射段在學署一款據該學政覆稱因大雨連旬
水淹馬道提調其官皆以武童貲費虧多難以久
待爲出即結將馬箭改學署並稱往年亦呈如此

通融辦理是以催行此時辦理臣會同新任學臣調
取印信案卷查核辦理又考童首告賄買案首
擬詞不收一款核該學政原稱考永順時曾經發檄
文童二人椅與邀呈口稱屢考未進求手擬試題提
出號面試因其違例理謂何不迴避並無堂告賄
買案首未便准理之事查遇茂勳既指出所屬
永順府轉耀龍山縣彭孝徑考試不公當即將所
控二員款供核辦韓耀稱多考案首為然已取科考
案首彭以信彭孝徑稱多考案首內繼之科
考案首彭一匯均係憑文錄取臣仍委員前往
永順會同該府傳到然員已取當面加考試並將試
卷送核以辦虛實又需索供應臨閱人夫取返承

款控該學政沿途進考棚收閱防弊案中用新
舊不能不修，何代買均係發價給領，至出棚時沿路
用夫不過十名，並路用小轎八九乘，又另復按程發價，而
呈印領為憑，原文之馮茂勳以供應確需為索之
據查確實，既飭學政繳筆，又將印信截之印領呈
實因殊具單內不過尋常費用紙張並無貴耗
即使照單代買而既給價值，其印領即不能
更作需索憑據。馮茂勳何堅執不肯輸服，又循情
所錄才字不清，又藏空之武童一款，據該學政咨
送兩次名冊，內第一名庠雖祗中第一校，惟刀石
技勇之人，是以取進，其才字亦是並不清，查該學政
考試所與人比較手技拉弓已提則武生第一名庠

湖廣總督林則徐奏摺　湖南學政蔡錦泉尚有控案未結任滿交卸應否即行進京請訓示
道光十七年十一月二十七日

據供並非身役之子，仍經查取該縣甘結以送核
辦。至學臣是否應宜抑中一節，既已咨提要
案名冊查對，自可得實，以上各款凡有可訊究
者均須徹底根查，其毫無實據者亦不能任其
誣飾。乃馮栻盈口稱伊已解到發遣，係孤罪分交
無可加保，要與學政蔡錦泉之同號審辦，可釋
其疑根其詞，其可猶情狀是否合理，容學政任
欽命之使考試事竣更換來京
諭旨質審，竟可與發遣革員對質之理，惟已據蔡錦泉
咨稱湖南學政滿任證已于十一月初九日卸事，理應即
行進京覆
命。今案既未結，蔡錦泉應否即行進京之處，恭候

湖廣總督林則徐奏摺 湖南學政蔡錦泉尚有控案未結任滿交卸應否即行進京請訓示 道光十七年十一月二十七日

敢擅便，謹備錄節次審訊大概情形，恭摺具

奏，伏乞

皇上聖鑒訓示。謹

奏。

道光十七年十二月十二日奉

硃批：秉公嚴訊，務得確情，如該學政實有劣蹟，即

行參奏，請革職，嚴加訊究。若有意徇庇，是卿大負

委任而廢國法，慎之。另有旨。欽此

十二月二十八日

湖廣總督林則徐奏摺　開列湖南失察邪教應議各員職名
道光十七年十一月二十七日

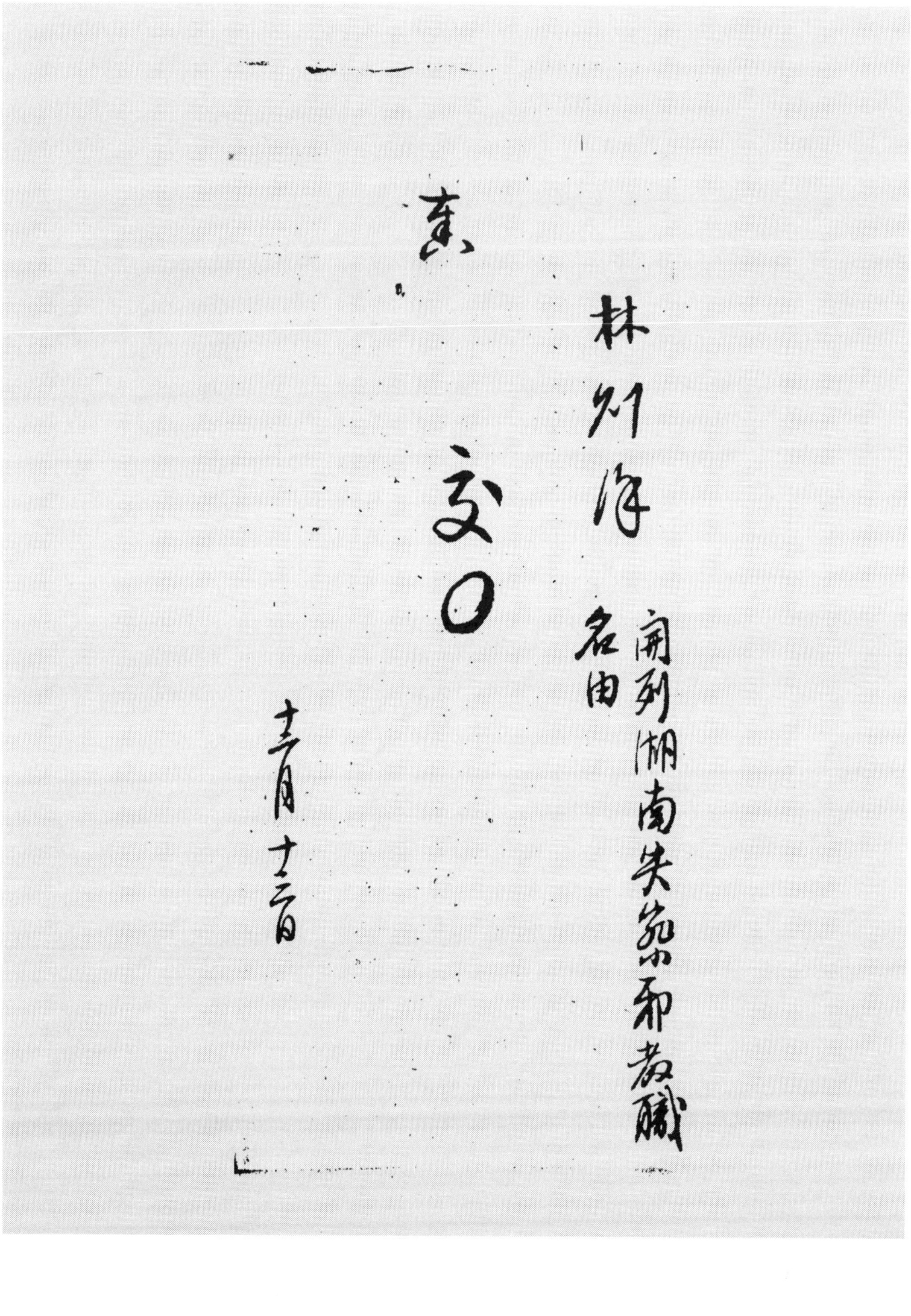
林則徐
開列湖南失察邪教職名由
東
交
十二月十二日

湖廣總督林則徐奏摺　開列湖南失察邪教應議各員職名

一九

湖廣總督林則徐奏摺　開列湖南失察邪教應議各員職名
道光十七年十一月二十七日

湖廣總督臣林則徐跪
奏為湖南省失察習教職名先已由司詳請撥臣
咨部核議茲奉
諭旨飭臣查取謹開列應議職名恭摺覆
奏仰祈
聖鑒事竊臣接准吏部咨本年十月十四日奉
上諭吏部奏湖廣四川山東等省失察習教之應議各
職名屢催開送請旨飭催一摺湖南省逆匪藍泛
續案內失察程孔固習教之道光十五年正月十八日
起歷任該管官職名著湖廣總督即查出該部
覆奏將應議各職名開送即查取咨報不准再事遲
延等因欽此臣查程孔固習教一案歷任失察文

武弁職名先于本年九月間據湖南布政司麟
優按察司楊慶琛開列職名通詳，声明查出
向例應由湖南撫臣咨部核議在案。計部臣于
本年十月十四日奉
諭旨：以湖南省咨文武官未便計部，應臣咨查該
司于開送道光十五年正月十九日起應議之文職
地方官係前署新寧縣知縣已革試用同知朱
士錦，接署知縣已革試用知縣王廷暖，該管
知府係前任寶慶府另案降調知府惠倫，
經歷道員係前任護鹽法道另案參革永順
府知府王鳴球，前任鹽法長寶道陞任浙江
鹽運使王鑄，前任鹽法道長寶道另案降

調廣東鹽運使畢見巴之文武職事內職名係
寶慶協分防新寧縣汛右營千總於承業協
防職名係寶慶協分防新寧縣汛石門塘右哨
二司外委把總方玉勝更健職名係寶慶協副
將托精阿以上文武應議各職名其在任年月日
均除于咨部冊內備細開明外所有開東各職名
先據由司詳請照例開摺臣咨核外由臣謹繕摺具
奏伏乞
皇上聖鑒敕部核議施行謹
奏
道光十七年十二月十二日奉
硃批該部議奏欽此

湖廣總督林則徐奏摺　開列湖南失察邪教應議各員職名
道光十七年十一月二十七日

清單留

湖廣總督林則徐奏片

永順縣拏獲習教人犯委員馳往勘訊

林則徐片　同

再，遵照前沅陵案內傳教之程犯林犯尚未獲案，經臣疊飭文武嚴密訪拏，並於巡閱時經過湖南各屬，遇有要隘地方，及向來私畫匪類出沒之所，均飭營縣加意嚴防。又因鎮筸一營比兵丁健勇，差使較多勤奮，當與該處鎮筸鎮總兵楊芳及辰沅道王簡酌商派委員弁分帶一兵勇赴各要口巡緝，私塾查拏逸匪，如有獲犯，逕即拏報。去後，茲據辰沅道王簡稟稱：派往永順縣王村要口之外委邢正倫以守稱：風聞洛田地方民人熊文政家窩留面生之人習為邪教，藏有邪書器械，當帶練勇前往，將習教人犯及邪書、器械一併拏獲，交王村巡檢解審。後道當飭永順府暨縣

湖廣總督林則徐奏片　永順縣拏獲習教人犯委員馳往勘訊
道光十七年十一月二十七日

勘審等情臣查民人繼文政家胆敢窩留習教匪犯
藏匿邪書若械送屬不法難保非即捏亂同等案
內習教之犯各已被拏獲而該犯等未敢訊供
其邪書係何經句莠藏竟有若干均未訊明恐現案
情形尚有不實不盡必須徹底究辦以期淨絕根
株臣現已密委武昌府同知陳天降馳往勘訊案
要倘究出別有重情即當提省審辦斷不許稍有
諱飾所有拏獲習教人犯緣由合先附片
具
聞伏乞
聖鑒謹
奏

道光十七年十二月十三日奉
硃批淨絕根株為要欽此

湖廣總督林則徐奏片 拏獲楚豫交界地方匪犯

道光十七年十一月二十七日

湖廣總督林則徐奏片　拏獲楚豫交界地方匪犯

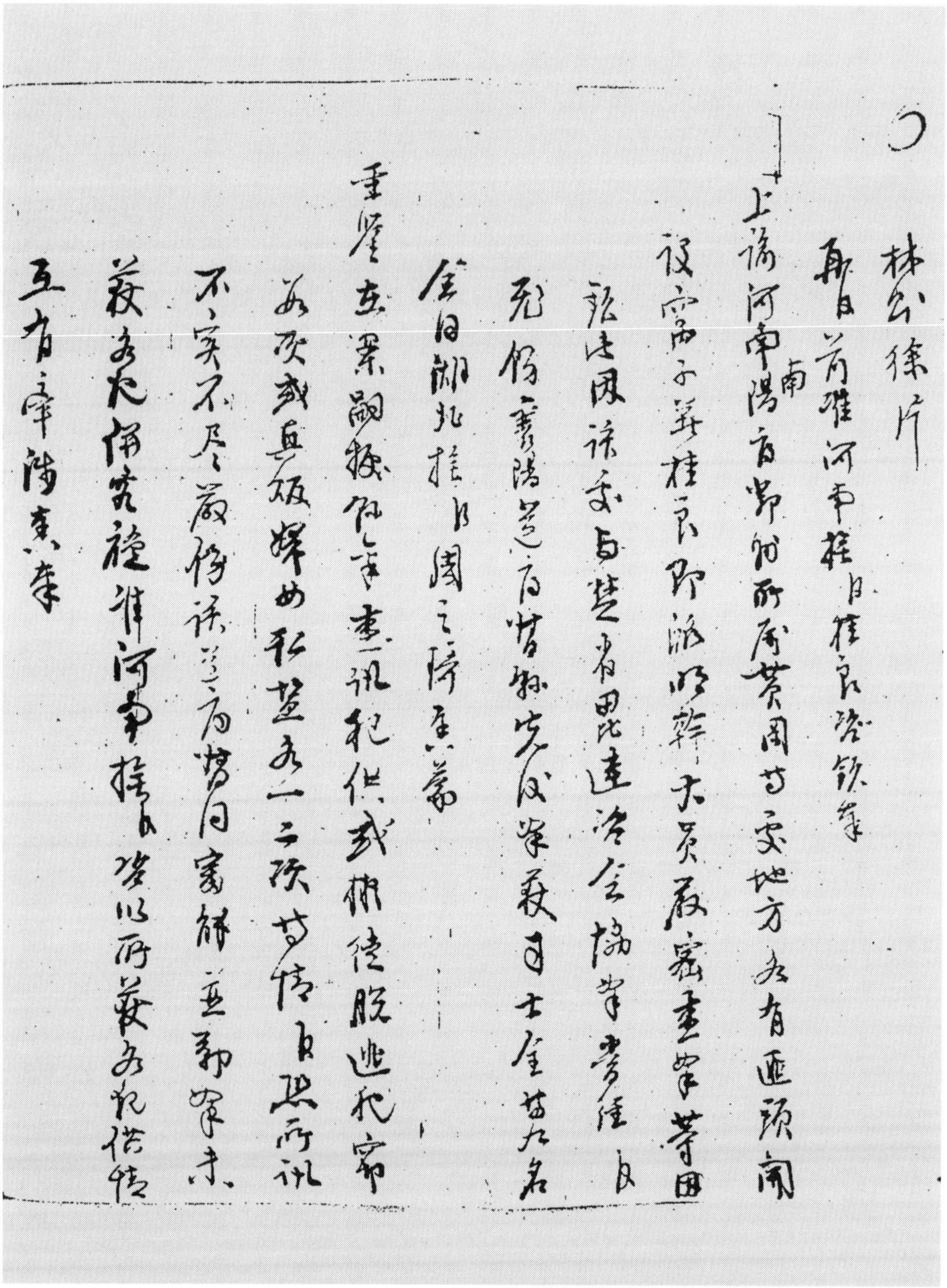
林公徐片
再臣前准河南撫臣桂良咨欽奉
上諭河南南陽府鄧州所屬黃岡等處地方有匪頭閻
設富子等桂良即派明幹大員嚴密查拿等因
臣遵即札飭與楚省毗連各屬會協拿茲經臣
飭據襄陽道府督飭兵役拿獲首士全等九名
全由湖北桂臣閻之綺奏
重屢在案節據飭令查訊犯供或稱徒股逃犯
無疑或有販私鹽等一二語其情節所訊
不實不盡嚴飭該道府等確審解至郭審
獲各犯俟究核准河南撫臣咨以所獲各犯供情
互有牽涉奏案

諭旨一併飭拏楚省案內楊同全等人証歸案審辦

等因。臣隨經行提，并飭拏袁漢儔紀昌穀

等犯，并將此案逃匪均經楚豫兩省會營拏獲，其隨同

前來，及查原案內開豫省逃匪二十六名，經楚省

先後拏獲同案全可中、鳳呂小膽子、呂興富子、呂

得寬、王鳳斗、林老六、郭四、郭鳳年、郭鳳江、王大

大發等十一名，及已獲拒捕被傷兵梁光王

自鮮一名，豫省陸續拏獲共儼、王自林、朱元

榜、陳恆鈞、秦道士、達稱、恆宗、四個牙、程真富

陳恆之、陳彥士、達忻三子、達稱姓十二名，并另案

已獲之軍之宋忻、郝尚立、押病故之馬盛四二

名，核計此案

旨飭拏匪犯六十六名均已全獲並無一名漏網除
飭襄陽道府速將犯委員解省一面催提豫
省各犯赴鄂歸案審辦外所有案犯全數
拏獲並遵
旨提審緣由理合附片具奏
聞再現在時屆冬寒豫省楚交界地方匪徒最易
滋擾節經諄飭查拏茲據襄陽穀城各營縣
先後拏獲訪聞河南新野縣人現任四川提標守備
家十月初旬有搶被盜劫去銀錢衣物搜出盜匪
逃至鄂省當經該營縣分途截獲到盜犯
李和尚柴黑子康長順郭猴子董興貴劉全任
宗典李四鶴喈六斤趙幺即趙懷富雷旌即

俟雷大即馮庚午即棍五十二名並于田人吳宗一
及修和尚廟內芮宗乾獲首飾衣物身帶訊據供
出首犯王本即王方本陳維翰劉熊林鳳
役全營等率兵役探蹤追到正在捦拿該首犯
王本用刀自刎咽喉兵役奪刀獲犯解至自城
不能開供越日身死驗傷不列查核案情已獲
各犯法律皆當審明但其案內尚有逸犯
豫山嚴飭仍嚴飭乘時擒捕務使按名就獲不
許稍有疏漏謹會同湖北撫臣周之琦合詞附
陳伏祈
聖鑒謹
奏

湖廣總督林則徐奏片　拏獲楚豫交界地方匪犯
道光十七年十一月二十七日

道光十七年十二月十二日

硃批　知道了欽此

湖廣總督林則徐等奏摺

請借項修理荊州駐防滿營八旗官員衙署

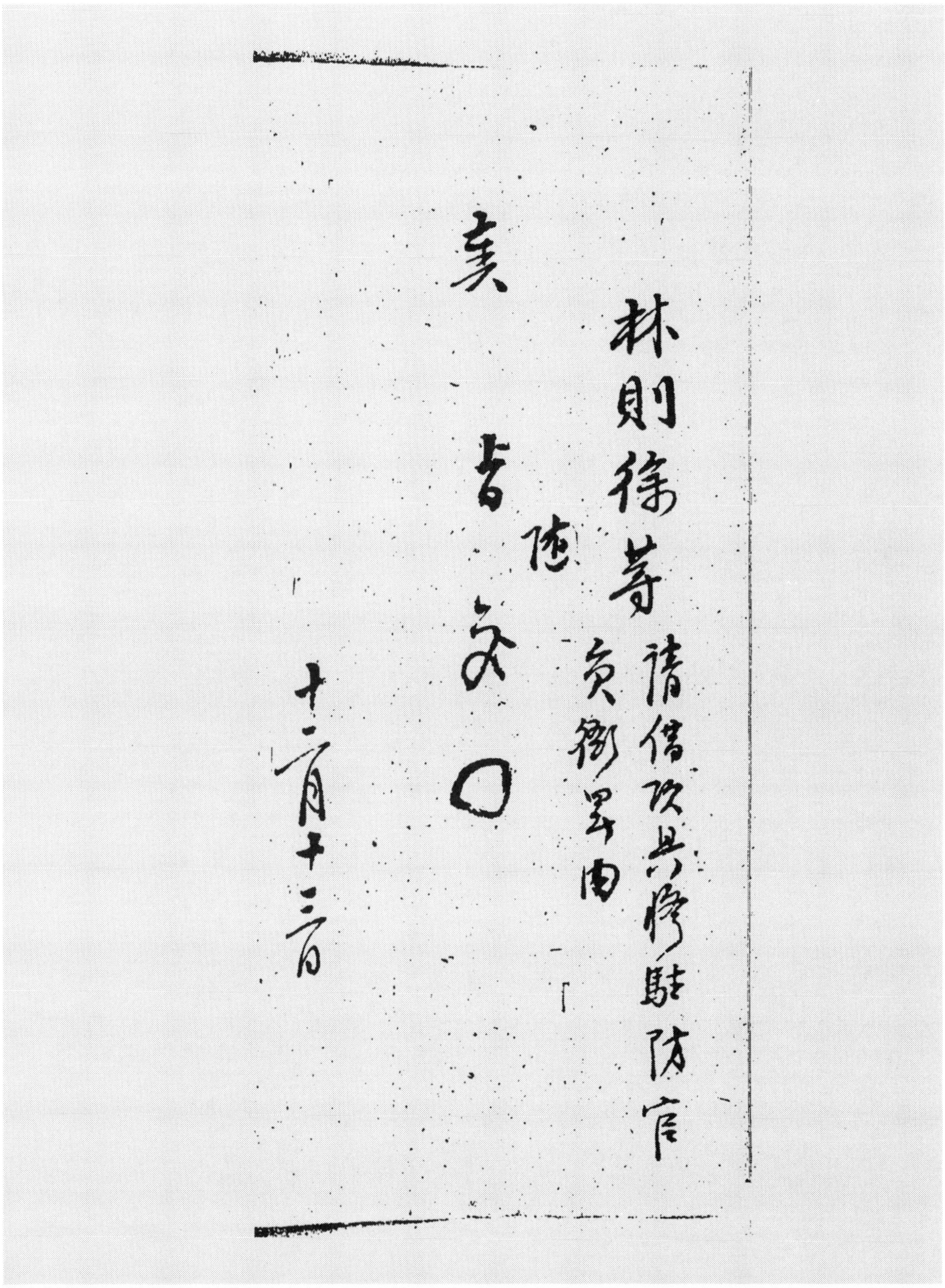
林則徐等請借項興修駐防官
隨　員衙署由
奏
旨
交
○
十二月十三日

湖廣總督林則徐等奏摺　請借項修理荊州駐防滿營八旗官員衙署
道光十七年十一月二十七日

湖廣總督臣林則徐
湖北巡撫臣周之琦跪
奏為荊州駐防官員衙署朽壞勘明應修仰懇
天恩俯准照例借項修理恭摺奏祈
聖鑒事竊查荊州滿營大小官員衙署遇有朽壞例
准借項修理所借銀數協領不得過二百四十兩佐
領不得過二百兩防禦不得過一百六十兩驍騎校
不得過一百二十兩筆帖式不得過八十兩分八年扣
還又道光十七年四月內欽奉
上諭嗣後遇有駐防衙署兵房應行修理者著該將
軍副都統等知照各該督撫確切查明會同具奏
該部知道欽此欽遵在案本年六月間臣等接准
荊州將軍臣德克金布等咨開八旗滿洲蒙古協
領等官衙署自道光八年借項修理後迄今已

及十載荊州外江内河地氣潮濕過甚以致樑柱朽壞墻垣臌裂若不及時修葺誠恐日漸坍塌需費益繁咨請委員查勘借項修理至承襲世職各官一切差操與有職任官員向無區別該員等所住房間亦皆朽壞歷係按照職任品級一体借項修葺因查臣等飭委荊宜施道前往確切勘明該員等署宅是否實係歇朽必應修理據實具詳去後嗣據該道巢宣常詳稟勘得該協領佐領防禦驍騎校等官及襲世職各員請修署宅共二百零六處逐一履勘或柱樑蛀朽或墻垣傾欹均係亟應修理之工並無捏飾等情臣林則

湖廣總督林則徐等奏摺　請借項修理荆州駐防滿營八旗官員衙署

道光十七年十一月二十七日

係于荆州旨防秋汛之使復經親查無異飭
擬湖北藩司張岳崧籌款詳請
奏前來臣等伏查荆州駐防官員衙署以及
世職所住房間于道光八年借項修理後
迄今已閱十年兼之地方潮濕以致日漸朽壞
既經查明屬實自應准令修理其前借銀兩
業已全數扣還所有現在請修之協領十員
佐領四十六員防禦五十六員驍騎校五十六
員筆帖式三員世襲驍騎都尉二員雲騎尉二十四員恩騎尉
五員六品廕生三員七品廕生一員共計署宅
二百零六處共借修費三萬二千六百兩核與例
案相符合無仰懇

天恩准其循例在于司庫空曠款內借動銀六萬
兩正鑄餘價款內借動銀一萬二千六百兩給
領興修所借銀兩仍在該員等俸銀內分作
八年扣還如蒙
俞允臣等即飭知藩司動撥銀兩委員解交修
理以資棲止辦公仍俟工竣造冊送部查核所
有荊州滿營八旗官員衙署朽壞借項修理
緣由臣等謹會同署荊州將軍右翼副都
統臣穆精阿左翼副都統臣長喜合詞恭
摺具
奏伏乞
皇上聖鑒訓示謹

一九

湖廣總督林則徐等奏摺　請借項修理荊州駐防滿營八旗官員衙署

道光十七年十一月二十七日

奏
道光十七年十二月十二日奉
硃批　欽此
十一月二十七日

湖廣總督林則徐奏片　遵旨籌撥荊州添改擡礮銀兩

臣林則徐跪

奏再臣接准部咨荊州將軍臣德克金布等奏請改造抬砲所需炉火工料銀兩捐廉辦理奉

諭著林則徐于該省藩庫閒款內籌備開銷該將軍等毋庸捐廉等因欽此當經行司遵照籌撥去後嗣德克金布調任卸事隨准署將軍臣穆精阿等咨稱雇覓鐵匠黃先位添造抬砲十六位每位議定價銀十兩改造抬砲四十位每位議定價銀八兩共五十六位合計價銀四百八十兩飭檄藩司張岳崧詳請在于司庫文職空曠款內動給批令委員齎往荊州并准署將軍臣穆精阿咨覆解到銀兩飭傳砲匠承造官

序柱等具領興工製造等情陳咨部查核

外所有遵

旨籌撥銀兩緣由理合附片具

奏伏乞

聖鑒謹

奏

道光十七年十一月十三日奉

硃批覽欽此

湖廣總督林則徐等奏摺 **查明湖北被水各屬來春毋庸接濟**

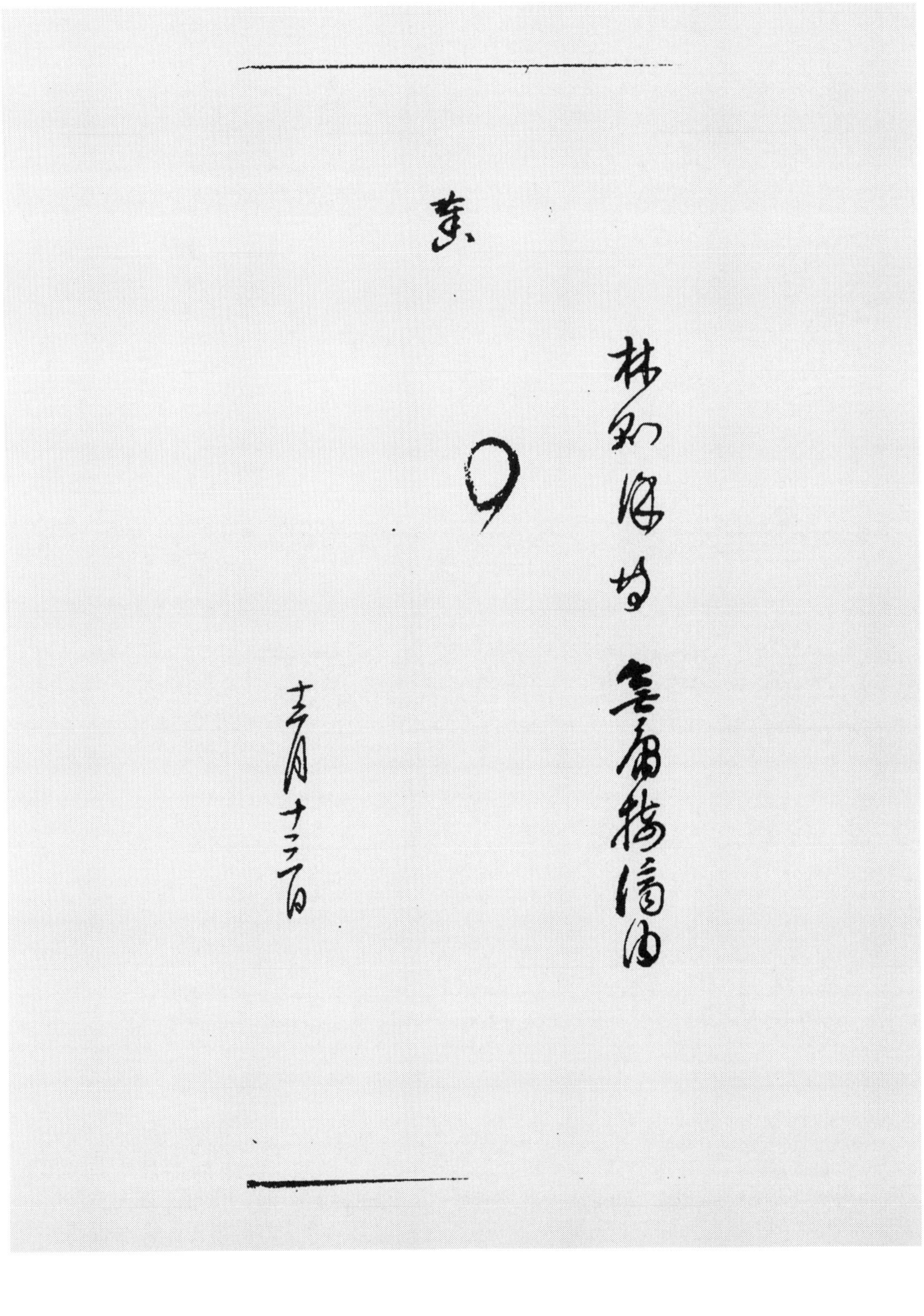
奏
林則徐 等
十二月十二日

一九

湖廣總督林則徐等奏摺　查明湖北被水各屬來春毋庸接濟

道光十七年十一月二十七日

湖廣總督臣林則徐跪
湖北巡撫臣周之琦跪
奏為遵
旨查明被水各屬來春毋庸接濟據實覆奏
仰祈
聖鑒事竊臣等承准軍機大臣字寄欽奉
上諭湖北漢川等州縣被淹已據該督撫奏明隨
時撫恤及委員查勘亦著迅速籌理並將來春應否
接濟之處確查明年封印前奏到等因欽此仰見我
皇上軫念民艱至於無已跪讀之下欽感莫名臣等伏
查道光十七年漢川等州縣衛被水業經委員查勘
州均不成災分別撫恤情形奏蒙
恩准展緩新舊錢糧小民感戴

皇仁實已淪肌浹髓今後仰荷
聖慈屢沛
特旨垂詢來春應否接濟當經恭錄飭查旋據藩臬
兩司會同各道轉飭查明被水各州縣並屯田各
衛既業分別展緩新舊銀米民力已覺稍紓田
地均已播種二麥菜蔬亦暢茂收成可望
春間情形不致拮据來春毋庸另籌接濟等
情具詳前來臣等覆查無異自可毋庸接濟仍
飭隨時察看如來年青黃不接民力或有不支
結應需調劑之處屆期再行據實具
奏不敢稍存諱飾所有查明被水各屬來春毋
庸接濟緣由理合恭摺覆

奏伏乞

皇上聖鑒謹

奏

道光十七年十一月二十七日

硃批知道了欽此

十二月二十八日

大學士管理户部事務潘世恩等題本　奏銷道光十五年應徵漕項錢糧林則徐等未完各官照例處罰

林則徐著於現任內罰俸三個月唐鑑著罰俸六個月
其因經徵漕項錢糧未完六分以上議以革職之顧
題
毓奇著該督撫出具考語送部引見再降諭
旨餘依議

一九 大學士管理户部事務潘世恩等題本 奏銷道光十五年應徵漕項錢糧林則徐等未完各官照例處罰

道光十七年十二月初三日

户部等部太子太保大學士管理户部事務臣潘世恩等謹
題爲奏銷等事户科抄出前任漕運總督恩特亨
額將江安糧道所屬道光拾陸年起運拾伍年
分應徵漕項錢糧並隨正徵收耗羨銀兩造册
具題一案道光拾柒年肆月初伍日題陸月初
陸日奉
旨該部察核具奏欽此欽遵於本日抄出到部户部
隨將船米數目行查倉場侍郎去後兹於柒月
拾叁日准倉場侍郎咨覆到部
該臣等會查得定例内開各省漕項錢糧康熙
叁拾伍年題定由漕運總督隔年奏銷等因今

大學士管理户部事務潘世恩等題本　奏銷道光十五年應徵漕項錢糧林則徐等未完各官照例處罰　道光十七年十二月初三日

江安糧道所屬道光拾陸年起運拾伍年分應
徵漕項錢糧並隨正徵收耗羨銀兩造冊具
題前來所有動支款項戶部按冊核覆開列於後
一實徵漕糧正改兌正耗米伍拾壹萬捌千壹
百玖拾叁石玖斗玖升貳合陸勺等語　查
前項實徵漕糧戶部核與上屆奏銷冊造數目
實徵正耗共米伍拾壹萬捌千壹百玖拾貳石
叁斗陸升叁合貳勺之數不符應令分晰查明
報部查核
一通州屬坍江田地註緩候豁米壹百拾壹石
肆斗陸升肆合叁勺江寧等府州屬災緩米拾
陸萬壹千捌百陸石壹斗柒合伍勺廬州等府

州屬撥抵災緩兵米貳千貳百捌拾柒石柒斗
壹升伍合肆勺江寧府屬撥抵災緩行月米壹
千貳拾壹石捌斗玖升壹合捌勺等語　查
前項註緩候撥米石係於何時案内題准災緩
漕糧於何時起徵應令該督分晰查明報部至
撥抵災緩兵糧行月米石係動用何州縣米石
應作何歸還之處疏冊内均未聲明戶部無憑
查核應令一併詳細查明報部查核
一實徵起運正改兑正米貳拾陸萬肆千陸百
伍拾貳石叁斗伍升伍合肆勺耗米捌萬捌千
叁百拾肆石肆斗伍升捌合貳勺等語　查
前項起運米石核與倉場侍郎查覆米數相符

應毋庸議。

一實徵漕項正銀貳拾陸萬貳千捌拾伍兩捌錢肆分壹釐，又動米折銀貳萬貳千叁百貳拾肆兩捌錢壹分柒釐，共銀貳拾捌萬肆千肆百壹拾兩陸錢伍分捌釐，本折米麥豆貳拾壹萬貳千伍百柒拾貳石壹斗玖升叁合，耗羨銀貳萬陸千伍百玖拾伍兩捌錢肆分叁釐，内已完銀壹萬玖千肆百捌拾叁兩貳錢陸分叁釐等語。

查前項實徵正耗銀米麥豆，户部核與上屆奏銷冊造數目不符，應令分晰查明報部，並令該督嗣後於奏銷冊内將實徵項下應增應減銀米數目分晰登註，以憑稽核。至已完耗

羨銀兩作何支用之處應令一併查明報部查
核
一解通輕齎等銀壹萬捌千陸百陸兩柒錢貳
釐水脚鞘箍銀叁拾玖兩叁錢伍分叁釐等語
查前項解通輕齎等項銀兩核與坐糧廳
呈報收過數目相符至水脚鞘箍銀兩與應給
之數亦屬符合應毋庸議
一給各衛帮運隨等弁廩工等銀玖千陸百拾
肆兩叁錢伍分陸釐内有長淮四帮千總葛承
陞卸事透支俸工銀伍拾肆兩貳錢伍分俟追
繳另報等語　查前項放給廩工銀兩按冊
核算與應給之數相符至千總葛承陞透支銀

兩戶部照數登記外仍令速飭追繳入撥報部

查核

一安慶等幫造船料價銀伍千陸百叁拾叁兩

陸釐等語　　查前項放給造船料價銀兩核

與該督請造原案相符應准支給

一給各衛幫修艌船隻給三修銀壹萬貳千肆

百伍拾柒兩伍錢又給刷印匠護漕船工食等

銀貳百肆拾捌兩貳錢捌分伍釐又花紅紙張

等銀叁百陸拾玖兩陸錢肆分陸釐等語

查給過各幫修艌銀兩戶部按照例給之數核

算相符又護漕船刷印匠工食等銀按冊核算

與例給之數亦屬符合應准支給至花紅紙張

等銀前據該督咨准每年以三百五十兩爲度
祇准核減不准加增何以此次請銷銀數仍有
三百六十九兩六錢四分六厘之多殊屬不合
應令該督速飭删減報部查核
一給江興二衛各幫鑽夫底料銀肆千捌百叁
拾柒兩捌錢叁分等語　查給過鑽夫銀兩
與例給之數相符至補給底料銀兩前據該督
咨報經户部以旗丁王其文一船並無風火事
故何以不敷底料亦至八分一釐之多咨令據
實删減在案應仍令該督將該丁船支過底料
銀兩據實删減報部查核
一給各衛幫席折銀貳百貳拾壹兩陸錢捌釐

贈銀壹萬陸千壹百伍拾捌兩貳分玖釐贈米壹萬陸千肆百柒拾陸石貳斗貳升貳合叁勺等語　查起運正米壹石給席折銀捌毫伍絲戶部核算無浮其贈銀贈米戶部按照起運米數核算與應給之例爲數俱屬浮多應令查明報部再行核銷

一給各衛帮加裝負重銀壹千伍百玖拾叁兩捌錢柒釐人給各帮搭運運漕兵屯行月加裝改抵漕糧席贈裁增等銀柒百伍拾捌兩伍錢玖分玖釐等語　查前項放給負重席贈裁增等項銀兩戶部按照搭運米數核算與應給之數相符應准支給

一給收買各帮曬颺耗米價銀陸千叁百貳拾
捌兩陸錢壹分貳釐等語　查前項收買曬
颺米石按冊核算相符所有給過米價銀兩與
例給之數亦屬符合應准支給
一給江興安慶等衛帮出運船壹千伍百玖拾
柒隻放給官丁行月截增並奏修漕船等銀拾
萬伍千柒百捌兩玖錢捌分捌釐內除建陽衛
寧太帮抵兑屯糧銀叁百柒兩肆錢伍分陸釐
又懷遠長淮二縣衛徑給銀貳百玖兩陸錢伍
分肆釐實支解道銀拾萬伍千壹百玖拾壹兩
捌錢柒分捌釐內有江淮三帮運官阮熙推陞
卸事透支行糧銀肆錢貳分又興武三帮運官

王文燦告病卸事透支行糧銀壹兩肆錢陸分
俟追繳另報又宣州幫千總王斯年病故透支
行糧銀柒錢叁分已據繳還俟入撥另報又放
給米麥豆拾萬貳千肆百柒拾玖石捌斗貳升
柒合貳勺內除大河前幫應支月糧抵充屯糧
捌拾伍石陸斗壹升貳合捌勺又動撥節年南
屯緩漕贈月等米貳萬貳千玖百貳拾伍石伍
斗肆升貳勺俟催提候給米叁千肆百拾肆石
柒斗實支解道米麥豆柒萬陸千伍拾叁石玖
斗柒升肆合貳勺等語　查江興安慶等幫
出運船隻支過行月銀米戶部核與倉場侍郎
查覆船數均屬相符所有放過行月銀米應准

大學士管理户部事務潘世恩等題本 奏銷道光十五年應徵漕項錢糧林則徐等未完各官照例處罰 道光十七年十二月初三日

其照數支給至動撥節年緩漕贈月南屯等項
米石係於何事案内報部撥用確查報部仍令
速飭照數徵還搭運赴通交納
一給江興各幫出運船捌百拾伍隻灑帶免雇
船玖拾伍隻應支閏月月糧折色銀陸千貳拾
柒兩玖錢陸分本色米陸千貳拾柒石玖斗肆
升叁合貳勺在於節年緩漕米内動給等語
查現運各幫動支閏月銀米核與應給之數
相符應准支給至免雇各船並未聲明丁名出
厫年第以及有無事故户部無憑查核應令分
晰查明報部再行核給其動給緩漕米石係於
何時案内報部撥用確查報部仍令即飭徵還

搭運赴通交納
一給江興安慶等衛幫灑帶免雇船壹百陸拾
肆隻災減船叁百肆拾陸隻又失風事故船貳
拾貳隻共應支行月裁增及苫蓋折色等銀壹
萬柒千壹百叁拾玖兩伍錢陸分柒釐內除建
陽衛寧太幫抵兑屯折銀壹百陸拾壹兩伍錢
肆分伍釐實支解道銀壹萬陸千玖百柒拾捌
兩貳分貳釐又放給米麥豆貳萬柒百伍石伍
斗捌合肆勺內除大河前幫抵兑米麥豆肆拾
捌石玖斗貳升壹合陸勺又動撥節年南屯緩
漕等米伍千叁百捌拾壹石柒斗貳合伍勺又
催提候給米貳千伍拾肆石陸斗貳升玖合陸

勺實支解道米壹萬叁千貳百貳拾石貳斗伍
升肆合柒勺等語　查前項放給灑帶災減
等船行月裁增等項銀米疏冊內並未將丁名
年第及災減免雇各船從前有無風火事故之
處逐一聲明戶部無憑核覆應令一併分晰造
報再行核銷至動撥節年緩漕贈月等米係於
何時案內報部撥用確查報部仍令速飭如數
徵還搭運赴通交納
一淮安大河各幫應支撥補抵兑災緩月糧米
麥豆捌百伍拾叁石壹斗陸合伍勺係動道光
拾拾壹拾肆等年分月糧米麥訖又應支月糧
抵兑應納屯糧另報米捌拾石捌斗壹升叁合

貳勺麥壹百伍拾叁石柒斗叁升伍合叁勺豆
柒拾陸石伍斗捌升陸合等語　查前項抵
充屯糧另報米麥豆石係於何案内咨報應令
查明報部至撥補實緩月糧核與該督咨准原
案相符應准支給仍令速飭徵完歸款報部查
核

一提存池州衛軍三料價並永減銀肆百叁拾
玖兩伍錢柒分又各屬徵存行月並動撥另報
米柒千玖百柒拾柒石陸斗玖升壹合捌勺麥
叁千肆百叁拾柒石伍斗貳合等語　查前
項提存銀兩户部照數登記仍令造入拾柒年
秋撥冊内報部酌撥徵存行月並動撥另報米

麥如無動用即飭派帮搭運赴通交納

一廬州等府屬贈米撥抵災缺兵糧應聽藩司歸結米玖拾石壹斗肆合玖勺等語　　查贈米撥抵兵糧係於何時案内撥抵並作何歸結之處應令查明報部查核

一補給鳳中頭帮輪灑丁船行月銀捌拾壹兩叁錢壹分捌釐米拾捌石肆斗柒升叁合柒勺等語　　查前項補給行月銀米並未聲明丁名年第户部無憑查核應令分晰查報再行核給

一給安慶等帮帶交毛竹價銀貳百叁拾貳兩伍錢肆釐等語　　查放給毛竹價銀户部核

與該督咨准原案相符應毋庸議
一給江淮九等幫淹斃頭工水手賞卹銀貳百
柒拾伍兩等語　查前項放給賞卹銀兩戶
部核與該督咨准原案相符應毋庸議
一墊給和含二州縣災緩貼賞銀肆千玖拾玖
兩壹錢玖分肆釐等語　查前項墊給貼賞
銀兩戶部核與題報案內請墊銀數相符應毋
庸議
一已完解道折銀米肆萬叁千陸百陸拾捌石
捌斗肆升肆合貳勺共折銀貳萬陸千肆百捌
拾玖兩陸錢捌分內撥入折色項下湊給行月
等銀貳萬貳千叁百貳拾肆兩肆錢叁分柒釐仍存

庫聽候撥解銀肆千壹百陸拾伍兩貳錢肆分
叁釐已完解道麥叁千貳百貳拾柒石玖斗壹
升叁合伍勺折銀壹千陸百拾叁兩玖錢伍分
柒釐存庫候撥又月糧尾米叁斗陸升伍合柒
勺折銀叁錢捌分撥入折色項下湊給行月之
用尾麥貳合捌勺折銀貳釐尾豆叁合叁勺折
銀叁釐存庫候撥又徵存豆柒石陸斗壹升柒
合玖勺等語　查前項撥入折色項下銀兩
已於前款動放歸給至存庫聽候撥解米麥折
銀戶部照數登記仍令造入拾柒年秋撥冊內
報部酌撥徵存豆石如無動用即飭派幫搭運
赴通交納

一江寧淮安兩廠造船壹百肆拾捌隻撥用漕
倉銀叁萬捌百玖拾捌兩肆錢肆釐等語
查放給前項造船料價銀兩核與拾肆年分該
督請造船數相符　撥用之數核與應給之數
相符應准核銷
一坍江註緩候豁正銀壹百肆拾貳兩陸錢貳
分伍釐耗羨銀拾貳兩叁錢壹分本色米捌拾
伍石壹斗玖升陸合柒勺又建德縣知縣費開
榮動缺參追正銀壹千壹百捌兩叁錢柒分耗
羨銀壹百壹拾兩捌錢叁分柒釐灾緩正銀肆
萬肆千壹百捌兩捌錢叁分玖釐耗羨銀肆千
肆百肆拾壹兩伍分伍釐灾緩本色米叁萬伍

千玖百叁石伍斗叁升捌合壹勺麥貳千肆百
玖拾叁石叁升叁勺豆叁百玖石捌斗貳升肆
合捌勺折色米壹千叁百伍拾柒石壹斗伍升
肆合麥壹百柒拾捌石陸斗伍升肆合貳勺未
領司倉撥補麥壹百玖拾捌石捌斗伍升柒合
貳勺等語　查前項候撥及灾緩銀米麥豆
係於何事案内題准疏冊内並未聲明户部無
憑查核應令漕運總督轉飭查明於何時啟徵
及徵完年限分晰造冊報部仍將緩徵銀米麥
豆接限催徵完報造入下届隨奏及年限案内
題報核辦虧缺叅追銀兩係於何時案内叅報
及未領司倉撥補麥石作何動用之處應令一

併確查報部以憑查核

一各屬未完漕項正銀貳萬捌千陸百肆拾捌兩叁錢玖分壹釐耗羨銀貳千伍百肆拾捌兩叁錢柒分捌釐本折米麥豆柒千伍百伍拾伍石捌斗叁升貳合貳勺内大河淮安常熟桐城石埭長淮宿松等縣衛未完漕項正銀壹千玖百柒拾叁兩壹錢捌分捌釐耗羨銀叁百叁拾柒兩叁錢貳分壹釐本折米麥豆叁千壹百玖拾壹石肆斗捌合貳勺續據該督咨報全完原參職名聲請扣除免議其餘各屬仍未完漕項正銀貳萬陸千陸百柒拾伍兩貳錢叁釐耗羨銀貳千貳百壹拾壹兩伍分柒釐本折米麥豆

肆千叁百陸拾肆石肆斗貳升肆合應將經催
接催經徵接徵各職名開叅等語 查定例
各縣衛所各官經徵錢糧作爲十分考成督催
道府各官以所轄各屬計督撫布政使以通省
計如於奏銷前未完各按分數分别叅處又本
年奏銷錢糧叅後咨報全完部議未經題覆即
於奏銷案内扣除免議各等語今江安各屬未
完正耗銀米麥豆户部核與應叅數目相符吏
部查定例漕項錢糧未完照地丁錢糧例議處
又定例地丁錢糧經徵州縣官欠不及一分者
停其陞轉罰俸一年欠一分者降職一級欠二
分者降職二級欠三分者降職三級俱令戴罪

徵收欠五分以上者革職督催之糧道知府直隸州欠不及一分者停其陞轉罰俸六個月欠一分者罰俸一年欠二分者降職一級俱令戴罪督催巡撫欠一二分者罰俸三個月戴罪督催又定例官員任內有承督未完案件於限內離任者以罰俸一年完結又定例

特旨陞調各官原任內有承督未完案件應罰俸三個月者即照原處分議結又定例錢糧未完各官參後續報全完者扣除免議等語除江蘇巡撫陳鑾前任安徽巡撫鄧廷楨俱未完不及一分例無處分及病故各員俱免其查議並續報全完各員照例扣除免議外應將經徵接徵未

完不及一分之前任懷寧縣知縣楊斯熙前任
望江縣知縣王兆代理績溪縣事和州州同楊
致道貴池縣知縣黃炳光前任銅陵縣知縣歐
繼韓前署建德縣事布政司經歷劉寅升前任
當塗縣知縣徐垗前任巢縣知縣楊坤署懷遠
縣事青陽縣知縣李鴻來前任靈璧縣知縣羅
煥奎署鳳陽縣靈璧縣知縣曾敬儀署工元縣
事高郵州知州馮思澄署六合縣事試用知縣
朱其榮代理安東縣事山陽縣縣丞朱勃代理
贛榆縣事海州州同羅登瀛署昭文縣事沛縣
知縣金咸署新陽縣事候補知縣宋淳英署金
壇縣事試用知縣龔潤森均照例停其陞轉罰

俸一年戴罪徵收未完一分以上之前任定遠
縣知縣馬官龍前署元和縣事華亭縣知縣張
慶瑗震澤縣知縣周恭壽溧陽縣知縣鄧秉乾
均照例降職一級戴罪徵收未完二分以上之
太平縣知縣華時中前任江寧縣知縣李金芝
前任新陽縣知縣沈炳垣前署丹徒縣事安東
縣知縣張寬培均照例降職二級戴罪徵收未
完三分以上之績溪縣知縣胡維祺前任建德
縣知縣費開榮元和縣知縣黃晃署震澤縣事
吳江縣縣丞蕭翮江陰縣知縣陳希敬前任金
壇縣知縣蕭蔭恩前任嘉定縣知縣張之杲俱
照例降職三級戴罪徵收未完六分以上之吳

毓奇

唐　鑑

江縣知縣顧毓奇照例革職督催未完不及一
分之前任江安糧道唐鑑前任安慶府知府卞
士雲前任徽州府知府劉亨起前任寧國府知
府宋國經前任廬州府知府瑞書鳳陽府知府
舒夢齡署江寧府事海州知州王用賓淮安府
知府周燾揚州府知府劉源灝代理蘇州府事
蘇州府管糧同知周岱齡署海州事沭陽縣知
縣王夢齡均照例停其陞轉罰俸六個月戴罪
督催未完一分以上之前署蘇州府事揚州府
知府豫益前任鎮江府知府龔文煥太倉州知
州李正鼎均照例罰俸一年戴罪督催未完二
分以上之池州府知府吳琪照例降職一級戴

罪督催未完二分以上之前任江蘇巡撫林則徐照例罰俸三個月戴罪督催沈炳垣已調南滙縣知縣周岱齡係署事官已陞直隸保定府遺缺馮思澄蕭翱俱係署事官楊致道亦係署事官又經告病朱其榮龔潤森俱係試用署事之員張慶瑗亦係署事官已告病病痊坐補原缺張寬培已留省另補豫益已丁憂服滿補授安徽徽州府知府張之杲亦經丁憂費開榮已另案革職又經丁憂楊坤已另案革職又經開復俱於未經限滿之先卸事均應照離任官例沈炳垣馮思澄蕭翱豫益俱於現任内罰俸一年楊致道朱其榮龔潤森張慶瑗張寬培張之杲

大學士管理户部事務潘世恩等題本 奏銷道光十五年應徵漕項錢糧林則徐等未完各官照例處罰
道光十七年十二月初三日

林則徐

楊坤周岱齡俱於補官日罰俸一年貴開榮應
罰俸一年註册林則徐已陞湖廣總督應照
特旨陞調官例於現任内罰俸三個月唐鑑已陞貴
州按察使卞士雲已陞廣西右江道宋國經已
陞浙江杭嘉湖道劉源灝已陞陝西督糧道楊
斯熙已陞宿州知州蕭蔭恩已調江陰縣知縣
劉亨起已奉
旨以六部員外郎用王用賓王夢齡李鴻來曾啟儀朱
勑羅登瀛金咸俱係署事官宋淳英係候補署
事之員已經改教馬官龍已撤任留省補用李金
芝已另案革職又經開復瑞書已經告病羅煥
奎已經終養龔文煥陳希啟俱經丁憂王旭已

經改教歐繼韓已另案降調劉寅升徐竑吳琪
俱已另案革職其應照例議結之處俱俟復參
案內聲明卸事日期吏部再行核議兵部查定
例各省漕糧經徵衛所官未完一分以上者罰
俸六個月戴罪督徵完日開復署印官欠一分
者罰俸三個月又定例錢糧未完各官參後續
報徵完者扣除免議各等語除護守備事千總
劉永秀守備歐陽標均經病故未完不及一分
之建陽衛守備李國英例無處分均毋庸議淮
安衛守備卯可鈞大河衛守備張賢書代理大
河衛守備事千總曹庖署長淮衛守備事處州
衛守備張貽桂長淮衛守備楊壽春未完錢糧

續據該督咨報照數全完應照例准其扣除免
議外應將經徵道光拾陸年起運拾伍年分漕
項錢糧未完一分以上之新安衛守備董大鵬
照例罰俸六個月戴罪督徵完日開復護理建
陽衛守備事盧州頭幫千總焦定國照例罰俸
三個月該弁業經告病應行議結之處俟復叅
到日聲明卸事日期兵部再行核議至已完及
續完銀米麥石戶部照數登記仍令造入下屆
隨奏及撥冊內報部查核未完正耗銀米麥豆
嚴飭催徵完報如限滿不完即照例題叅此本
係戶部主稿科抄於道光拾柒年陸月初陸日
到部柒月拾叁日准倉場侍郎覆回捌月初拾等

大學士管理户部事務潘世恩等題本　奏銷道光十五年應徵漕項錢糧林則徐等未完各官照例處罰　道光十七年十二月初三日

日咨送吏兵二部會議拾壹月貳拾叁等日議

結送回該於拾貳月初叁日辦理具

題合併聲明臣等未敢擅便謹

題請

旨

道光拾柒年拾貳月初叁日

經筵講官[illegible]臣潘世恩

經筵講官户部尚書[illegible]大臣臣宗室奕顥

[illegible]任臣王鼎

大學士管理户部事務潘世恩等題本　奏銷道光十五年應徵漕項錢糧林則徐等未完各官照例處罰
道光十七年十二月初三日

户部尚書協辦大學士[illegible]正白旗滿洲副都統臣文慶差
左侍郎臣龔守正
右侍郎兼管錢法堂事務正黃旗護軍統領鑲白旗滿洲副都統公臣裕誠
右侍郎兼管錢法堂事務臣祁寯藻差
[illegible]右翼覺羅學臣陳官俊
雲南清吏司郎中臣吉昌
郎中臣蔣蔚遠
郎中臣朱英
員外郎臣聯英
員外郎臣春福
員外郎臣特通安
主事臣舒通阿

主事臣胡夢齡

額外主事臣謙福

額外主事臣慶勛

額外主事臣佟元

額外主事臣溫肇江

額外主事臣朱昌頤

額外主事臣金安瀾

額外主事臣蔣鍾麒

額外主事臣唐潮

額外主事臣趙坦

額外主事臣李翔

吏部尚書臣宗室奕經

尚書臣湯金釗

左侍郎臣桂輪

左侍郎臣阜秉恬 差

右侍郎臣隆文

考功清吏司郎中臣王紹曾

員外郎臣宗室德珩

大學士管理兵部事務臣阮元

兵部尚書臣宗室禧恩

尚書臣朱士彥 差

左侍郎臣溥治

署左侍郎臣廖鴻荃

右侍郎臣倭什訥 差

右侍郎臣潘錫恩（差）

職方清吏司郎中臣陳岱霖

主事臣恒康

顧毓奇浙江供事祖籍江西由議叙府經歷加
捐分發簽掣江蘇道光陸年拾月因辦理海運
出力奉
旨著俟補缺後以應陞之缺陞用拾年玖月因拿獲
户部捐納房假照案内要犯任松宇等引
見奉
旨著以知縣用拾伍年拾月題補吳江縣（衝繁難要缺）知縣拾柒
年伍月署青浦縣任内因民船被刦該縣未能
迅速緝拿奉
旨著摘去頂戴拾壹月於限内獲犯過半兼獲盜首奉
旨准其給還頂戴今因經徵道光拾陸年起運拾伍年分
漕項錢糧未完六分以上照例議以革職

湖廣總督林則徐等奏摺

請將京山縣知縣宋其洝與來鳳縣知縣梁芸滋對調

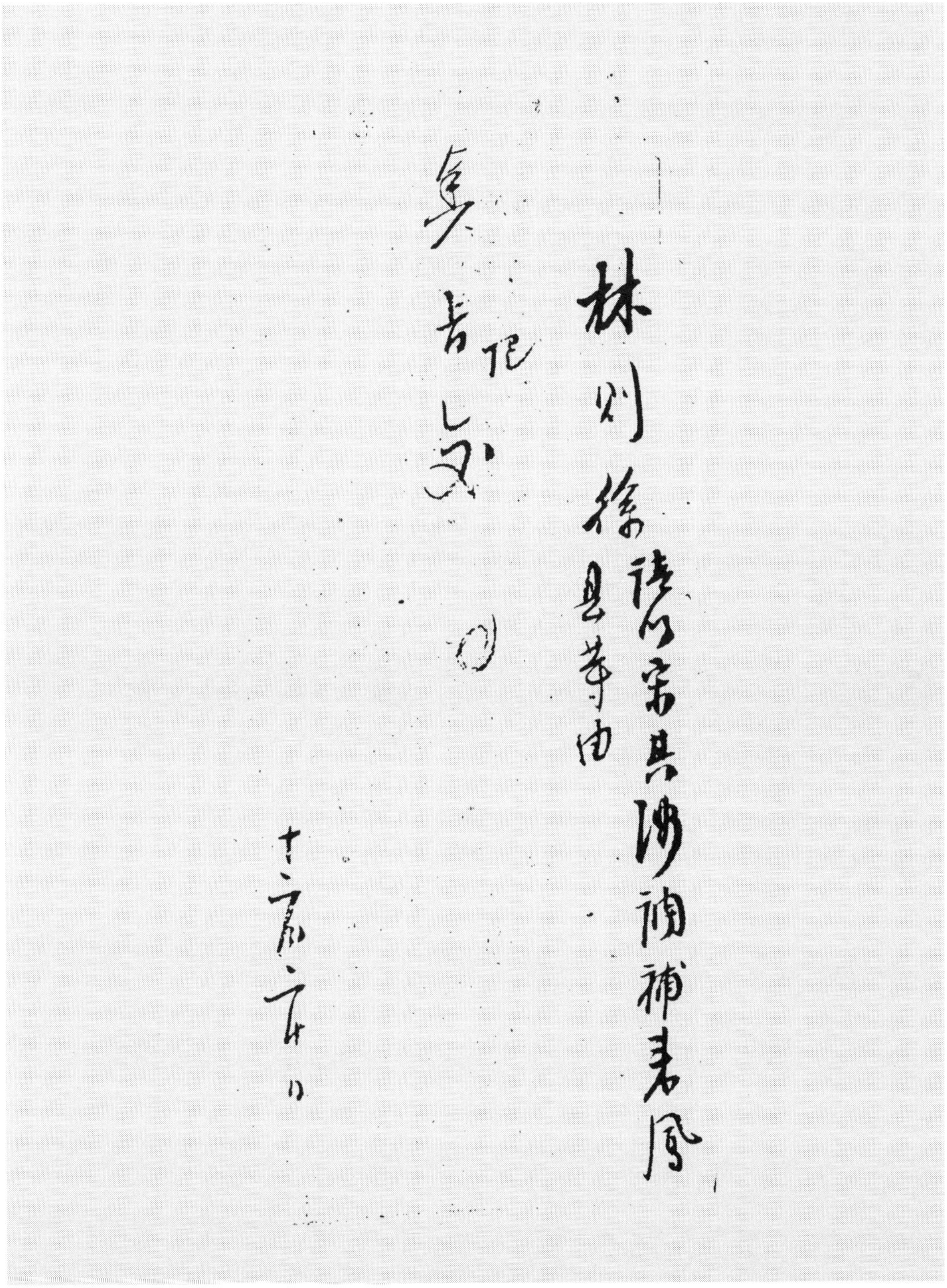
林則徐請宋其洝補來鳳
縣等由

一九 湖廣總督林則徐等奏摺 請將京山縣知縣宋其沅與來鳳縣知縣梁芸滋對調

道光十七年十二月初四日

湖廣總督臣林則徐
湖北巡撫臣周之琦 跪
奏，爲知縣人地未宜，酌請對調，以資治理，仰祈
聖鑒事。竊照知縣題調缺分繁簡不同，而因爲選缺
亦有難易之分，務使人地相宜，庶可各收其益。查
湖北州縣內有不稱職，未能免多貽誤，臣等隨時
覈辦，分別降補勒休
奏明在案。其中尚有人地不甚相宜必須量
爲轉移，以實設法。查安陸府屬之京山縣
縣屬中缺，係南傍襄河，各隄堤險要最長，爲
衝途，宜物劇堅要，非熟悉隄工之員不足以
資治理。該補京山縣知縣宋其沅現年四十
歲，山西舉人，由大挑知縣分發湖北

題署雲夢縣知縣，因該縣所管河道口船約到湖
繳憑回原省內
奏請撤任，回省察看，另補。道光十七年
題補斯缺，八月十六日任事。該員年壯才明，廉隅謹
飭，惟於隄汛要工未能諳練，未便遷就。查有
題署來鳳縣知縣梁芸滋，現年四十三歲，山西監
生，由議敘常例加捐知縣，分發湖北，道光九年
到省，十七年
題署來鳳縣知縣，現已准到部覆。該員樸實
勤幹，辦事實心，歷署鍾祥、潛江、蘄水等縣，
所辦隄工亦極無誤，以之調補京山縣
知縣，於地方隄務實有裨益，所遺來鳳縣

一九

湖廣總督林則徐等奏摺　請將京山縣知縣宋其沅與來鳳縣知縣梁芸滋對調

道光十七年十二月初四日

簡缺，飭以其沅可以安其調補，亦堪勝

任。如此一轉移間，均可不致於情形未協似恐

天恩，俯准以京山縣知縣宋其沅與來鳳縣知縣梁

芸滋相對調補，庶人地各得其宜，必有裨益

俞允。該員因其等係試用知縣

題署未滿，例不請調，應俟京山縣俟試署期滿另

請實授。該員等均係以簡調簡，毋庸送部

引見。理合據實恭摺具

奏，伏乞

皇上聖鑒訓示。謹

奏。

道光十七年十二月二十日奉

硃批　　欽此

十二月初四日

湖廣總督林則徐等奏片

飭令梁芸滋先行赴任署理京山縣知縣

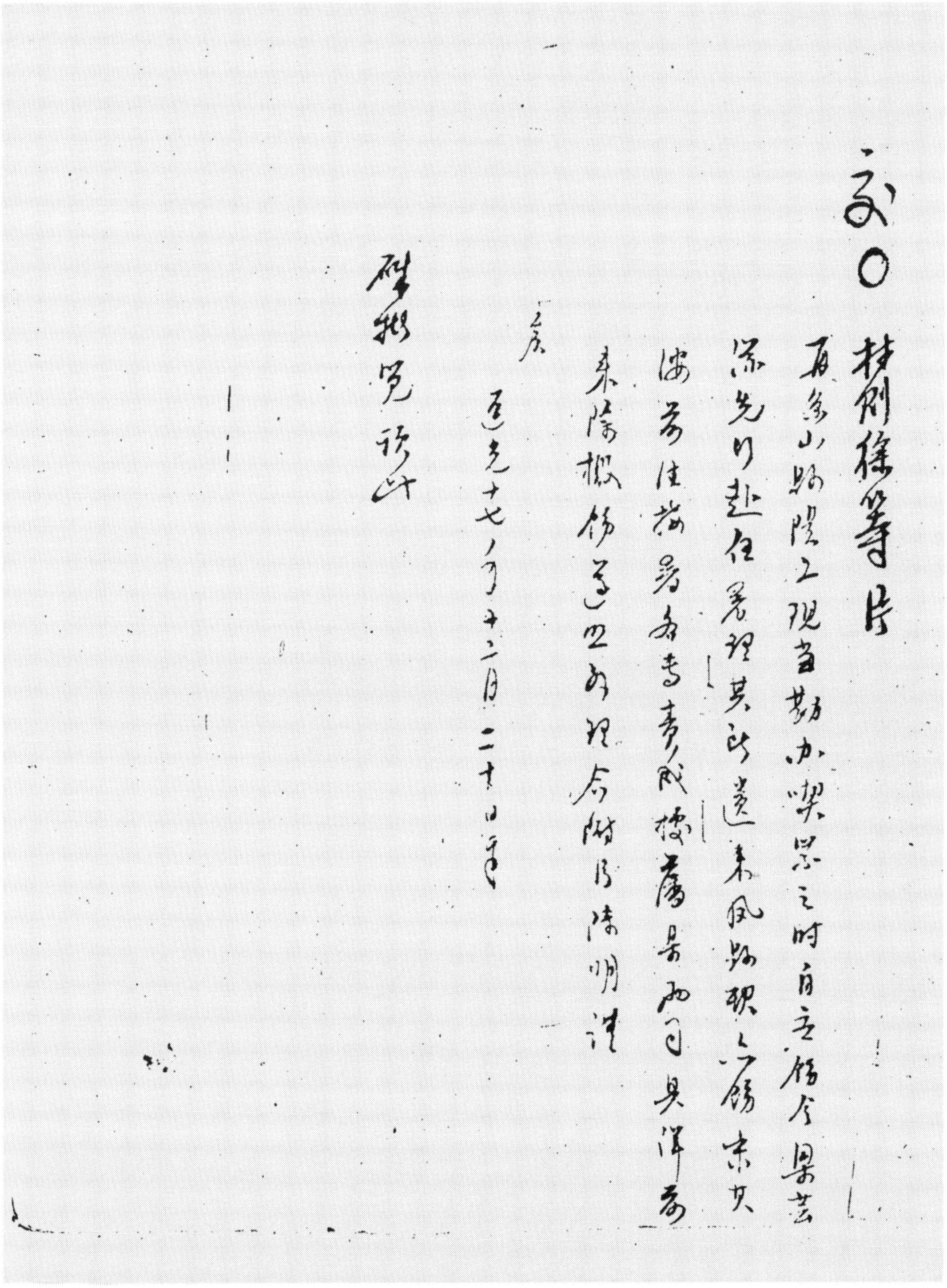

奏〇林則徐等片

再，京山縣隄工現當搶辦吃緊之時，自應飭令梁芸

滋先行赴任署理。其所遺來鳳縣缺，亦應飭宋大

溶前往接署，以專責成。據藩臬兩司具詳前

來，除撥飭遵照辦理外，合附片陳明。謹

奏。

道光十七年十二月二十日奉

硃批：覽。欽此。

湖廣總督林則徐等奏摺　籌議清理屯田章程

道光十七年十二月初四日

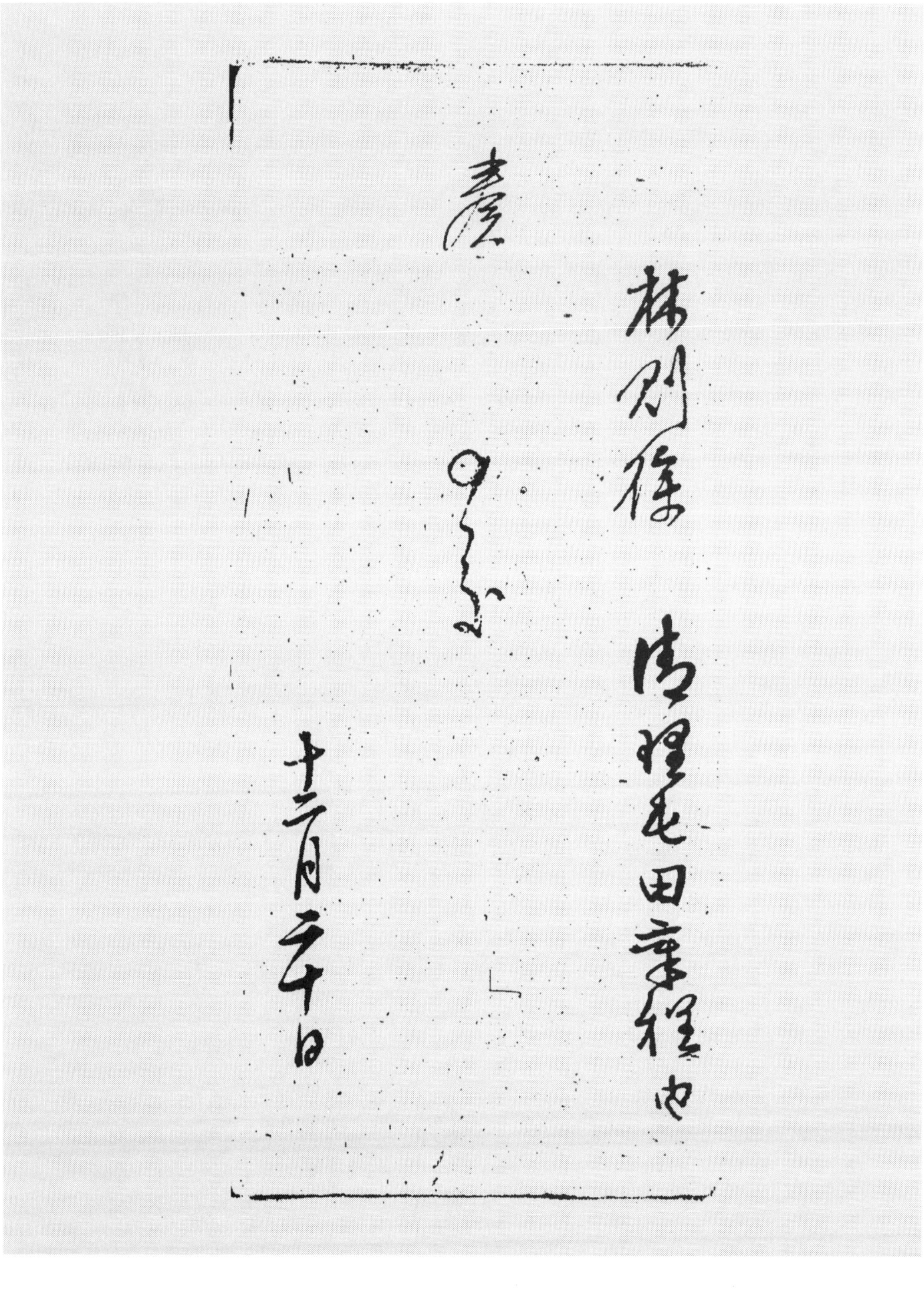
林則徐清理屯田章程也
奏
十二月二十日

一九

湖廣總督林則徐等奏摺　籌議清理屯田章程
道光十七年十二月初四日

湖廣總督臣林則徐
湖北巡撫臣周之琦跪
奏爲遵
旨清理屯田妥議章程仰祈
聖鑒事竊查前准前漕臣朱爲弼咨會具奏籌
議漕運事宜案内條陳各衛屯田應照嘉
慶八年起查明續有私典屯產若干年分論
現運之丁是否原典現執之戶是否原買勒
立年限章程俾原價贖回歸船流運欽奉
諭旨著有漕各督撫妥議具奏等因欽此當經
前督撫臣札飭司道轉行各衛將屯田清理
去後嗣據武昌等六衛守備具詳各衛軍屯
散處本省四十餘州縣及湖南江西安徽等
省周歷清查道路遼遠刻難竣事現在新

清厘臨期各有合運事件難免顧此失彼之虞
請旨由嘉慶八年成案於道光十七年編
審丁產之際一併查明以歸簡便而免煩擾
其情隱續咨准部覆行令襄咸辦理臣等
伏查屯田爲贍運而產原應回贖歸屯惟
典賣之丁無力回贖者居多此項皆衛備實
力查催終屬有名無實第回贖屯田衛所設
雖有原限不贖虛文催止回利催其失業典
賣並無例議該備無所警懼遂敢視
爲具文是清釐屯田首在嚴定備弁分賠
各自所考成不致仍前玩忽應將已賣者仍早
歸屯於限內未賣者亦免私售於將來查辦
可臻實效並飭據藩司糧道議定章程共
詳前來臣等詳加考覈籌議六條謹爲我

皇上除之

一清查屯田宜責令屯頭戶首開報以免隱漏查
屯田原係贍運而設其有私相典賣屯頭戶首
斷無不知若屯頭戶首隱匿不言者即使另
從通屯清查難保不有奸隱情弊應請即
由該管衛備隨清軍同知會同屯坐州縣勘
驗各軍屯頭戶首逐一據實開報並將坐落頃
畝典賣戶數並旗丁買戶姓名造具清冊先
行呈候核辦倘有奸隱等弊即行從嚴

一典賣屯田宜分別加津回贖以昭平允查湖北
武昌武左黃州蘄州襄陽德安六衛屯田於
乾隆二十四年三十八年五十六年及嘉慶八
年節屆清查業將查出例係典賣屯田奏准
照例加津在案此次清查其已加津之產自

毋庸續行查辦，應請自嘉慶八年清屯以後為始，如運軍有將屯田私行典賣者，無論承典承買是軍是民，概令本丁照價回贖。價在一百兩以內者勒限一年；百兩以上至三百兩者勒限二年；三百兩以上者勒限三年，務須依限贖歸。如本丁無力，許同船共任之丁備價贖取，歸船濟運，不得再議加津。倘有指贖之户，照例治罪。

一、同軍代贖，宜酌定歸還原價，以免偏抑。查本丁典賣之田無力回贖，責令同船共任之丁備價贖取，是取其捐己資以贖公產，自應酌辦。體恤應請飭定所贖之田每年應得租息若干，核計幾年租息足敷原價，先儘贖田之丁收得租息，當價償還贖資，俟償足後再歸本船濟運，庶無偏抑。若贖田之丁

一、

蔽於朦混多收，不歸本船者，查出倍追，多收租
息入官。

一、民人頂種屯田，或有出售，宜一併回贖，以符定
例。查湖北各衛屯田，本軍因無暇自種，往往
頂與民人耕種，認租以濟運費，此與佃户無
異。若屢可以頂種之民有私行轉售他人
者，應即追還，請照依典賣之例一併回贖，庶
免日久輾轉售賣，無退誤。民人所得售價，給與贖主。

一、催贖屯田之備弁，宜加嚴參，以警玩忽。查
定例，軍丁回贖屯田一年限內贖不及十分之
五者，將衛所官弁罰俸二年；回贖二分以上者免
議。若該衛弁查催不力，因核原定處分太輕，
心存慢。當此次取贖屯必於限內一律贖竣，
自應酌量加嚴，請將一年限內應贖屯田作為十

分。計其此衛所官弁未贖不及一分者免議。一分以上至二分，罰俸一年；三分，罰俸二年；四分，罰俸三年；五分，降一級；六分，降二級；七分，降三級；八分以上，革職，俱留任，再予限一年，戴罪催贖，限內贖竣，准其開復；若限滿仍未贖竣，即照原議處分，分別調用、革任，以儆。於限內十分全贖，或將未屆限之田催令回贖者，照例給予議叙。所以道光十八年為始，俟一年限滿，查明已未贖分數，開列職名送部，分別議叙。議叙之該官弁於年限內遇有事故離任，應照承贖未完案件離任官例議給。接任官以到任之日起，照依年限催贖，不足數照前例議處。

一、清屯以後，宜責成衛官嚴禁典賣，如有典賣

應予處分，以示懲創。查向來八旗地畝清查
以前私行典賣與民，失察之地方官例有處分。
軍丁私將屯田典賣，衛所官弁並無例議，
即屯頭戶首亦不加罪，遂致任其行之典賣。
自應嚴立科條，以截其流。應請自此次清查
以後，以道光十八年為始，如旗丁再有將運田私
行典賣與民者，除業主售主均照盜賣官田
律治罪外，其失察之衛所官弁及地方官，
失察八旗地畝典賣之例議處。如典賣不止
一起，即按起參處。一起罰俸一年，二起罰俸
二年，三起罰俸三年，五起降一級，六起、七
起降二級，八起、九起降三級，十起革職，俱留
任。十起以上，即議以革職離任。屯頭戶首按
照業主售主應得罪名減等問擬。定於每

年未印前由該管糧道查[illegible]明捐賠如無
典賣而取出具印結分送院司以備查覈
以上各條臣等悉心酌議取回贖以重軍產
嚴禁分以杜賣成務旗丁贍運有資漕務不致
貽誤是否有當理合恭摺具
奏伏乞
皇上聖鑒敕部覈議施行謹
奏　道光十七年十二月二十日奉
硃批該部議奏欽此
十二月初四日

湖廣總督林則徐等奏摺

查明各屬奉部駁删馬價已未完繳銀兩分別辦理

林則徐等部駁馬價已兩分別辦理　由

京

〇安

十二月二十日

湖廣總督臣林則徐
湖北巡撫臣周之琦 跪
奏為查明各屬奉部駁刪馬價銀兩已未完繳分別辦
理恭摺仰祈
聖鑒事。竊照湖北省道光四年至十年分驛站奏銷案內
部議未經聲敘動用買馬分例，飭請銷馬價銀兩不
准開銷，以今着追，未據撥並，而遽衙職名送部，均
經先後行司又照飭理在案。茲據藩司張岳崧、臬
司程銓將前項奉駁歷年馬價銀兩查明已未完數
目分別著追、涉追並請豁免各職名詳請具
奏前來。臣等查驛站馬匹向係題部價准采買，
嗣經兵部奏駁，准買不按年買補，仍以買回舊馬
為詞而混入報銷者不准開銷，駁令追繳造報。其
因查道光四年至十年買補馬匹係屬經支之員因被

湖廣總督林則徐等奏摺　查明各屬奉部駁刪馬價已未完繳銀兩分別辦理

道光十七年十二月初四日

時係幾匹多少，若僅買緩不濟急，不得不就近買補
以供差使，設經手之員又以身故任交不能代繳，聞附既
久定限寬鬆，檔查歷年既係自奉例准故
例實開銷，請照舊準，多其就近買補之係另案
驛傳起見，尚非代事違例，豈有交違，卒駁刪歸繳，稽
遲由于核紀一任少紀一年，其間輾轉交延，就近之
因係實在情形，所有未完馬價按照遲延累積名相應懇
天恩俯准，免其追繳，所有應駁刪馬價自道光四年起
至十年止，共計銀一萬七千八百二十一兩七錢，除在楚
服官各員應繳銀二千四百八十七兩二錢八分一厘，業經依
接全數完繳，俟入于道光十八年春撥冊內造報，分咨
又前任江陵縣知縣林士煥未繳銀八百二十五兩六錢，該

員因彭宜康項係革監追應由楚省勒限追繳也其
陞任別省各員共未繳銀二千九百五十兩八分二釐零應飭
丁憂告病降革休故各員共未繳銀一萬一千六百四十
八兩五錢九分零該員等久已離楚應令分移咨原
籍任所就限追繳歸款撥抵司庫款不至久懸臣等復
查湖北省驛站各縣馬價銀兩向係自行坐支
以致延玩現擬請應請嗣後將此項銀兩隨時解存
司庫俟該年奏銷後即以買馬回詳造具毛齒清冊
詳齎院司查以支給庫內歸款核實具覆以免遲延
之煩除將各員未完銀數先行造冊咨送户兵二部
查核外所有查明各屬奉部駁刪馬價銀兩分
別辦理緣由理合恭摺具

奏伏乞
皇上聖鑒訓示謹
奏。
道光十七年十二月二十日奉
硃批：該部議奏。欽此。

十二月初四日

上諭 著將湖南右營遊擊馬辰解任交林則徐逐款審鞫

軍機大臣 字寄
湖廣總督林 道光十七年十二月初五日奉
上諭有人奏湖南右營遊擊馬辰上年曾署左營叅將貪鄙卑污等款武員職司操防必應潔己奉公方能訓練兵弁若如所奏種種謬妄骫法營私如果屬實必應從嚴懲辦馬辰著即解任交林則徐按照摺內所指各條逐款嚴加審鞫務得實情毋枉毋縱以成信讞原摺著鈔給閱看將此諭令知之欽此遵
旨寄信前來

湖廣總督林則徐奏摺

密陳湖北湖南兩省文武大員考語

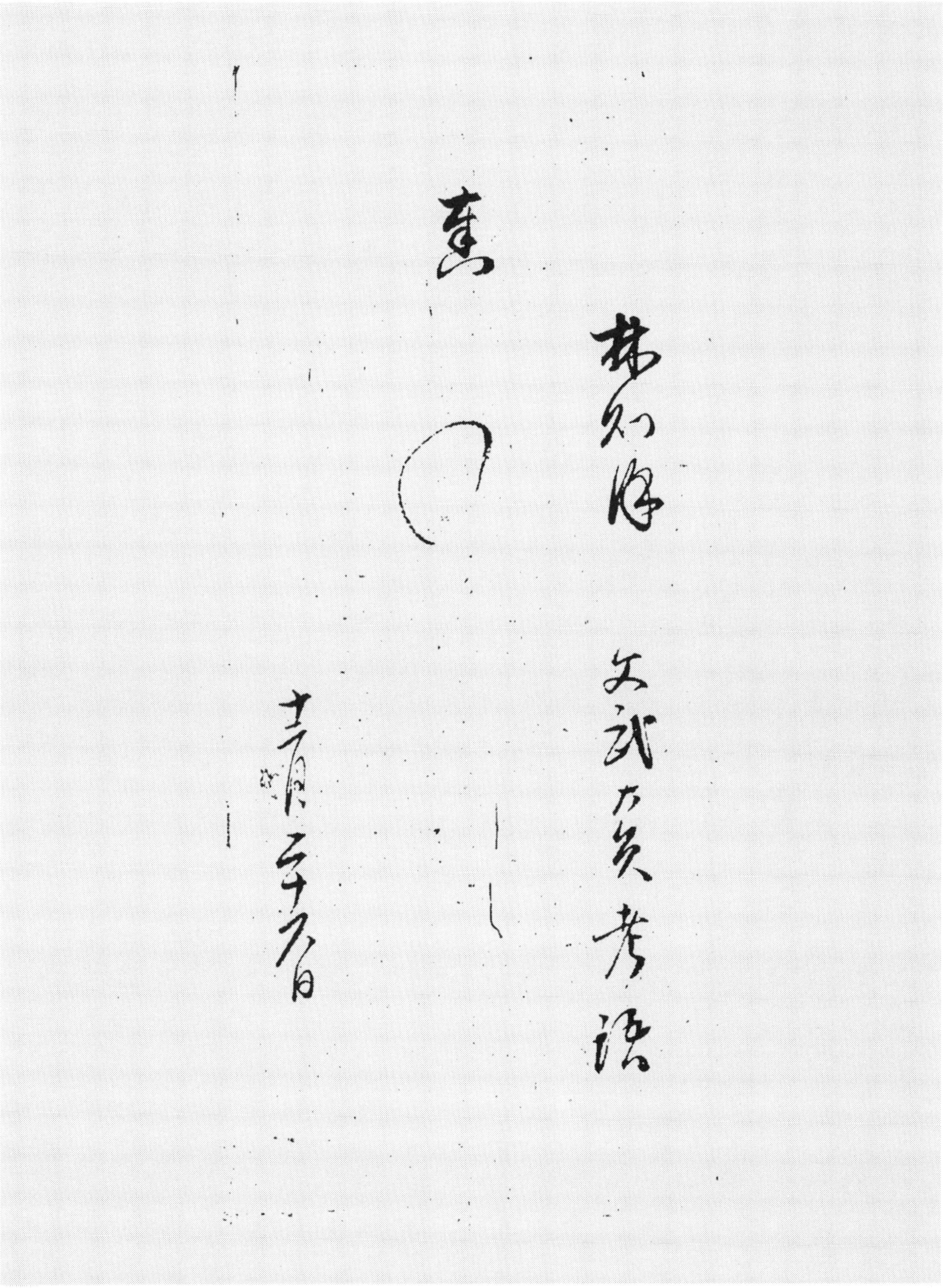

湖廣總督臣林則徐跪

奏，為密陳湖北湖南兩省文武大員切實考語，恭摺奏祈

聖鑒事。竊照兩司道府及提鎮大員，例應于年終出具密

考。臣荷蒙

恩畀任總督，總攬兩湖，吏治兵防，責成並重。雖圖報

效，務在得人，而知人不易矣，尤當勤加考察。臣因前署

兩江總督任內年終註考不實，仰蒙

訓飭，慚愧悚惶之念，每日不縈有于胸中。茲值陛

見之時，謹將到楚以來凡所目擊耳聞、密為存記者，

悉心核對，一考諸公牘之事理，一驗諸接見之語言，

一證諸採訪之聲名，一徵諸發積之成效，條晰擬定，

論方求一實字，不敢稍涉寬浮之詞。謹逐支條陳湖北

宜昌鎮總兵珠爾杭阿雖尚知為防守操
于另撥覲到又湖北漢黃德道慶霖甫任計纔數月
永順府知府相鎮源甫任準理餘皆赴部引
見沅州府新選人員尚未到任均未便加考仍俟續辦
謹具清單恭呈
御覽伏乞
皇上聖鑒謹
奏
道光十七年十二月二十四日奉
硃批單留中
十二月初十日

湖廣總督林則徐清單

湖北湖南兩省司道府各員道光十七年密考清單

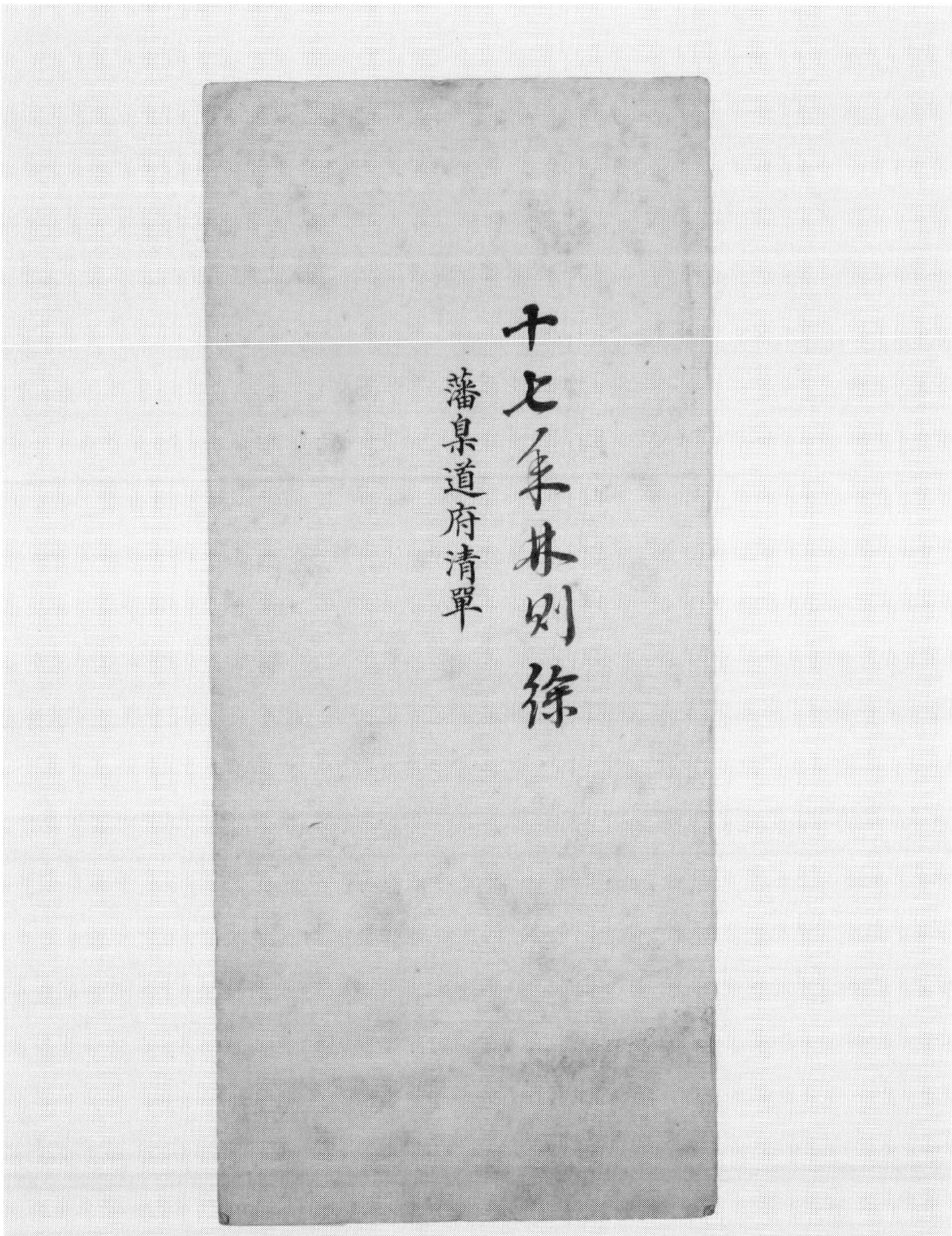
十七年林則徐
藩臬道府清單

謹將湖北湖南兩省司道府各員出具切實密
考繕具清單恭呈
御覽
湖北省
布政使張岳崧年六十一歲廣東進士道光十三年十一月到任
品學素優辦事亦公明勤謹雖年逾六十
而精力並未衰頽經理一切似俱穩妥
按察使程　銓年五十七歲順天進士道光十五年十月到省署藩司十六年四月到任
心地質樸論事亦近戇直辦理刑名案件
頗有定見不涉游移足徵諳練
糧儲道李　源年六十七歲順天副榜道光十二年九月到任
年近七旬目前精力尚健一經出運即無

從察看未知能否如常但該道辦漕已閱
多次並無貽誤且於運務甚熟現正催兑
新漕不便遽易生手仍當責成妥辦

鹽法武昌道于克襄 年五十八歲山東進士 道光十六年三月到任
鹾務事宜指授辦理均能懃懃懇懇不敢
延誤惟未能自出主見設法變通則才識
限之耳近來搜查夾帶堵緝鄰私實皆加
倍嚴緊仍俟截數後統計所銷引目照例
另行考覈

漢黃德道慶霖 年四十五歲漢軍進士
該員新到楚省甫飭赴任

安襄鄖荊道楊以增 年四十九歲山東進士 道光十五年四月到任

年强才練靜細詳明巡察各屬亦能周到
襄陽本淮鹽引地久被潞私侵佔近來設
法疏銷頗資該道之力

荆宜施道梁寶常年四十七歲直隸進士道光十五年三月到任
爽直廉明通達治體所轄荆屬江隄來往
督防不辭勞瘁洵爲認真出力之員

武昌府知府崇善年五十七歲漢軍廕生道光十四年八月到任
心地渟明辦事穩練在首府任内三年有
餘審辦要案甚多仍隨時孜孜講求洵爲
勤謹

漢陽府知府楊炳堃年五十二歲浙江拔貢道光十三年十一月到任
才情開展聽斷勤明漢郡與省城僅隔一

江故亦多有發審之案該府在任四年訊
辦均能得實所轄隄工水利亦皆加意講
求

黃州府知府楊　庚年五十五歲四川舉人道光十四年二月到任
人甚篤誠不離本色辦事亦謹守繩墨頗
能培養地方

德安府知府方長慶年四十一歲安徽監生道光十年十月到任
年力强盛才具亦明但未能十分切實仍
當隨事提撕時加稽察

安陸府知府周鳴鸞年六十二歲湖南舉人道光十四年六月到任
在本省州縣歷任多年地方隄工情形均
甚諳熟辦事穩練精力亦尚未衰

一九　湖廣總督林則徐清單　湖北湖南兩省司道府各員道光十七年密考清單　道光十七年十二月初十日

荆州府知府王若閎年五十六歲安徽進士道光九年九月到任
才具本屬老練但在任已越八年轉不免
漸近於疲現在遇事嚴催仍須再加察看
襄陽府知府金石聲年四十八歲浙江進士道光十七年五月到任
到任半年審結積案已有多起地方頗見
振作疏銷鹽引亦能籌畫有方
鄖陽府知府李嘉祥年五十二歲漢軍監生道光十六年五月到任
鄖陽距省一千三百餘里臣於兩省知府
中惟該府尚未接見聞其人不甚平正而
現辦公事無誤尚當備細訪查
宜昌府知府程家頤年四十四歲河南舉人道光九年七月到任
器宇開爽才具明晰在任多年公事均臻

一九 湖廣總督林則徐清單 湖北湖南兩省司道府各員道光十七年密考清單 道光十七年十二月初十日

妥協自係堪資表率之員

施南府知府阿爾琫阿

已於另摺甄别

湖南省

布政使龔綬 年四十七歲雲南進士 道光十六年二月到任

人本公正惟識見有稍近拘執處充以閱

歷仍可望其有為

按察使楊慶琛 年五十一歲福建進士 道光十六年六月到任

刑名精熟辦事公勤頗能剔弊釐奸為屬

員所憚

糧儲道金開第 年五十四歲順天進士 道光十二年六月到任

督運五次並無貽誤漕務之熟可知舊為

湖廣總督林則徐清單　湖北湖南兩省司道府各員道光十七年密考清單

道光十七年十二月初十日

湖北州縣詢以地方政務亦皆明晰

鹽法長寶道李裕堂年五十三歲陝西進士道光十六年七月到任

人品端方辦事不苟南省鹽務向隨北省

章程辦理該道職司稽察亦尚周詳

衡永郴桂道張晉熙年四十三歲雲南進士道光十五年六月到任

精明勤幹可與有為秋間飭屬緝私用心

出力當將衡永鹽務責成督辦該道設法

疏引已有轉機仍俟統覈銷數課其成效

岳常澧道方　濤年四十歲順天進士道光十七年三月到任

性情長厚才具中平該缺政務不繁尚可

無誤仍須隨時察看

辰永沅靖道王　簡年四十四歲山東進士道光十七年三月到任

湖廣總督林則徐清單　湖北湖南兩省司道府各員道光十七年密考清單　道光十七年十二月初十日

鎮筸自前任撫馭失宜之後治理頗難該
道到任後克己奉公輿情允洽現仍隨時
籌畫令其逐漸布置冀臻成效
長沙府知府何其興年四十七歲江蘇進士道光十六年五月到任
循謹有餘設施不足然在首郡無趨附之
習於風氣亦尚有益
寶慶府知府音德布年五十四歲蒙古進士道光十七年三月到任
才具中平尚能廉靜不擾
衡州府知府恩　長年五十歲滿洲繙譯生員道光十七年七月到任
亦係中才頗知求治到任未久尚須隨時
察看
永州府知府葉敬昌年四十七歲福建進士道光十五年十二月到任

才識俱練辦事實心率屬嚴明並無沾染
習氣審轉案件多所平反南省知府中該
守最為出色

岳州府知府耿自檢 年四十九歲陝西拔貢 道光十七年四月到任
人甚正派辦事公勤惟本年初膺外任於
一切情形尚須練習

常德府知府承　志 年三十三歲滿洲廕生 道光十六年十二月到任
年壯才明有志向上再加歷練似為可造
之才

辰州府知府王見煒 年四十九歲湖北拔貢 道光十一年二月到任
清釐案牘整頓地方似亦肯用心力而措
施未盡當可仍少功效現因俸滿給咨赴

部業已卸事

永順府知府楊鎮源年五十六歲浙江舉人

甫經准陞請咨赴部

沅州府知府

部選人員尚未到楚

湖廣總督林則徐等奏摺

施南府知府阿爾琫阿難任繁要之缺請即開缺

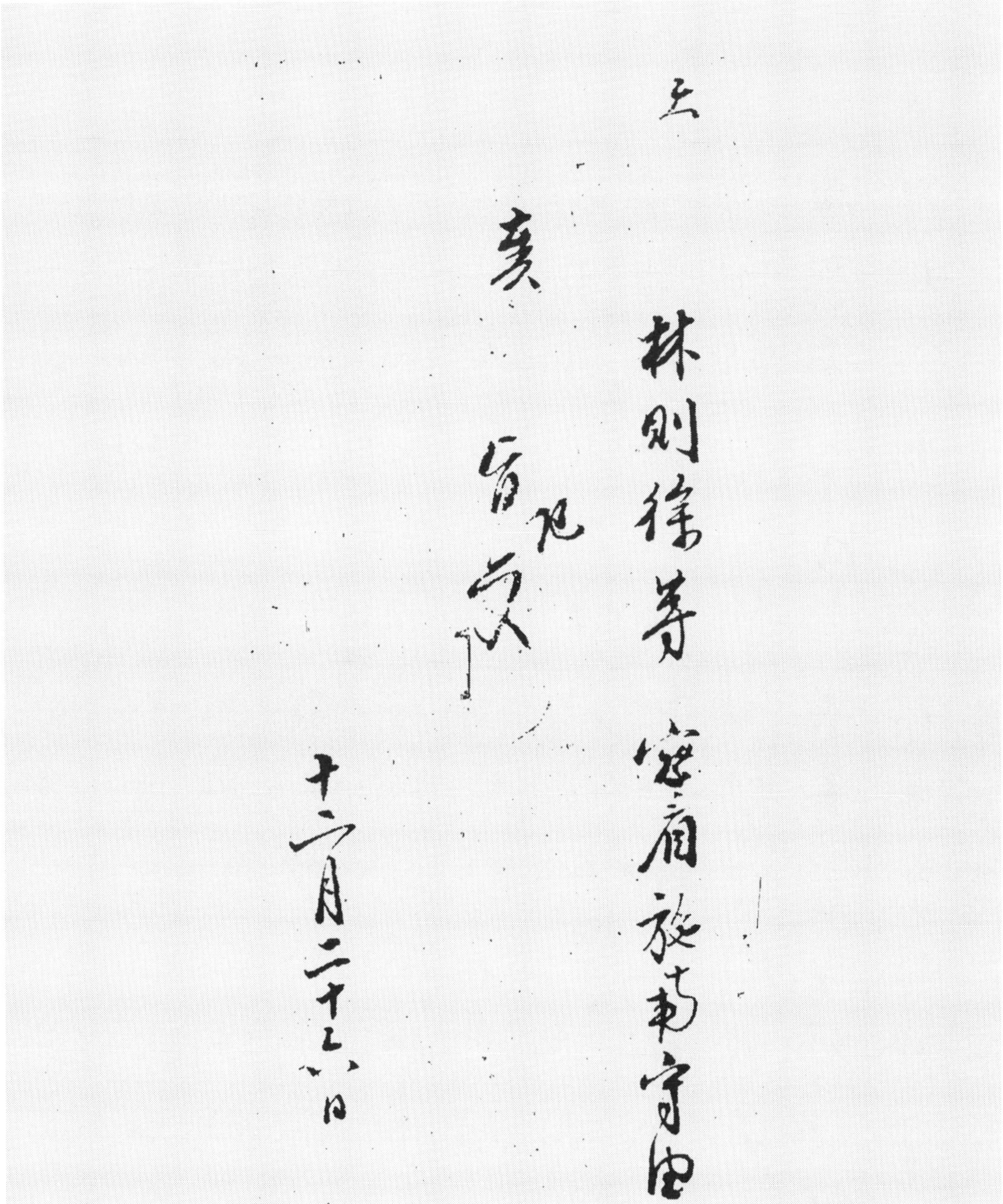
林則徐等
奏
十二月二十六日

湖廣總督臣林則徐
湖北巡撫臣周之琦跪
奏為遵
旨察看調任知府人難勝繁要之任應請開缺送部引
見恭摺奏祈
聖鑒事竊臣等前以湖北襄陽府知府阿爾捧阿人地
未宜奏請與施南府知府金石聲對調欽奉
上諭林則徐等奏知府人地未宜酌量對調一摺金石
聲著准其調補湖北襄陽府知府所遺施南府知
府員缺即以阿爾捧阿調補仍著該督等隨時
察看阿爾捧阿于繁要之缺能否始終勝任據
實具奏該部知道欽此臣等當即欽遵恭錄行
令各赴調任去後一面留心察看阿爾捧阿于施

南府果否堪以勝任隨時會商酌辦查該守
八月二十九日到任迄今三月有餘臣等衙門接其
公文除申報雨水糧價外詳案僅僅四五件計
其所轄六縣公事斷不能少即以公牘如此寥寥
訪聞該守調任以後深居簡出聽斷之日甚稀即
僚屬亦少接見明因距省窵遠轉得遂其偷安
好逸之情似此繁要邊隅難任因循貽誤查阿爾
琫阿年力正强心地非不明白果能力加振刷自
矢奮勤尚不至遽于廢棄惟現于施南繁要
之缺察看實難勝任擬屬臬司暨該管荊
宜施道會揭前來相應擬實具
奏請

一九 湖廣總督林則徐等奏摺 施南府知府阿爾琫阿難任繁要之缺請即開缺

道光十七年十二月初十日

旨將施南府知府阿爾琫阿即行開缺給咨送部引
見候
旨定奪所遺施南府知府仍請
旨之缺恭候
簡放除委員攜印署理並查明有無經手未清
事件另行核辦外所有臣等遵
旨察看緣由謹合詞恭摺具
奏伏乞
皇上聖鑒謹
奏
道光十七年十二月二十六日奉
硃批是另有旨欽此

湖廣總督林則徐等奏摺　施南府知府阿爾琫阿難任繁要之缺請即開缺

道光十七年十二月初十日

十二月初十日

湖廣總督林則徐奏摺　**宜昌鎮總兵珠爾杭阿年力就衰請勒令休致**

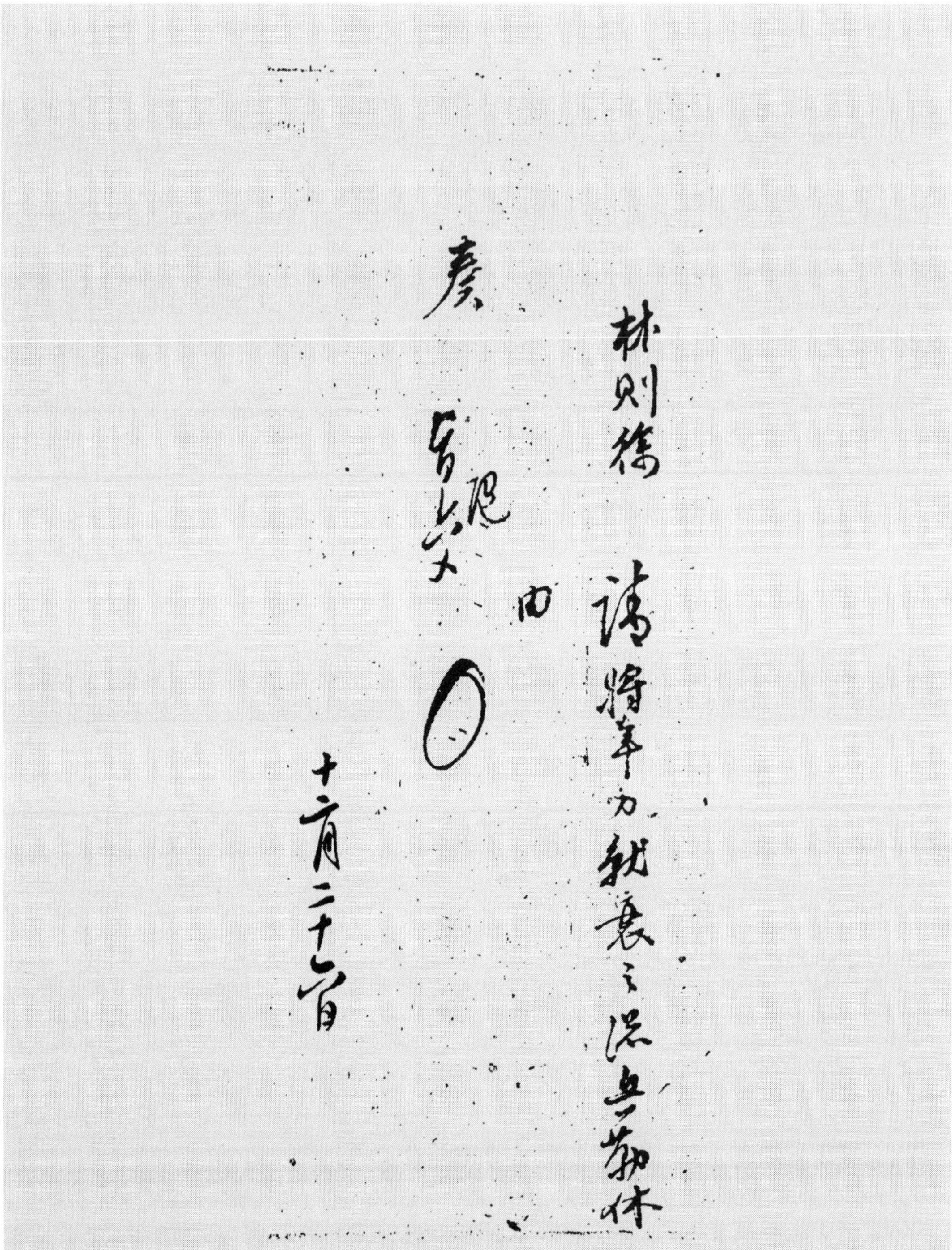

林則徐

請將年力就衰之總兵勒休

由

奏

旨

十二月二十七日

一九

湖廣總督林則徐奏摺　宜昌鎮總兵珠爾杭阿年力就衰請勒令休致

道光十七年十二月初十日

湖廣總督臣林則徐跪

奏為總兵年力就衰難期振作請

旨休致以重營伍恭摺奏祈

聖鑒事竊臣於秋間校閱兩楚標營並與各提鎮

因公接見逐一留心察看其中有於營伍地方素

見得力者當復晤訪明查擬歸年終覈辦曾經

附片具陳仰荷

聖明俯鑒茲查宜昌鎮總兵珠爾杭阿在任已閱十二

年於營務邊防雖尚不至貽誤而亦不能殊欠結實署

中往來之人品流雜出宜昌為川楚咽喉

川省私鹽侵灌狀多該鎮久於其任凡水陸

要隘亦殊不周知而未嘗悉心籌畫加意整

湖廣總督林則徐奏摺　宜昌鎮總兵珠爾杭阿年力就衰請勒令休致
道光十七年十二月初十日

飭收其所轄兵弁亦少得稍得力之人秋向日左遷
察看見該鎮精力尚健近問其在艇常屬步履
斷艱據開履歷六十五歲其實恐不止此矣
長於操作難資統率據某未便因其尚有勞績
稍任因循致有疏弛相應請
旨將宜昌鎮總兵珠爾杭阿勒令以原品休致所遺
宜昌鎮總兵員缺仰懇
天恩迅賜簡放以重營伍謹恭摺具
奏伏乞
皇上聖鑒訓示謹
奏
道光十七年十二月廿八日奉
硃批另有旨欽此　十二月初十日

丁
文
林則徐片
再宜昌鎮總兵員缺應先委員接署該鎮
距省較遠從前總兵缺出疊經就近委令
該標中軍游擊兼理有案現任游擊倭仁
布曾經兼護鎮篆亦似委令暫行兼護理
合附片奏
聞伏祈
聖鑒謹
奏
道光十七年十二月二十六日奉
硃批覽欽此
湖廣總督　道光十七年十二廿六

湖廣總督林則徐奏摺 **請以漢陽城守營遊擊趙春雲與湖北撫標右營遊擊安德淳對調**

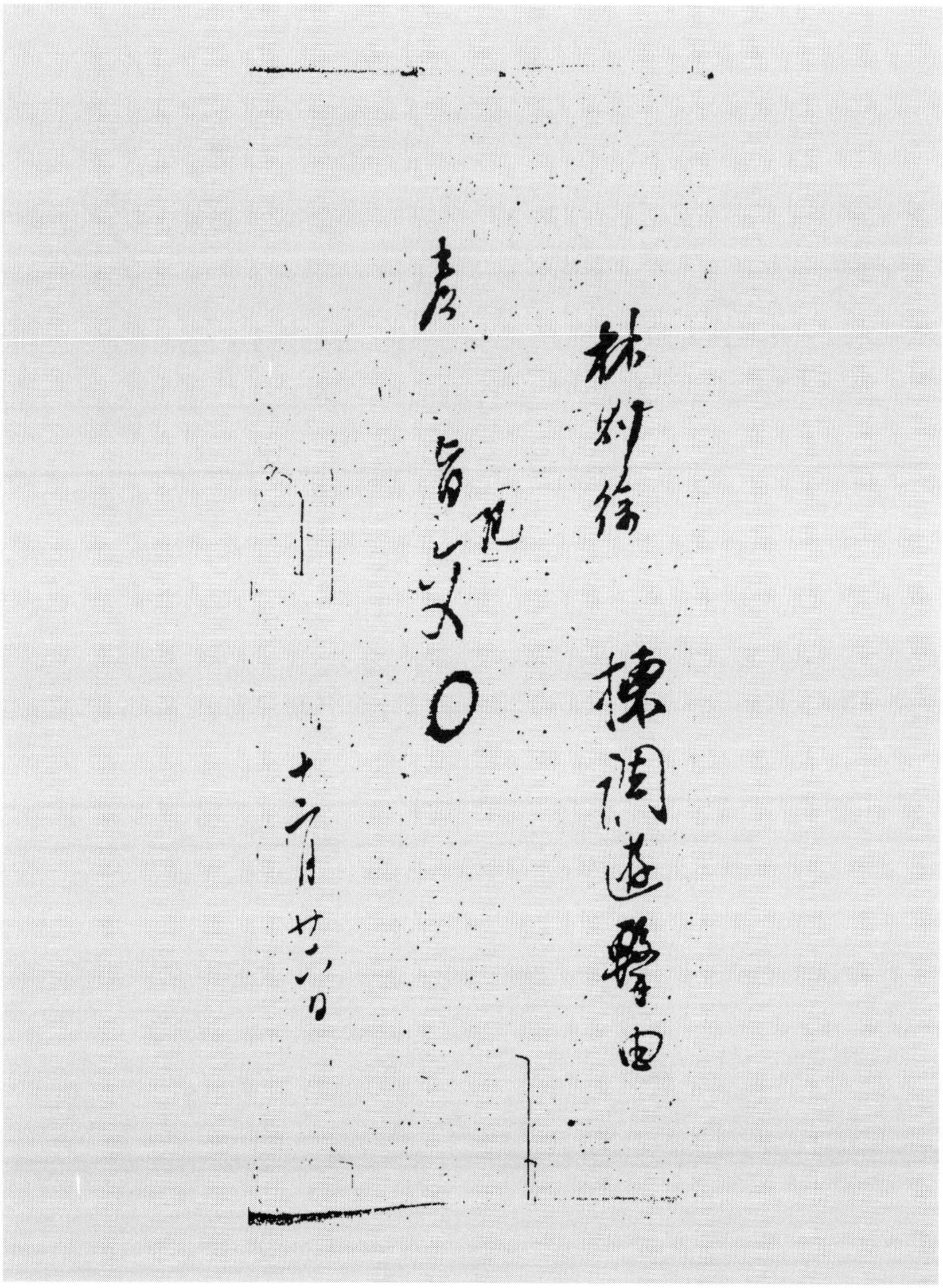
林則徐 標開遊擊由
奏
十二月廿六日

湖廣總督林則徐奏摺　請以漢陽城守營遊擊趙春雲與湖北撫標右營遊擊安德淳對調
道光十七年十二月初十日

湖廣總督臣林則徐跪
奏為新選遊擊人地未宜，酌請核員對調，以裨營伍，
恭摺奏祈
聖鑒事。竊照湖北漢陽城守營地當七省通衢，差務
絡繹，該營遊擊專轄步兵，地方商賈輻輳，人
烟稠密，奸宄尤多，凡周巡緝察巡防並稽查保
要，必須精明幹練之員，方克勝任。查新選遊擊
趙春雲，年三十七歲，河南淮寧縣人，由營千總拔補
遊擊，選補今職，於本年十一月十五日到省，即
考驗該員弓刀石、馬步尚屬合式，惟向未在營
練習，詢以差操事務，均屬生疏，照於衝途緝捕
難期得力。查例定：卸推之缺有地未宜之員不

額補者須將擬補本內聲明將現任兩缺人員調補
所遺之缺仍歸部推等語茲查漢陽營遊擊缺出
歷經奏請以標員
奏准調補有案茲查有湖北撫標右營遊擊安德淳年
四十八歲直隸新安縣人由武進士揀發今職道光
十四年六月到任該員人材倜儻訓練有方甚
為練勤奮雖有限制未便按例合得調補合
無仰懇
天恩俯准以安德淳調補漢陽城守營遊擊必期勝
任其所遺撫標右營遊擊查省城事務較
簡即請以所遺漢陽城守營遊擊趙春雲
調補以例當與換良同之缺隨時察看趙春雲

一九

湖廣總督林則徐奏摺　請以漢陽城守營遊擊趙春雲與湖北撫標右營遊擊安德淳對調

道光十七年十二月初十日

湖廣總督林則徐奏摺　**遵旨保舉副將英俊尚安勝任陸路總兵**

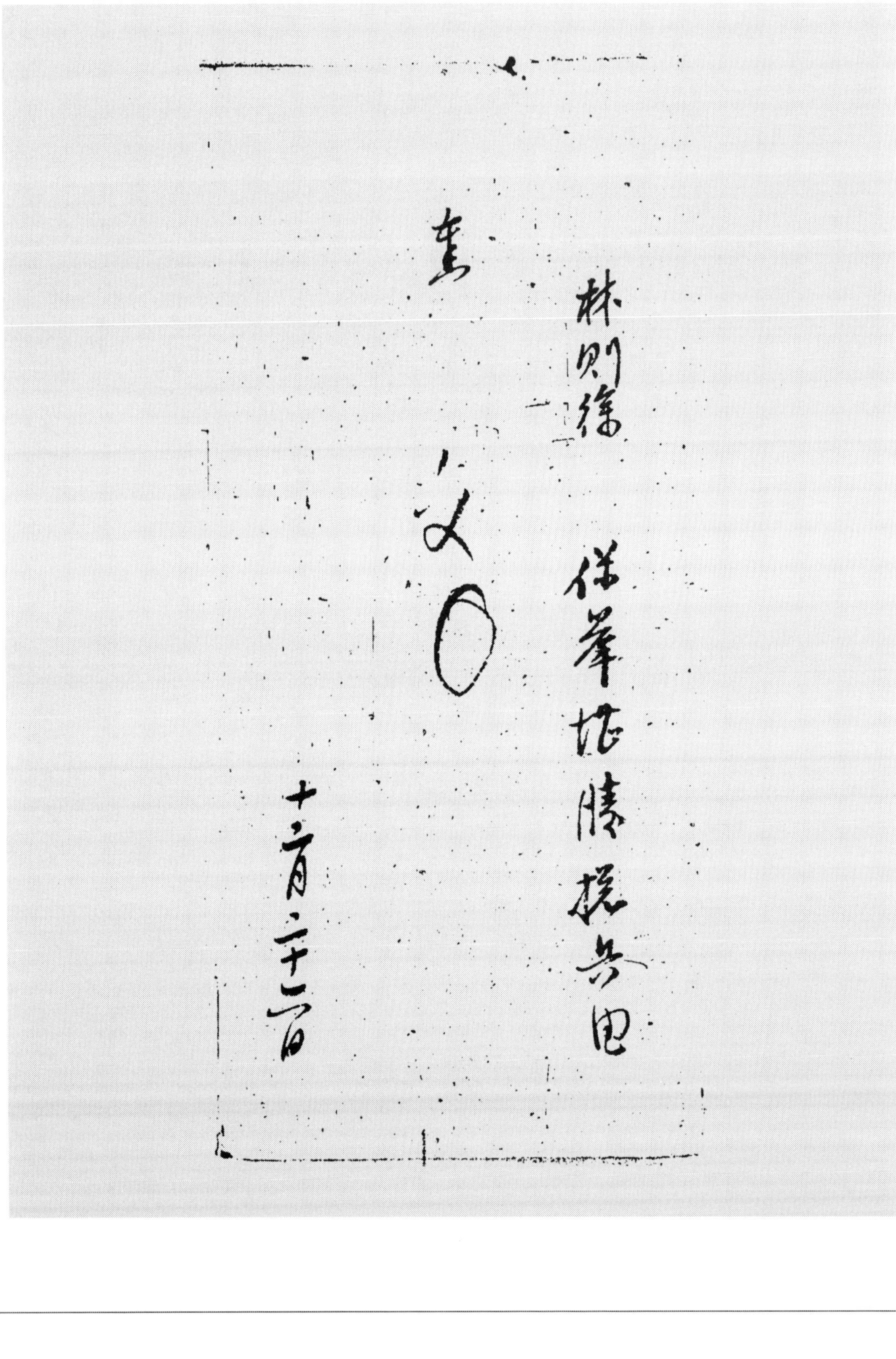
林則徐保舉堪勝總兵由
十二月二十二日

湖廣總督臣林則徐跪
奏為遵
旨保舉堪勝陸路總兵之副將恭摺奏祈
聖鑒事竊臣接准兵部咨欽奉
上諭現在記名應用陸路總兵人員將次用竣著各
該督撫於副將內即行遴選暢曉營務堪勝總
兵者保奏數員送部引見候朕記名以備簡
用欽此伏查臣所屬湖北湖南兩省共有副將
一十三員除永綏乾州二協副將經臣奏劾寶慶
常德二協副將尚未到任衡州協尚未遴人外現
在實只副將八員臣逐一遴選或僅堪循分供職
或尚須歷練數年均不敢濫行保列惟查有臣

標中軍副將英俊年四十九歲廂黄旗蒙古人道光六年由冠軍使奉
旨補授四川維州協副將丁憂服滿奉
旨補授湖北黄州協副將十二年閏九月到任十六年保列一等本年六月內經臣奏
請
旨調補今職後經保題卓異在案該員廉明勤
訓練認真通達大體堪以表率又湖南永順協副將尚安年五十三歲廂黄旗滿洲人由承襲騎都尉補放三等侍衛恩陞湖南撫標遊擊奏將
道光十四年題補今職是年十一月到任十六年保列一等給咨送部引
見奉

旨尚安准其一并註册欽此該員才技優長營務老練
並能熟悉苗情以上二員察其才具似俱堪勝
總兵之任相應遵
旨出具考語據實保舉俟奉到
硃批再行給咨赴部引
見薦條
欽定以謹繕摺覆
奏伏乞
皇上聖鑒訓示謹
奏
道光十七年十二月廿六日奉
硃批俱著送部引見欽此

十二月初十日

湖廣總督林則徐題本

題參辰州城守營外委劉允仁等疏防泊船被搶限滿贓犯未獲

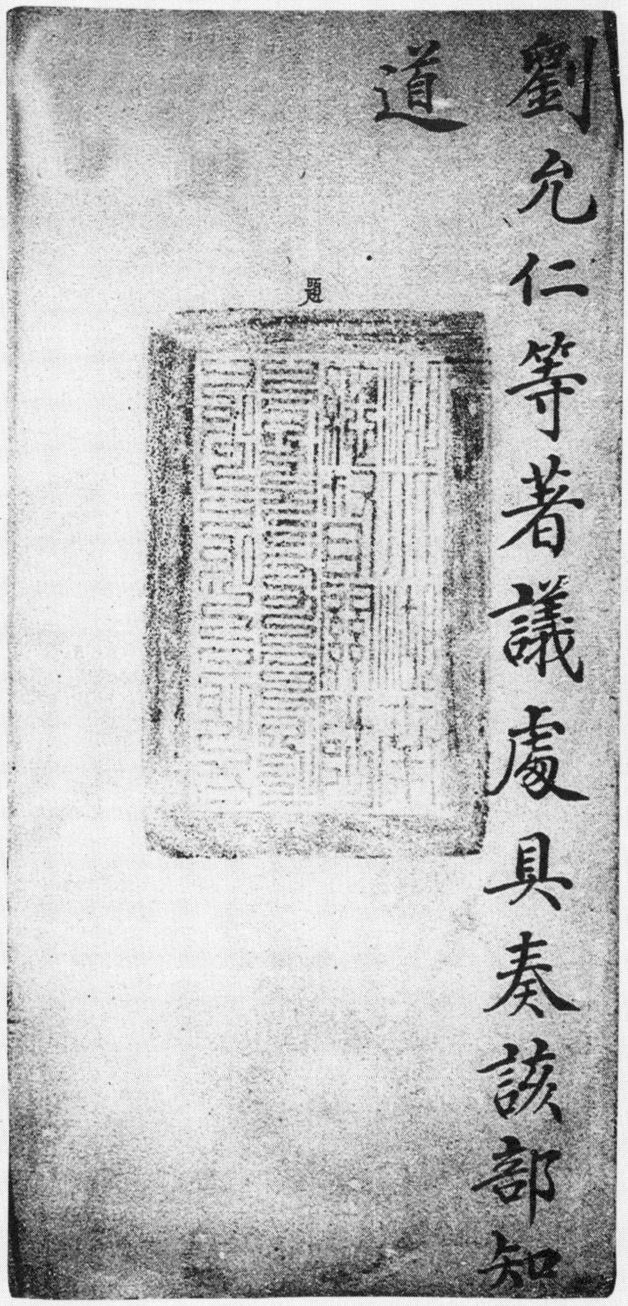
題

劉允仁等著議處具奏該部知

道

一九

湖廣總督林則徐題本 題参辰州城守營外委劉允仁等疏防泊船被搶限滿贓犯未獲

道光十七年十二月初十日

兵部尚書兼都察院右都御史總督湖廣等處地方軍務兼理糧餉臣林則徐謹

題爲報懇緝究事據兼署湖南按察使鹽法長寶

道李裕堂詳稱案據署辰谿縣知縣韋偉人詳

稱道光拾柒年貳月貳拾捌日據保正唐得武

報據客民楊如格投稱本月貳拾柒日伊雇坐

李彦育船隻裝錢往麻陽置貨是夜行至縣屬

火麻坪地方灣泊三更時分被盗數人持械上

船掀篷進倉強劫錢文伊與船戶李彦育驚覺

向阻被盗嚇禁攜錢逃遠等語往查屬實理合

報懇勘緝等情并據楊如格報同前由隨會營

詣勘訊供取結附卷除差關嚴緝贓盗務獲究

報外合先通報等情詳奉批司飭緝詳叅去後

湖廣總督林則徐題本　題參辰州城守營外委劉允仁等疎防泊船被搶限滿贓犯未獲
道光十七年十二月初十日

茲准辰州城守營移送疎防職名請參前來除
仍移飭勒緝贓盜務獲解報外查此案應以道
光拾柒年貳月貳拾柒失事之日起扣至捌月
貳拾柒日陸個月疎防限滿所有疎防武職承
緝職名係辰州城守營右哨頭司外委劉允仁
兼轄係不同城在百里以外之署辰州城守營
都司事澧州營候補守備傅世清相應開列詳
請會覈
題參再失事地方離縣城貳拾里並未安設墩臺
塘汛亦無協防外委合併聲明等情呈詳到臣
該臣看得辰谿縣通詳客民楊如格於道光拾
柒年貳月貳拾柒日夜船泊火麻坪地方被盜

湖廣總督林則徐題本　題參辰州城守營外委劉允仁等疎防泊船被搶限滿贓犯未獲

道光十七年十二月初十日

持械上船強劫錢文一案經該縣會營勘訊通
詳批司飭緝詳參去後茲據兼署湖南按察使
鹽法長寶道李裕堂詳准辰州城守營移送疎
防職名請參前來除仍飭勒緝贓盜務獲解報
外查此案應以道光拾柒年貳月貳拾柒失事
之日起扣至捌月貳拾柒日陸個月疎防限滿
所有疎防武職承緝職名係辰州城守營右哨
頭司外委劉允仁兼轄係不同城在百里以外
之署辰州城守營都司事澧州營候補守備傅
世清相應據詳指參再失事地方離縣城貳拾
里並未安設墩臺塘汛亦無協防外委合併陳
明臣謹會同護理湖南巡撫印務布政使臣龔

湖廣總督林則徐題本　題參辰州城守營外委劉允仁等疎防泊船被搶限滿贓犯未獲
道光十七年十二月初十日

綏湖南提督臣薛陞合詞恭疏具
題伏乞
皇上聖鑒勅部議覆施行臣謹具
題請
旨

道光拾柒年拾貳月初拾日兵部尚書兼都察院右都御史總督湖廣等處地方軍務兼理糧餉臣林則徐

一九

湖廣總督林則徐題本 題參辰州城守營外委劉允仁等疏防泊船被搶限滿贓犯未獲

道光十七年十二月初十日

兵部尚書兼都察院右都御史總督湖廣等處地方軍務兼理糧餉臣林則徐謹
題為報懇緝究事該臣看得辰谿縣通詳客民楊
如格於道光拾柒年貳月貳拾柒日夜船泊火
麻坪地方被盜持械上船強劫錢文一案經該
縣會營勘訊通詳批司飭緝詳參去後茲據兼
署湖南按察使鹽法長寶道李裕堂詳送疏防
職名請參前來所有疏防武職承緝職名係辰
州城守營右哨頭司外委劉允仁兼轄係不同
城在百里以外之署辰州城守營都司事澧州
營候補守備傅世清相應指參臣謹會
題請
旨

題參長沙協右營守備賈鎰財等疏防搶案限滿贓犯未獲

賈鎰財等著議處具奏該部知道

題

一九　湖廣總督林則徐題本　題參長沙協右營守備賈鎰財等疎防搶案限滿贓犯未獲

道光十七年十二月初十日

兵部尚書兼都察院右都御史總督湖廣等處地方軍務兼理糧餉臣林則徐謹
題爲報懇緝究事據兼署湖南按察使鹽法長寶
道李裕堂詳稱案據湘潭縣知縣董友筠詳稱
道光拾柒年叁月拾陸日據保正易早安報據
縣民易體賢投稱本月拾肆日夜被盜毀門入
室強劫錢文衣物伊與弟易體命驚起向阻被
賊嚇禁攜贓逃逸理合開呈失單報懇緝究等
情并據易體賢報同前由隨會營詣勘訊供附
卷除差關勒緝贓盜務獲究報外合先通報等
情詳奉批司飭緝詳參去後茲准長沙協移送
武職疎防職名請參前來除仍移飭勒緝贓盜
務獲解報外查此案應以道光拾柒年叁月拾

肆失事之日起扣至玖月拾肆日陸個月疎防
限滿所有疎防武職專汛係長沙協右營守備
賈鎰財協防係長沙協右營左哨外委史國政
兼轄不同城百里以外之副將係長沙協副將
王鏞相應開列詳請會參
題參再失事地方離縣城壹百伍拾里並未安設
墩臺塘汛合併聲明等情呈詳到臣該臣看得
湘潭縣通詳民人易體賢家於道光拾柒年叁
月拾肆日夜被盜毀門入室強劫錢文衣物一
案經該縣會營勘訊通詳批司飭緝詳參去後
玆據兼署湖南按察使鹽法長寶道李裕堂詳
准長沙協移送武職疎防職名請參前來除仍

湖廣總督林則徐題本 題參長沙協右營守備賈鎰財等疎防搶案限滿贓犯未獲 道光十七年十二月初十日

飭緝贓盜務獲解報外查此案應以道光拾
柒年叁月拾肆失事之日起扣至玖月拾肆日
陸個月疎防限滿所有疎防武職專汛係長沙
協右營守備賈鎰財協防係長沙協右營左哨
外委史國政兼轄不同城百里以外之副將係
長沙協副將王鏞相應據詳指參再失事地方
離縣城壹百伍拾里並未安設墩臺塘汛合併
陳明臣謹會同護理湖南巡撫印務布政使臣
龔綬湖南提督臣薛陞合詞恭疏具
題伏乞
皇上聖鑒勅部議覆施行臣謹具
題請

一九　湖廣總督林則徐題本　題參長沙協右營守備賈鎰財等疎防搶案限滿贓犯未獲

道光十七年十二月初十日

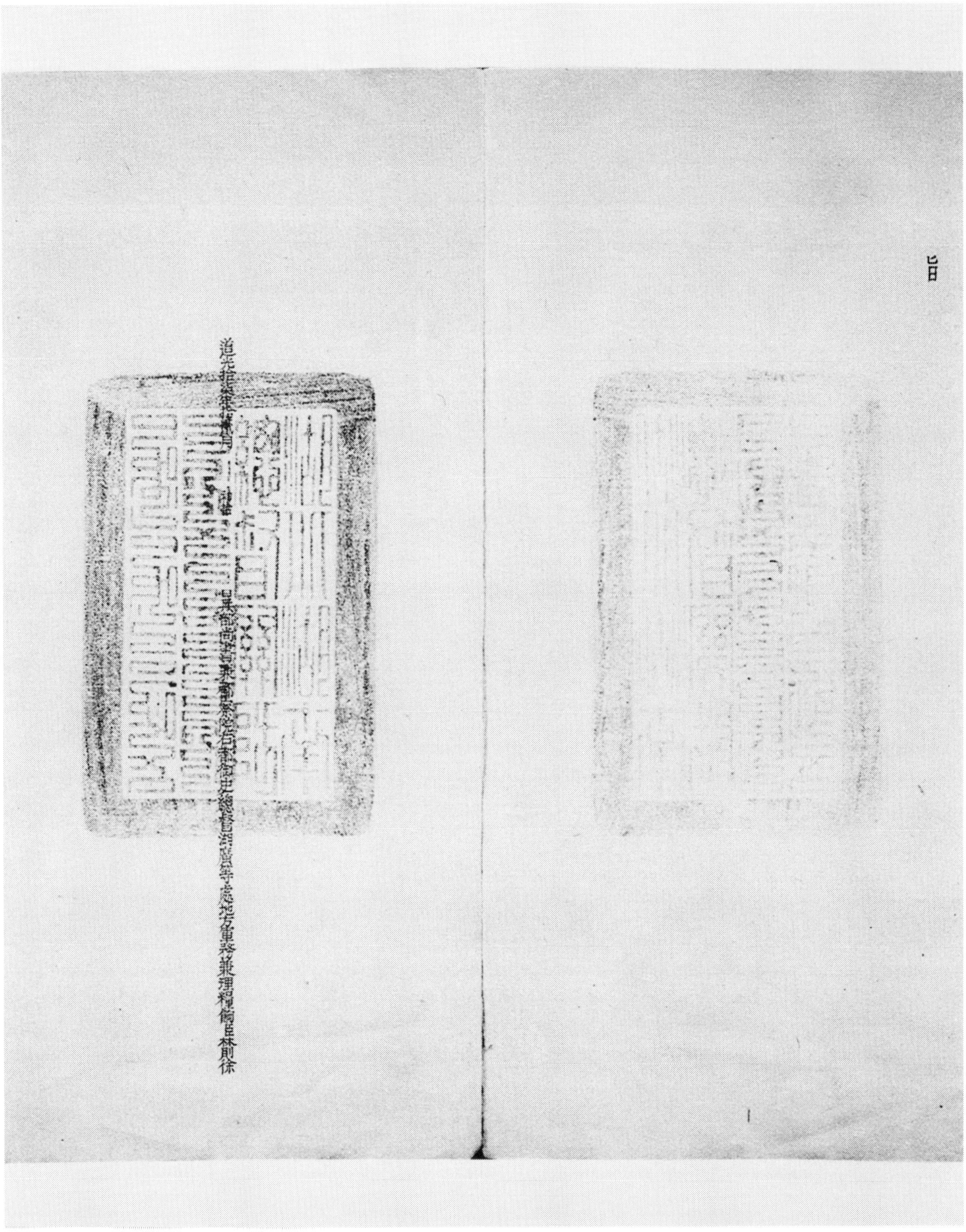

旨

道光十七年十二月初十日兵部尚書兼都察院右都御史總督湖廣等處地方軍務兼理糧餉臣林則徐

一九 湖廣總督林則徐題本 題參長沙協右營守備賈鎰財等疏防搶案限滿贓犯未獲

道光十七年十二月初十日

兵部尚書兼都察院右都御史總督湖廣等處地方軍務兼理糧餉臣林則徐謹
題爲報懇緝究事該臣看得湘潭縣通詳民人易
體賢家於道光拾柒年叁月拾肆日夜被盜毀
門入室強劫錢文衣物一案經該縣會營勘訊
通詳批司飭緝詳參去後茲據兼署湖南按察
使鹽法長寶道李裕堂詳送武職疏防職名請
參前來所有疏防武職專汎係長沙協右營守
備賈鎰財協防係長沙協右營左哨外委史國
政兼轄係長沙協副將王鏞相應指參臣謹會
題請
旨

奏報川陝楚三省總兵會哨事竣邊界安靜情形

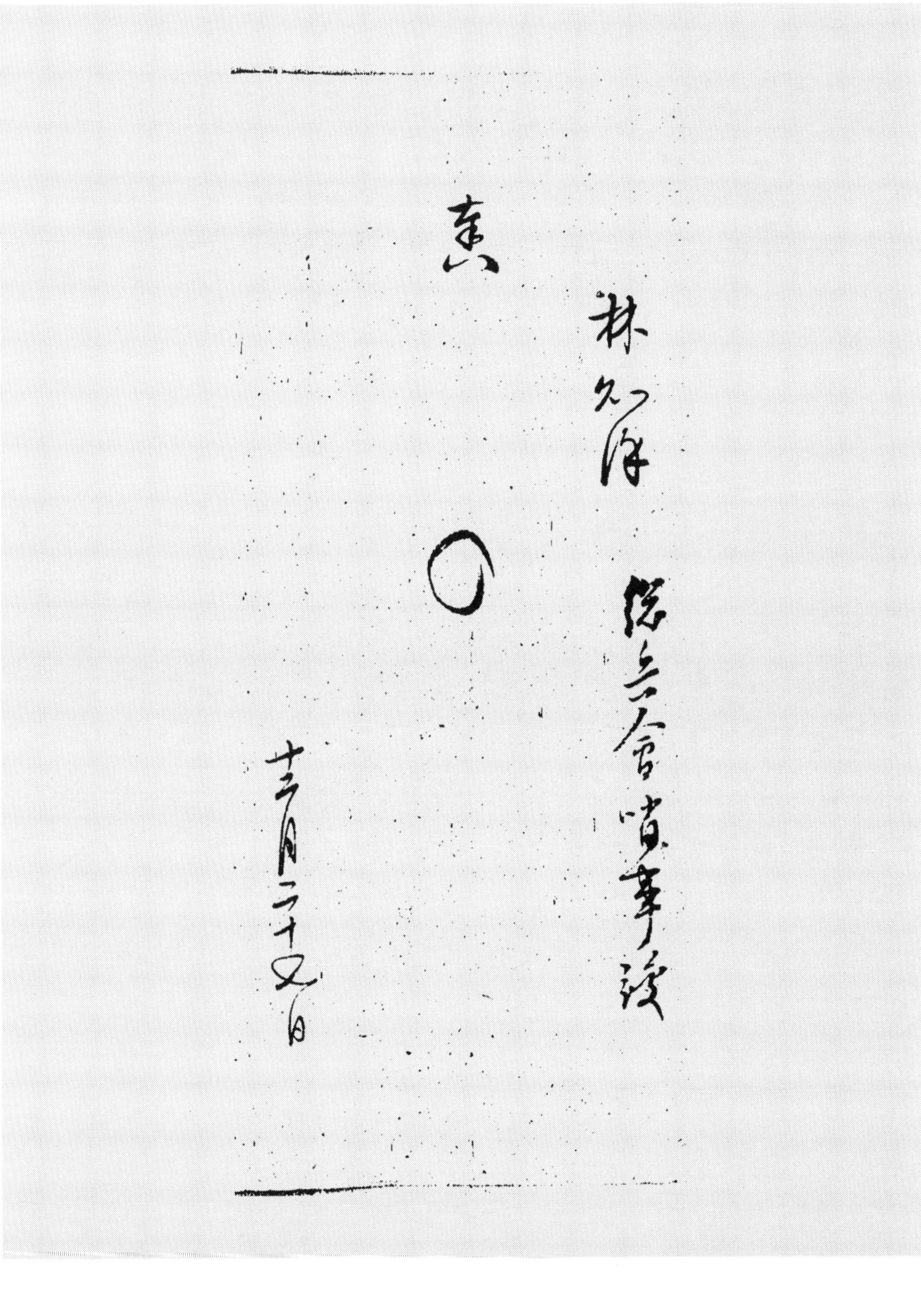
奏

林則徐

○

總兵會哨事竣

十二月二十五日

湖廣總督臣林則徐跪

奏為總兵巡哨事竣查明三省邊界安靜情形恭摺奏祈

聖鑒事竊照湖北省與川陝連界之處多係深山窮谷路

徑分歧盜匪往來靡定向例責成鄖陽宜昌

二鎮于每年冬季分赴邊界與川陝各鎮會哨歷經

遵辦在案前于道光十七年先後接准四川陝甘督臣

咨會即經分飭鄖陽宜昌二鎮分赴邊界認真巡

哨茲據鄖陽鎮總兵滿臨坤稟報于十月初旬

在陝楚交界之蓮花寺地方與陝西陝安鎮總

兵穆克登保會哨見面又據宜昌鎮總兵陳朵

枚詳報于十月二十五日在川楚交界之火燒界

嶺地方與四川重慶鎮總兵瑞作功會哨見面互

各處仍沿途傳見地方暨邊界一帶鄉村逐細查
訪民情均屬安堵保甲亦俱編查並無奸宄
潛蹤事情臣以匪徒形蹤詭秘當各省會哨之際
須俱欽遵嚴飭搜巡消弭之後更無向窩者並同
所以肅邊也飭委匪回去搶掠已被官兵痛剿逃散
該匪雖離楚界尚遠而逃匪復竄山窩難保不復
溜入境隅匪既瀕地方臣仍密飭鎮將暨地方文
隨處留心不動聲色稽查偵緝總使逃匪不能潛
蹤邊圉永臻靜謐以期仰慰
聖懷所有總兵會哨邊界安靜情形理合恭摺具
奏伏乞
皇上聖鑒謹

朱
道光十七年十二月二十八日奉
十二月十二日
硃批知道了欽此

湖北衛昌營兵米折色不敷買食動支耗羨銀兩

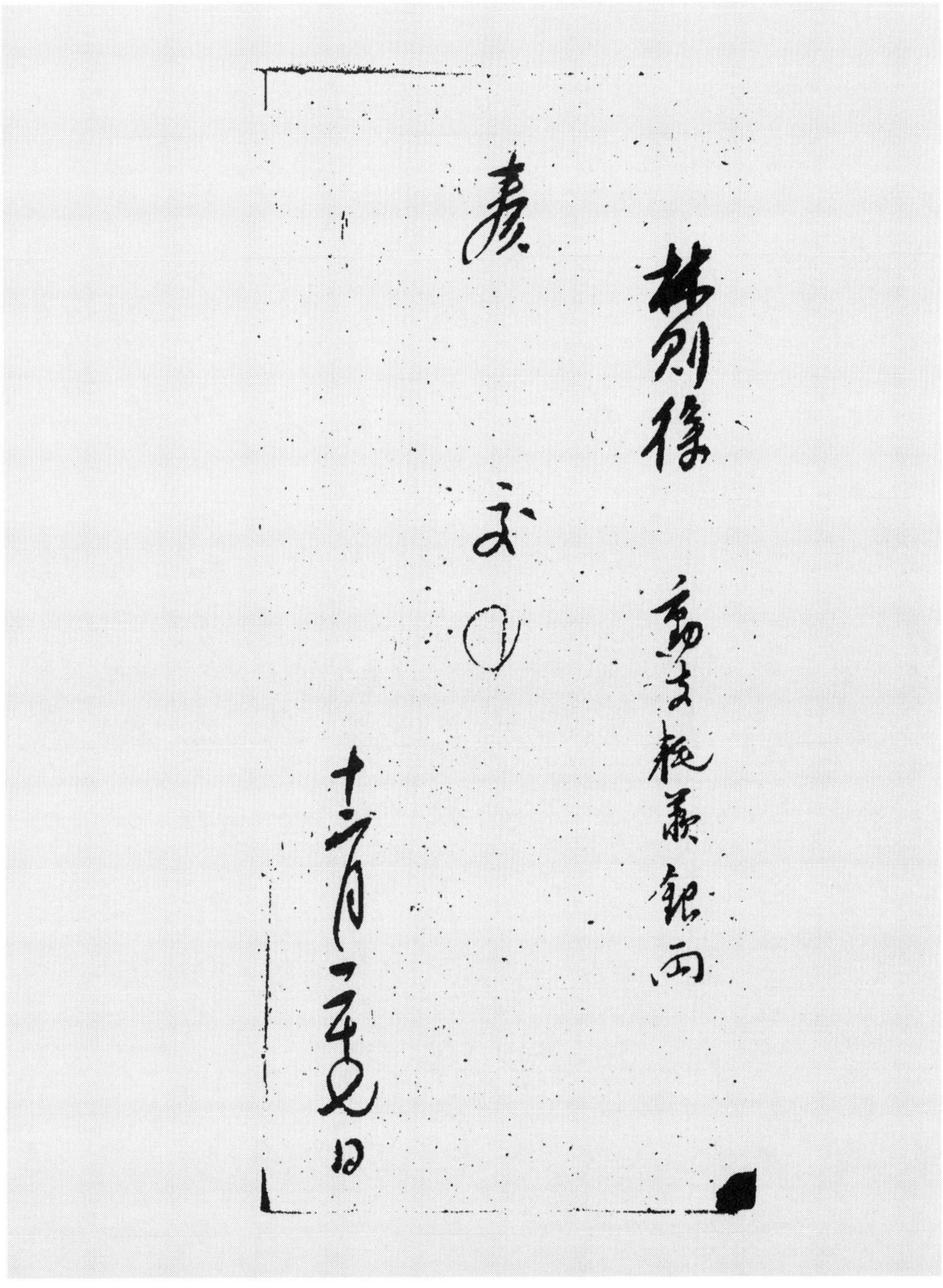
林則徐　　耗羨銀兩
奏
十二月

湖廣總督林則徐奏摺 湖北衛昌營兵米折色不敷買食動支耗羨銀兩

道光十七年十二月十二日

湖廣總督臣林則徐跪

奏為動支耗羨銀兩循例奏

聞事。竊查湖北省衛昌營一營，係處山陬，與腹地營

分情形不同，該營折色兵米每石例價

七錢不敷買食，經前督臣史致直

題准每石寬給銀三錢，又經前督臣特成額

奏准添賞銀三錢，亦為

恩賞定額。查此項寬給折色銀兩及運送該營

本色兵米腳價，歷在耗羨項下動支給

領，逐年咨部查覈。迨嘉慶六年援准

部咨：動支耗羨數逾五百兩以上，例令

奏明。歷經遵辦在案。茲據湖北布政使

據藩司詳稱查道光十七年秋季分衛昌營兵丁米石除鶴峯長樂二州縣碾放本色穀外不敷兵米一百八十五石一斗三升七合二勺五抄又冬季分合支折色米四百八十石六斗共米六百六十五石七斗三升七合二勺五抄每石於例價外寬給銀三錢應需銀一百九十九兩七錢二分二釐又道光十八年春夏二季分連閏七個月應支兵米一千一百五十二石四斗仍照江陵等縣銀價借支按程計算應需腳價八百九兩四錢八分七釐共應支銀一千九兩二錢九釐均係每年額應支之項照例在於耗

一九 湖廣總督林則徐奏摺 湖北衛昌營兵米折色不敷買食動支耗羨銀兩 道光十七年十二月十二日

羨銀兩支給等情詳請具

奏前來臣覆覈無異除咨明户部外所有

動支耗羨銀兩緣由謹繕摺具

奏伏乞

皇上聖鑒謹

奏

道光十七年十二月二十七日奉

硃批户部知道欽此

十二月十二日

湖廣總督林則徐等奏摺

勘明鍾祥縣險工循例動支籌備息銀修砌壩磯

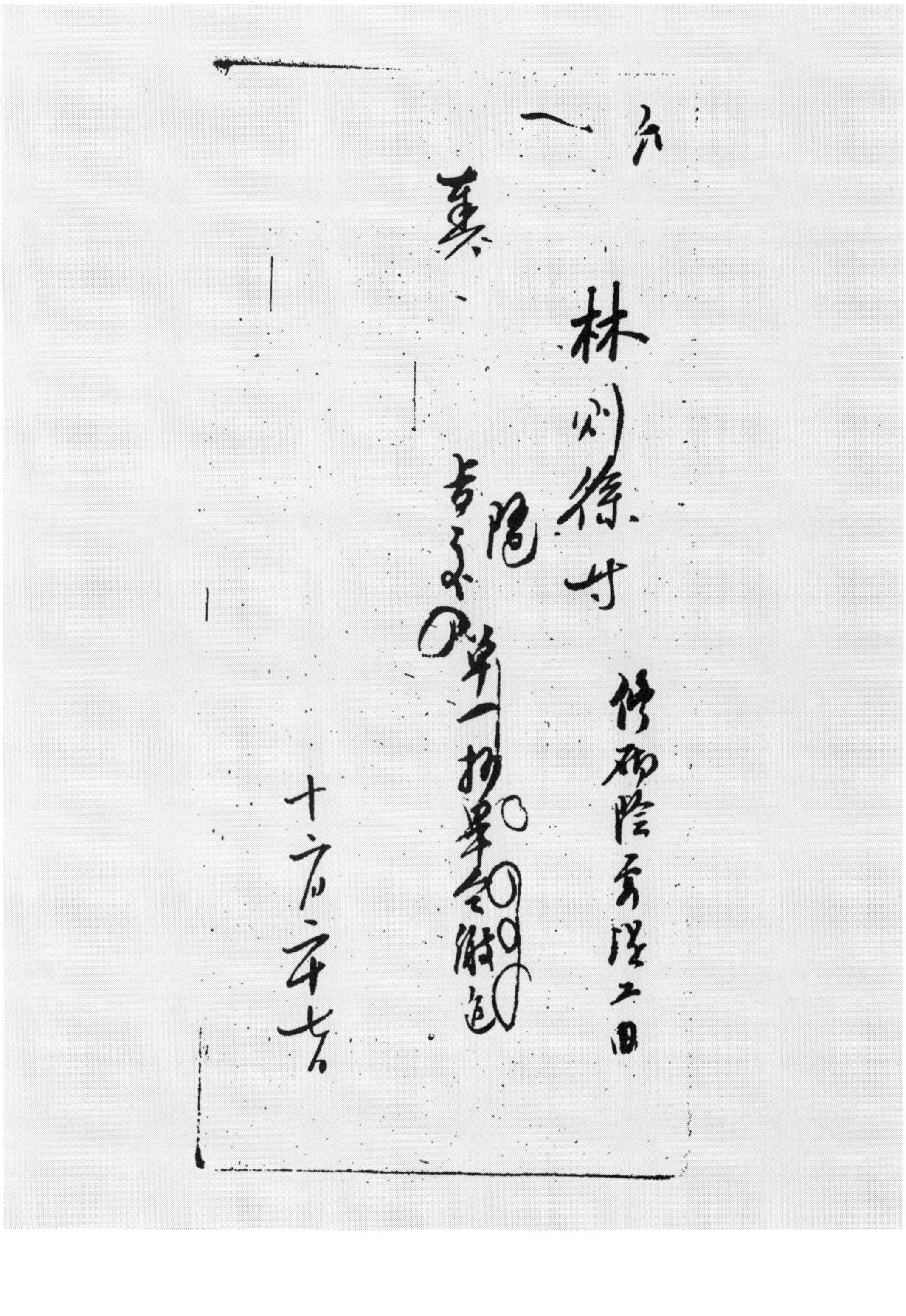
林則徐等

奏

十二月廿七日

湖廣總督林則徐等奏摺　勘明鍾祥縣險工循例動支籌備息銀修砌壩磯　道光十七年十二月十二日

湖廣總督臣林則徐
湖北巡撫臣周之琦　跪
奏為勘明險要工程循例動支籌備息銀修
砌堤磯以資捍衛恭摺奏祈
聖鑒事竊照湖北鍾祥縣境內臨襄河北岸堤塍延
長九千餘丈地居上游為下游京山天門沔陽
各州縣田廬保障前於籌備生息項下動款
歷修工程歷經動用在案上年秋汛該縣劉
公菴何家潭兩處漫口經前督臣訥爾經額
奏請撥修月堤並於劉公菴修築挑水石磯以
護隄根本年宣汛臣林則徐親詣該縣查勘
閱兵三工萬佛寺十工何家潭均屬迎溜頂
衝而萬佛寺尤為險要當又據廉堅挑砌

塊石以資裹護山磯
一在左岸之劉公庵堤在馬家灣參灘之上何家
灣又在馬家灣之下襄河水勢係由劉公庵石
堤順流至馬家灣下首坐灣多折繞越何
家灣工尾以下正河漩溜激搜迴瀾之處是劉
公庵並應石壩以資捍禦該工仍須相度形
勢將新舊各險併籌護蓋其三工等備方
濟之處該法係為經久之圖係據實委查
卸府通判周存義來鳳縣知縣畢芳浤會
同安陸府知府周鳴鸞勘得應於河東灘上
首馬家灣下首建築石壩一道長十丈面寬
二丈五尺底寬相平俾挑向大溜其內兩頭酌估

計碎石一千九百八十六方五尺，填心估土一千七百
八十二方，需銀二千七百五十餘兩。三工崇佛寺河灣
外當隄身，該處緊對河溜，逼近上年搶辦石磯，腳
長九十七丈，本年接拋七丈，共長一百四丈。並於二郎
拋築小石磯一道，隄根下首坍卸，修砌碎石
坦坡。今若再估石塌，礙難接拋，應就小石磯外
加長四丈，並將一百四丈隄身及下首家灣隄腳
坦坡加拋碎石，俾隄根足以抵禦溜勢。共
估計碎石一千一百六十餘方，需銀一千四百餘兩。
以上十工三工，共估需銀四千一百六十一兩九錢二
分七厘，均係動用本工息銀，請照上年原奏
工之有案，請將祥工根條枝江稅務撥款發達二

手垻銜分若將險工一律保固其情由司查核
所估工料尚並無浮冒具詳請
奏前來臣等伏查鍾祥縣十工何家潭三工等俱
係當險段逼溜頂衝最關緊要現據查實
勘明建築要壩加鑲坦坡均係刻不可緩之
工自應如估趕辦以資捍衛現已飭司查移請
陞息下本款內照案動支發交安陸府知
府周□督同前署鍾祥縣現任枝江縣
謝義達上緊購料興工儧辦勒限責成該府
俟其完竣後核實驗收照例保固如有減裂
即行著落賠修取估冊結另疏
題報外理合會同具予閣士尺臣無清原恭呈

御覽伏乞
皇上聖鑒謹
奏
道光十七年十二月二十七日奉
硃批　欽此
十二月十二日

湖廣總督林則徐等清單

鍾祥縣各險工修砌壩磯需用石料土方銀數清單

清單

謹將鍾祥縣三工萬佛寺及高家隄頭石磯坦坡分别加抛碎石並十工何家潭新築月隄之上馬家灣老隄之下添建石壩一道長寛高深丈尺需用石料土方銀數開具清單恭呈

御覽

計開

一三工萬佛寺原有小石磯一座原面長四尺面寛四丈出水入水高深二丈五尺今估小石磯接抛碎石面長一丈底長二丈面寛四丈底寛十六丈五尺出水入水牵高深二丈五尺石壩上面加高抛砌碎石面長一丈底長一丈四尺面寛五尺底寛四丈高七尺

該段接連坦坡原長一百四丈面寬二尺出水入水高深一丈三尺六寸今估加拋長一百四丈面底均寬一尺出水入水牽高深一丈三尺六寸又坦坡上面加高拋砌碎石矮隄面四尺長一百四丈面寬一尺底寬五尺高三尺

又高家隄頭坦坡原面長十二丈底長二十丈面寬二尺出水入水高深二丈三尺今估加拋面長十二丈底長二十丈面寬二尺底寬三尺出水入水牽高深二丈三尺又坦坡上面加高拋砌碎石與隄面相平面長四丈底長十二丈面寬二尺底寬四尺高二丈四尺

共估石一千一百六十二方三尺一寸五分每

石一方例價逆脚銀一兩二錢一分二釐共需
銀一千四百八兩七錢二分五釐七毫八絲
又十工何家潭新築月堤長二百二十六丈五
尺之上在馬家灣老隄五十五丈内之下添建
石壩一道計長十丈面寬二丈現量隄高稀淤
水面高三丈探量稀淤水深五尺先估壩底稀
淤長十丈面寬十六丈底寬十九丈五尺稀淤
水深五尺出水高二尺合高深七尺再石壩上
加築土心長八丈面寬一丈五尺底寬十五丈
高二丈七尺又於壩北迎水面包砌碎石長八
丈面底均寬七尺高二丈七尺又於壩南背水
面包砌碎石長八丈面底均寬三尺高二丈七

尺又石壩土心上面普律益砌碎石長八丈面
寬二丈底寬二丈五尺高一尺又於壩頭拋砌
碎石面底均長二丈面寬二丈底寬十六丈高
二丈八尺
共估石一千九百八十方五尺每石一方例價
運脚銀一兩二錢一分二釐需銀二千四百兩
三錢六分六釐
共估土一千七百八十二方查該段取土外係
溝渠須搭橋遠遠一百八九十丈不等每土一
方例夫三工倍夫三工硪夫六分計銀一錢九
分八釐需銀三百五十二兩八錢三分六釐
以上三工萬佛寺十工何家潭統共估需銀四

千一百六十一兩九錢二分七釐七毫八絲

覽

湖廣總督林則徐等奏片

請動支沙洋籌備生息銀興修潛江護城土隄

該部議奏。

林則徐等片

再，湖北潛江縣城外舊有四面土隄一道，保障城
垣，遇有殘缺，歲修工程均在安陸府沙洋籌備
款內動支興修，報部核銷。嗣准工部咨稱：一切
河道工程，銀數在五百兩以上者，應奏明辦理等
因。遵照在案。茲據署潛江縣知縣何渭珍詳
報：該縣城土隄南字十一號起至二十五號止，
共十五段，因本年夏秋二汛水勢盈隄，直逼隄
腳，並被風浪汕刷，殘缺卑矮，處處險要，應須
撐加高厚，方資抵禦等情，當經臣等批司委
員勘估，去後，茲據湖北布政使張岳崧、准安
襄鄖荊道楊以增移，據安陸府知府周鳴

覆勘明殘缺處實標誌估計各段內應幫
寬二丈五尺至四丈八尺不等加高至三四尺不等
實需夫土銀六萬九十六兩七錢四分九厘取造
冊結圖說由縣勘結由道加結移司核詳請
奏前來臣等查潛江縣護城隄工為縣城保障
備有要修專款亦據該管道府勘報道光
十七年被水沖刷殘缺工段估需夫工土銀六
萬九十六兩零核明並無浮冒自應照歷次章
程在于安陸府撥存沙洋籌備生息銀內動
支給發該縣趕緊興修務令層土層硪如式
堅築以臻鞏固而資抵禦除將估冊結圖
送部外謹循例附片具

奏伏乞

聖鑒謹

奏

道光十七年十二月廿七日奉

硃批

欽此

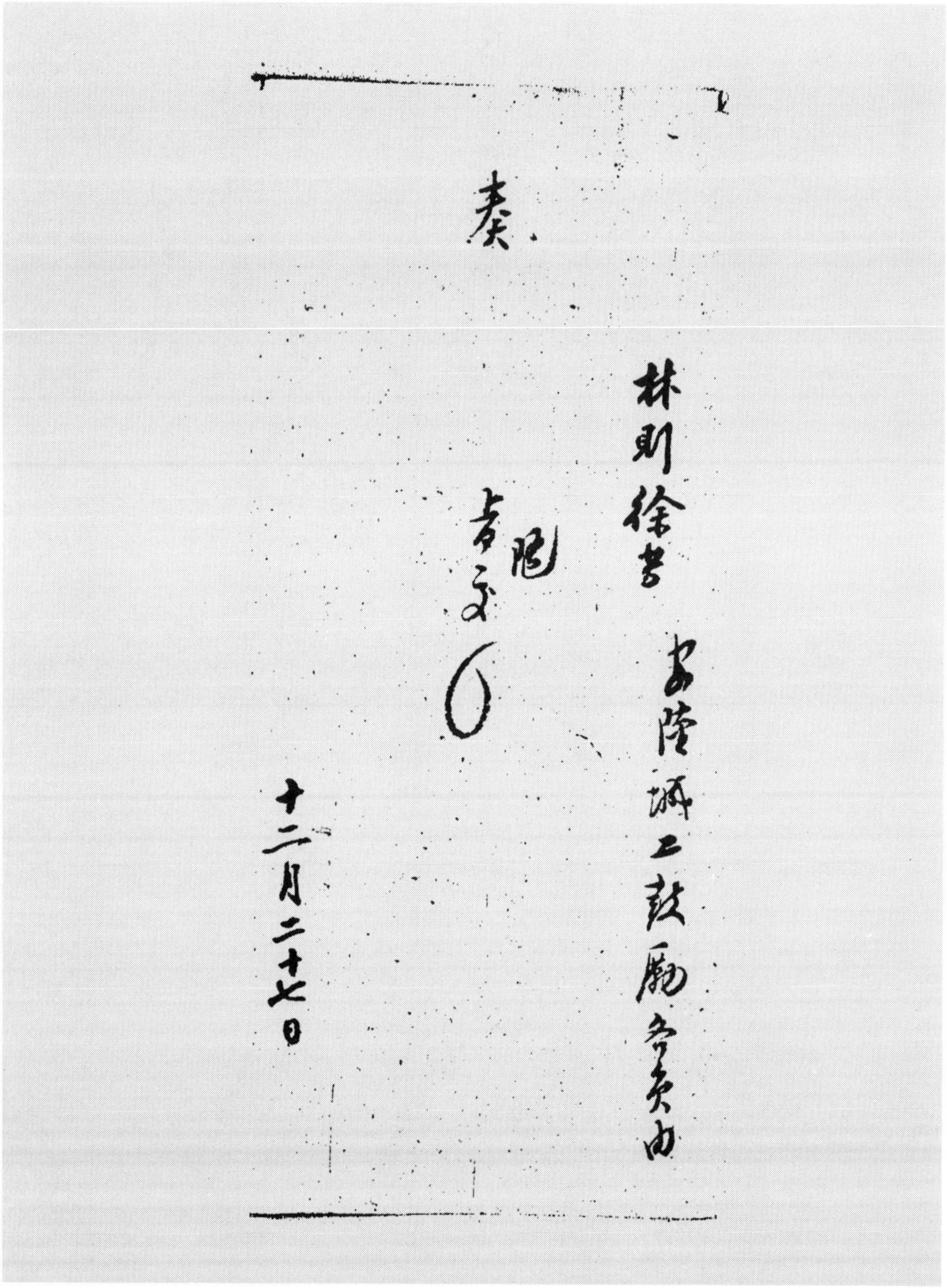

奏

林則徐等　安陸城工鼓勵各員由

另有旨

十二月二十七日

湖廣總督林則徐等奏摺　**請議敘安陸城垣捐修工竣出力各員**

湖廣總督臣林則徐
湖北巡撫臣周之琦跪

奏為府治城垣捐修工竣驗收如式恭摺奏

聞仰祈

聖鑒事竊照湖北安陸一郡地方在漢濱為荊襄出入門戶每遇漢江水發城廂內外輒有淹浸之虞故修治以隄堰為先而保障尤以城垣為重查該府城工自乾隆三十二年修葺之後越今七十餘年疊遭夏秋汛漲浸灌入城以致西北城牆全行坍塌西南一帶多係皺裂西門甕城積淤深厚門洞高僅數尺各門譙樓俱已傾圮東北地勢稍高被水較少而城垣年久亦間段坍塌亟宜分別補築拆修惟是

國家經費有常未敢請動款項查據安陸府知府周
鳴鑾督同署鍾祥縣知縣謝慶遠撙節勘估實
需工料銀二萬四千三百兩有奇當諭勸捐辦理
先由該府捐銀一千兩該縣捐銀二千四百兩以為之倡
並勸諭士民陸續捐輸隨捐隨用臣周之琦責飭為
勸導並令該守等董理監修臣林則徐抵楚後
並即趕緊督催嗣於本年七月間查看襄河堤工
之便親詣該城勘視已修各段均屬堅固整齊未竟
工程僅止數段仍令該守等趕緊接築報前項城垣
拆修補砌共計一千三百一十四丈並加砌女牆修葺
雉堞自十五年四月興工至本年九月二十六日一
律完竣後又經委員查驗無虛所修各工堅固

如式開造捐項名目數目並無浮冒等情由藩
司作每核具詳請
奏前來臣等查此項城工經該府縣首先倡捐又復
勸諭士民捐輸至二萬數千兩且趕辦已逾兩載
始獲竣工俾漢濱郡治保障堪資實屬著有
成效急公出力除將捐貲各紳民按照銀數造
冊送部聽候照例議敘外相應仰懇
天恩將安陸府知府周鳴鑾鍾祥縣事枝江縣知縣
謝慶遠均交部從優議敘以示鼓勵臣等謹合詞
恭摺具
奏伏乞
皇上聖鑒訓示再此項工程係屬捐辦不名請毋庸造冊

批飭令仍詳明謹
奏
道光十七年十二月二十七日奉
硃批　欽此
十二月十二日

勘估捐修武昌荊門城垣情形

林則徐等片

再楚省各屬城垣多係歷年久遠應修之處不一而足既不敢請項又不能概捐惟省郡其最要者先行籌款查武昌府城垣係湖北省會保障最為緊要該城建自前代周圍一千九里有奇乾隆四十三年

奏准動項大修嗣後五十一年亦請項小修一次殆已早逾固限近年以來城牆多有坍塌膨裂城腳亦多矬陷并垛牆樓堞並俱有朽壞坍卸必須早為興修以免愈塌愈甚工費繁劇經飭據武昌府高會署江夏縣先為續照要確勘估計實需工料銀四萬

四千九百餘兩，經藩司張岳崧存估各淳
臣等查鄂省自去冬各官捐廉為倡，並
曉諭紳商士民量輸勷辦，雖需費較多
一時未能全行鳩集，而城工緊要，未便耽
延，當將已收捐項先行購辦磚石灰觔木料，
已於本年八月十九日興工，並經諭飭紳耆
率紳衿選舉殷實能事之首士隨收隨辦，
隨捐隨收，總期撙節，決觀厥成，速臻完善，不任稍
有靡延宕，亦不許稍有抑勒。其省外州縣城垣
據稱有必不可緩之工者，亦飭趁此年穀
順成殷實，甚勸估妥籌捐辦。現據荊門直隸
州知州安恂查報，該州城垣坼裂坍塌，共需

工料银一万三千七百馀两，已倡捐银一千两，
先行兴工，劝伸富人等捐输，颇见踊跃。该
据该州所属之当阳知县王朝桐具
详捐银一千馀两，将坍塌城楼分别修
理。统俟各工完竣，覈实验收，查明捐银
数目姓名另行覈办外，合先附片陈明。
伏乞
圣鉴。谨
奏。
道光十七年十二月十二日奉
硃批：知道了。钦此。

上諭　著照林則徐所請借項修理荊州駐防衙署

道光十七年十二月十三日内閣奉
上諭林則徐等奏請借項修理官員衙署一摺荊州
駐防官員衙署以及各世職所住房間于道光八
年借項修理後迄今已閱十年日就朽壞現據該
督等查明屬實自應准其修理所有現在請修之
協領佐領防禦驍騎校等官及經制世職各員計
署宅二百零六處共借俸銀三萬二千六百兩准
其循例在于司庫空曠款内借動銀二萬兩正鑄
錢價款内借動銀一萬二千六百兩給領興修所
借銀兩著仍在該員等俸銀内分作八年扣還俟
工竣造冊送部查核該部知道欽此

上諭

林則徐奏學政控案未結蔡錦泉著暫留該省聽候查訊

道光十七年十二月十三日内閣奉

上諭林則徐奏任滿學政被控未結一摺前任湖南

學政蔡錦泉著暫留該省聽候查訊欽此

上諭　著准林則徐所奏李正晉等員分別勒休降補撤任

道光十七年十二月十三日内閣奉
上諭林則徐奏察看才不稱職之知縣請旨分別勒
休降補撤任一摺湖南巴陵縣知縣李正晉身有
痰疾步履維艱著勒令休致安化縣知縣王尚德
性氣粗率遇事偏執且於飭提案證延不解交難
勝民社之任著以府經歷縣丞降補歸部銓選即
用知縣張樹德性喜鋪張致多負債難望潔己奉
公亦著勒令休致沅陵縣知縣鄭若璜年已六十
於首邑要缺照料難周漵浦縣知縣圖麟初選外
任該縣地近苗疆亦恐辦理未能裕如鄭若璜圖
麟俱著撤任俟新任巡撫錢寶琛到任詳加察看
再行酌量辦理欽此